D0868183

Adam Ludwik Korwin-Sokołowski

FRAGMENTY WSPOMNIEŃ 1910-1945

EDITIONS SPOTKANIA

Adam Ludwik Korwin-Sokołowski
Fragmenty wspomnień 1910-1945

ISBN 2-86914-005-3

Copyright by Editions Spotkania, 1985
64, Av. Jean Moulin
75014 PARIS

Directeur de la publication:
Piotr Jegliński

SPIS RZECZY

W S T Ę P

Na szóstym zjeździe legionistów w Kaliszu (6-7.VIII.1927) Marszałek Polski Józef Piłsudski mówiąc o fałszowaniu historii legionowego czynu zbrojnego w walce o wolność i niepodległość Polski, nawoływał byłych legionistów do spisywania wspomnień. W okresie drugiej wojny światowej ogrom dokonanych zniszczeń spowodował również utratę wielu cennych dokumentów, notatek, dzienników i wspomnień spisywanych w okresie przedwojennym przez uczestników walk zbrojnych z mego pokolenia. Powyższe względy skłoniły mnie do przelania na papier niektórych bodaj fragmentów mych wspomnień z myślą by nie dopuścić do tego, aby pewne znane mi bliżej wydarzenia poszły w zapomnienie.

Dzięki patriotycznemu wychowaniu jakie wyniosłem z rodzinnego domu, a zwłaszcza roli jaką miała w tym moja matka, później zaś pod wpływem środowiska w szkołach do których uczęszczałem, znalazłem się w kręgu młodzieży przygotowującej się do walki o niepodległość Polski, i już od wczesnych lat brałem żywy udział w tej działalności.

Nie mogę tu pominąć wpływu tradycji rodzinnych, z którymi od młodych lat się zżyłem i które w pewnym stopniu były dla mnie drogowskazem życiowym. Mój prapradziad, Wincenty Korwin-Sokołowski, pułkownik wojsk polskich, walczył o Polskę i poległ 24 grudnia 1806 pod sztandarami Napoleona w bitwie pod Pułtuskiem. Syn jego, a mój pradziad, Karol Mateusz Korwin-Sokołowski, major wojsk polskich, walczył o Polskę w latach 1830-1832. Dziad mój ze strony matki, Franciszek Junosza-Piaskowski, jako niepełnoletni chłopiec brał udział w Powstaniu Styczniowym. Brat jego, Józef Junosza-Piaskowski, za udział w Powstaniu Styczniowym został zesłany dożywotnio na Sybir. Dziadek Franciszek przechowywał notes z zapiskami swego brata Józefa i nieraz odczytywał mi ustępy z tego dzienniczka; słuchałem ich wtedy prawie jak słów Ewangelii. W walce o Polskę poległ bohaterską śmiercią w wieku 23 lat w szarży pod Dołhobyczowem (10 grudnia 1918 roku) brat mój Zygmunt Korwin-Sokołowski, podporucznik I Pułku Szwoleżerów im. Józefa Piłsudskiego. Mój młodszy brat, Stefan Seweryn, jako niepełnoletni chłopiec brał bardzo czynny udział w szeregach Polskiej Organizacji Wojskowej (POW); skazany przez wojskowy sąd niemiecki był więziony przez okres półtora roku.

W drugiej wojnie światowej straciłem 22-letniego syna Józefa, lotnika w 300 Polskim Dywizjonie Bombowym.

Z uwagi na mój stan zdrowia po amputacji prawej nogi w 1969 (ciężko kontuzjowanej na froncie w 1920 roku) zrezygnowałem z napisania obszerniejszej i bardziej wyczerpującej pracy. Ograniczyłem się z konieczności do relacji niektórych tylko fragmentów mych wspomnień. Starałem się dokładnie opisać pewne znane mi wydarzenia, w których brałem udział, względnie których byłem świadkiem. Może kiedyś badającym ten okres historykom przydadzą się one jako jeden z przyczynków do naświetlenia epoki mego pokolenia i jego wielkiego zwycięskiego zrywu w walce o wolność i niepodległość naszej Ojczyzny.

CZASY SZKOLNE I UDZIAŁ W TAJNYCH ORGANIZACJACH MŁODZIEŻOWYCH

Przed pierwszą wojną światową uczęszczałem do szkół polskich o typie gimnazjalnym. Po strajku szkolnym w roku 1905, w zaborze rosyjskim organizowano szkoły polskie o charakterze szkół prywatnych bez praw państwowych na obszarze imperium rosyjskiego. Władze zaborcze nie udzielały szkołom polskim żadnej pomocy finansowej i nie czyniły im żadnych ułatwień. Przeciwnie; przez stosowanie różnych szykan utrudniano im na wszelkie sposoby egzystencję. Polski maturzysta chcąc uzyskać odpowiednie prawa musiał zdawać jako ekstern pełny egzamin maturalny w języku rosyjskim przed rosyjską państwową komisją egzaminacyjną. W tym samym czasie matury szkół polskich były uznawane w krajach Europy zachodniej i dawały prawo wstępu na wszystkie tamtejsze wyższe uczelnie, toteż znaczny procent młodzieży z maturami szkół polskich wyjeżdżał na wyższe studia do Włoch, Francji, Belgii, Szwajcarii, Anglii, a nawet na uniwersytety niemieckie. Mniej zamożni maturzyści pozostawali w kraju i albo rezygnowali z dalszych studiów, albo zdawali egzaminy przed rosyjskimi komisjami egzaminacyjnymi jako eksterni.

Nauka w szkołach polskich była odpłatna. Szkoły polskie nie dysponowały większymi funduszami; często były utrzymywane z różnych składek i ofiarności społeczeństwa. W miarę możliwości stosowano ulgi w opłatach w stosunku do młodzieży niezamożnej. Władze zaborcze — w celach rusyfikacji ziem polskich, a także dla odciągnięcia młodzieży od polskich szkół — prowadziły we wszystkich większych miastach rosyjskie gimnazja rządowe. Nauka w nich była bezpłatna i zapewniała naturalnie wszystkie prawa. Do tych szkół rządowych uczęszczała przede wszystkim młodzież narodowości rosyjskiej, a więc dzieci urzędników, wojskowych i całej rosyjskiej administracji. Również pewna część młodzieży polskiej uczęszczała do szkół rosyjskich. Decydujące u wielu rodziców były zarówno względy materialne, jak i koniunkturalne; względy ideowo-patriotyczne były odsuwane na plan drugi, a często w ogóle nie były brane pod uwagę. Wiele z polskich szkół było otwieranych i utrzymywanych przez różne instytucje jak Zgromadzenie Kupców, a także przez katolickie i ewangelickie stowarzyszenia religijne; opiekowały się one tymi szkołami i udzielały im pomocy finansowej. W takich szkołach łatwiej można było uzyskać częściowe lub nawet całkowite zwolnienie z opłat.

Pozostawała wtedy do rozwiązania sprawa mieszkania i wyżywienia. Mieszkało się więc różnie i jadało się także różnie, a często się niedojadało. Część młodzieży zarabiała na swe utrzymanie korepetycjami; był to bardzo szeroko rozpowszechniony sposób zarobkowania. Trzeba było nieraz mieć dużo hartu i uporu aby w takich warunkach nie zrezygnować z dalszego kształcenia. Właśnie w podobnie niełatwych warunkach kształciłem się razem z moim starszym bratem Zygmuntem. W ówczesnych szkołach polskich, aczkolwiek językiem wykładowym był język polski, nauka języka rosyjskiego oraz historia powszechna i geografia były wykładane po rosyjsku i obowiązkowo przez Rosjan, wyznaczanych przez rosyjskie władze oświatowe. Ponadto wszystkie polskie szkoły męskie i żeńskie podlegały inspekcji rosyjskich władz oświatowych. Historia Polski — jako przedmiot niedozwolony — była wykładana tajnie, co wymagało ogromnej czujności i wielkiej ostrożności; zawsze groził nalot rosyjskiego inspektora, a w konsekwencji różne represje, do zamknięcia szkoły włącznie. Młodzież szkolna i personel nauczycielski byli śledzeni i szpiegowani. Przy całym tym brutalnym systemie szpiegowskim okolicznością sprzyjającą było to, że administracja rosyjska z reguły brała łapówki; brali łapówki i wizytatorzy i inspektorzy szkolni. Były to oczywiście uciążliwe dodatkowe koszty dla polskich szkół, ale chroniły przed zbytnią gorliwością we wsadzaniu rosyjskiego nosa tam gdzie nie potrzeba. Przez pewien czas dana szkoła miała spokój.

Wśród nauczycieli języka rosyjskiego, historii i geografii przydzielanych przez rosyjskie władze oświatowe zdarzali się niekiedy i porządni, przyzwoici ludzie, życzliwie odnoszący się do polskiej szkoły i polskiej młodzieży. Takimi byli przede wszystkim Gruzini, którzy nie kryli się ze swymi sympatiami do nas, toteż darzyliśmy ich zaufaniem i okazywaliśmy im naszą życzliwość. Przysyłani na ziemie polskie rdzenni Rosjanie byli w swej większości zagorzałymi rusyfikatorami, natomiast o Gruzinach powszechnie mówiono, że jako niewygodni w głębi Rosji, byli niejako zsyłani do Polski.

Jeśli idzie o naloty inspektorów rosyjskich, dość charakterystyczna inspekcja miała miejsce w szkole żeńskiej w Klarysewie pod Warszawą. (Opowiadała mi o tym moja żona, Zofia z Zaborowskich, którą rodzice tam posłali.) W szkole tej zachowywano szczególnie ostre środki ostrożności na wypadek nalotu inspektora, który o swym przyjeździe z reguły nie zawiadamiał. Ponieważ szkoła wraz z internatem położona była wśród terenu leśnego, wystawiano w lesie — w pewnej odległości od szkoły — czujki z uczennic, które szybko biegły i uprzedzały dyrekcję szkoły o zbliżaniu się inspektora. Łatwo było takich panów rozpoznać, bo nosili oni urzędowe mundury, widoczne już z daleka. W szkole robiono szybko niezbędne ,,porządki'' usuwając podręczniki do historii Polski i inne ,,kompromitujące'' materiały. Po wizytacji dyrektorka szkoły zapraszała zwykle inspektora na dobre śniadanie, w czasie którego usługiwały i podawały do stołu starsze uczennice. Będąc kiedyś taką dyżurną, moja późniejsza żona widziała jak dyrektorka, p. Pawlicka, przesunęła po stole kopertę z łapówką, którą inspektor szybko schował do kieszeni. Wizytacja taka dobrze się kończyła i wszystko było w ,,pariadkie''.

Pamiętam również, że wśród nauczycieli Polaków nie wszyscy mieli zezwolenie władz rosyjskich na wykładanie w polskich szkołach; w razie nadejścia rosyjskiego inspektora szybko się usuwali i byli zastępowani na ten czas przez innych. Profesorowie Polacy byli na ogół na wysokim poziomie naukowym. Z braku wyższych uczelni polskich w zaborze rosyjskim siłą rzeczy najlepsze i najzdolniejsze jednostki skupiały się w polskim szkolnictwie średnim. W latach późniejszych, już w niepodległej Polsce, liczni spośród nich objęli katedry na wyższych uczelniach kraju.

Tak się w mych młodych latach układało, że z konieczności wraz z bratem Zygmuntem zmienialiśmy kilkakrotnie szkoły. Z Warszawy przenieśliśmy się do Mławy, później do Lublina i z powrotem do Warszawy. Częściowo zmuszały nas do tych zmian trudne warunki materialne, a nieraz i wzgląd na bezpieczeństwo osobiste.

W Warszawie w gimnazjum Wielopolskiego im. św. Stanisława Kostki nauczycielem geografii był Rosjanin, niejaki Skomorochow. Posługiwaliśmy się podręcznikiem rosyjskim Iwanowa. Ów Iwanow, pisząc o Lublinie, nazwał go dosłownie ,,etot starinnyj ruskij gorod''. Pamiętam jak ze złością umaczałem pióro w atramencie i tak energicznie wykreśliłem to zdanie, że aż papier przedarł się na wylot. I oto po kilkudziesięciu latach spotkałem się znowu z inną rewelacją na temat Lublina. Jako zamiłowany filatelista dostałem po II wojnie światowej od jednego z mych przyjaciół serię ośmiu znaczków pocztowych, wydanych przez Niemców w czasie okupacji dla uczczenia 600-lecia miasta Lublina. Znaczki te, z widokami starego zamku lubelskiego, zawierały w swej górnej części taki oto napis: ,,Lublin: Deutsche Stadt 1342-1942''. Przyglądając się tym znaczkom zawsze powracałem pamięcią do autora rosyjskiego podręcznika, który już przed pierwszą wojną światową usiłował wmówić polskiej młodzieży, że Lublin był starym miastem rosyjskim.

Mówiąc o gimnazjach rządowych pod zaborem rosyjskim trzeba podkreślić, że zabroniono tam w ogóle używania języka polskiego, nawet podczas przerw lekcyjnych. Było to surowo przestrzegane. Rusyfikacja elementu polskiego w rządowych gimnazjach była prowadzona w sposób bezwzględny.

Antagonizm między szkołami rosyjskimi i polskimi był ogromny. Młodzież szkół rosyjskich nosiła mundury na modłę rosyjską; mundur ten był przez nas znienawidzony. Młodzież ze szkół polskich prowadziła ostry i bezwzględny bojkot szkół rosyjskich. Nie utrzymywało się żadnych stosunków towarzyskich z młodzieżą szkół rządowych, nie bywało się w domach, gdzie była młodzież ze szkół rosyjskich i odwrotnie, nie przyjmowano tej młodzieży w naszych domach. Nie tolerowano żadnej wspólnej zabawy lub jakichkolwiek imprez urządzanych z młodzieżą szkół rosyjskich. Starano się całkowicie ją izolować i wyłączyć z polskiej społeczności. Nie zawsze posyłali swe dzieci do szkół rosyjskich rodzice biedni czy niezamożni. Zdarzało się nierzadko, że i zamożni ludzie, hołdując polityce ugodowej i pragnąc łatwiejszej kariery dla swych dzieci, posyłali je do szkół rosyjskich, tym samym popierając szkolnictwo rządowe na polskiej ziemi.

Bojkot przybierał nieraz formy bardzo ostre i brutalne, nierzadko dochodziło nawet do bójek. Częstym miejscem bójek bywał Park Ujazdowski, który był miejscem spotkań i zabaw młodzieży ze szkół polskich. Gdy od czasu do czasu pojawiali się tam gimnazjaliści rządowi dochodziło do starć; dostawali lanie i musieli park opuścić. Pewnego jednak razu na pomoc „rządowcom" przybiegli starsi chłopcy z pobliskiego rosyjskiego Korpusu Kadetów, noszący przy boku bagnety na wojskowych pasach, a w ślad za nimi ukazali się rosyjscy policjanci, z kolei więc my musieliśmy szybko zniknąć z parku, żeby nikogo nie schwytano. Bojkot miał na celu nie tylko zastraszenie tych, co uczęszczali do szkół rosyjskich i ich rodziców, ale także zniechęcenie innych, którzy ewentualnie zamierzali w przyszłości kandydować do szkół rządowych. Oczywiście, takiej konsekwentnej walki nie mogła prowadzić młodzież indywidualnie. Kierowała i prowadziła taką walkę młodzież zorganizowana, która wytyczała kierunek ideowy dla całej młodzieży szkół polskich w całym zaborze rosyjskim.

Istniały i działały tajne związki niepodległościowe i organizacje młodzieżowe, wydające nawet własne czasopisma i ulotki okolicznościowe. Mimo prześladowań i rozwiniętego szpiegostwa władze rosyjskie nie mogły zwalczyć tajnych organizacji ani zdusić ich działalności. Niestety, i we własnym środowisku polskim młodzież nie zawsze znajdowała poparcie dla czynnej postawy patriotycznej i działalności niepodległościowej. Starsze pokolenie, często zmęczone i zrażone nieudanymi powstaniami, przeszło do polityki ugodowej. Unikano wszelkiej walki z zaborcą, którą uważano za niepoczytalne szaleństwo młodych; aby tylko jakoś wygodnie i spokojnie przetrwać i nie narażać się.

Prądom ugodowym patronowała tzw. Narodowa Demokracja pod przywództwem Romana Dmowskiego. W założeniach programowych jej działalności zwracano uwagę przede wszystkim na pracę gospodarczą, uzyskiwanie lepszych warunków bytu, a pod względem politycznym chodziło o wyhandlowanie od zaborcy w najlepszym wypadku jakiejś autonomii w ramach państwa rosyjskiego i pod berłem rosyjskich carów; wszelkie ruchy wolnościowe i niepodległościowe były przez Narodową Demokrację tępione. Przed pierwszą wojną światową starsze pokolenie było w swej większości albo zupełnie bierne albo pod wpływami Narodowej Demokracji. Walkę o niepodległość Polski wysuwała w swym programie i prowadziła Polska Partia Socjalistyczna — Frakcja Rewolucyjna. Pewne moralne oparcie dla działalności niepodległościowej wyrażały bardziej postępowe środowiska inteligencji. Mocnym oparciem dla idei walki zbrojnej o niepodległość była młodzież polska skupiająca się w tajnych związkach i organizacjach. Ta właśnie młodzież stanęła wkrótce w szeregach Związku Walki Czynnej, Związku Strzeleckiego i Drużyn Strzeleckich, wiążąc swe losy i dążenia z osobą Józefa Piłsudskiego, któremu bezgranicznie zaufała. Wierzyła, że on poprowadzi ich do walki o Polskę, do zwycięstw i do niepodległej Ojczyzny.

Młodzież skupiona wówczas w kilku tajnych organizacjach wykazywała niezwykłą prężność i aktywność oraz zdecydowaną odwagę w swym działaniu. To pokolenie młodzieży było jak na swój wiek wyjątkowo dojrzałe. Związki i organizacje młodzieżowe obejmowały swą działalnością szkolnictwo średnie oraz środowisko akademickie poza granicami kraju, wszędzie, gdzie studiowali Polacy.

Już w roku szkolnym 1909/1910 zostałem członkiem organizacji młodzieżowej ,,Zarzewie''; początkowo należałem do koła prowadzonego przez starszego kolegę. Organizacje młodzieżowe istniały w każdej polskiej szkole, zarówno w Warszawie jak i w miastach prowincjonalnych. Od czasu do czasu zdarzały się wpadki i aresztowania, ale nie powstrzymywało to działalności konspiracyjnej. Władze szkolne wiedziały na ogół o istnieniu na terenie szkoły tajnej organizacji młodzieżowej i usiłowały kontrolować jej działalność, stosunek do tego tajnego ruchu ze strony dyrekcji szkół był jednak różny. W niektórych odnoszono się do niego życzliwie, z pewną nawet sympatią i nie stwarzano żadnych trudności; w innych dyrekcje odnosiły się do ruchu niechętnie, a nawet niekiedy wrogo, w obawie przed ewentualnymi represjami. Uważano, że zagraża on wręcz egzystencji szkoły, narażając na niebezpieczeństwo zamknięcia przez władze rosyjskie, wymagano więc od młodzieży by siedziała cicho i zajmowała się wyłącznie nauką. Działalność bardziej czynnych członków organizacji była w niektórych szkołach źle widziana i przysparzała im nieraz kłopotów ze strony dyrekcji. Personel nauczycielski w swej większości był raczej nastawiony przychylnie do ruchu młodzieżowego i często przy nadarzających się okazjach dawał wyraz swej solidarności z działalnością młodzieży.

Kler katolicki (przede wszystkim prefekci) był ugodowy i zdecydowanie przeciwny organizowaniu się młodzieży w tajnych związkach i wysuwaniu haseł walki z zaborcą o niepodległość kraju. Oczywiście, i wśród kleru były jednostki wysoce patriotyczne i odważne, popierające dążenia i działalność organizacji młodzieżowych. Zdarzały się nieraz kazania na uczniowskich nabożeństwach pełne patriotycznych akcentów. Tacy księża cieszyli się dużą popularnością i sympatią wśród młodzieży. Z tamtych lat wspominam zawsze z wielkim szacunkiem i sympatią księdza Mauersbergera w Warszawie; podobnym kapłanem i gorącym patriotą był ksiądz Biały w Mławie. Podczas jego kazań kościół był wypełniony po brzegi młodzieżą.

W warszawskiej szkole Wielopolskiego początkowo należało do organizacji ,,Zarzewie'' około 10 kolegów. Jednymi z pierwszych członków byli Stanisław Furmanik, Wacław Wilczyński, Jerzy Kowalewski, Stanisław Paciorkowski, Stanisław de Rosset, Stefan Sobczyk. Zbieraliśmy się przeważnie w mieszkaniu kolegi Furmanika przy ulicy Książęcej 21. Był to dom kościelny należący do parafii św. Aleksandra. Pan Furmanik, utalentowany muzyk i nauczyciel muzyki, pełnił funkcję organisty w tym kościele i z tego tytułu zajmował z liczną rodziną wygodne i duże mieszkanie w domu parafialnym. Ojciec naszego kolegi, niezwykle miły i sympatyczny człowiek, wiedział o zbiórkach i odnosił się z dużą życzliwością i z pełnym zrozumieniem do naszej konspiracji.

Kołem kierował wówczas kolega Fulman (pseudonim ,,Czarski''), ośmioklasista ze szkoły Rychłowskiego. Początkowe zebrania poświęcone były czytaniu i komentowaniu książki Bolesława Limanowskiego ,,100 lat walki o niepodległość''. Brat mój Zygmunt był już wtedy wybitnym działaczem młodzieżowym. Niezwykle ideowy i szlachetny, cieszył się dużą popularnością w kołach organizacyjnych. Dzięki niemu zetknąłem się z wieloma wybitnymi działaczami młodzieżowymi, a między innymi z braćmi Pomarańskimi, Stefanem i Zygmuntem. Później po kilku latach spotkałem się z nimi w I Brygadzie Legionów.

Po rozłamie jaki nastąpił w ,,Zarzewiu'' (1909) zarówno mój brat jak i ja wraz z kolegami z naszego koła przeszliśmy do Związku Młodzieży Postępowo-Niepodległościowej (ZMPN). Program ideowy Związku bardziej nam odpowiadał; był znacznie szerszy, zawierał hasła niepodległości i socjalizmu. ZMPN był organizacją znacznie aktywniejszą, o większej dynamice. Związek miał kontakty z Polską Partią Socjalistyczną — Frakcją Rewolucyjną. PPS w tym okresie była bardzo osłabiona z powodu licznych wpadek i aresztowań. Liczne koła organizacyjne nie funkcjonowały, potraciły kontakty, nie otrzymywały żadnej ,,bibuły'' i zaniechały wszelkiej działalności.

Młodzież ze Związku Młodzieży Postępowo-Niepodległościowej współdziałała bardzo czynnie w reaktywowaniu wielu nieczynnych od dawna kół PPS. Brałem w tej pracy kilkakrotnie udział. Nawiązywaliśmy kontakty z ośrodkami robotniczymi, kolportowaliśmy tajne wydawnictwa (np. ,,Robotnik'', ,,Przedświt''), okolicznościowe ulotki i inne wydawnictwa pepeesowskie. Prowadziliśmy także koła młodzieży robotniczej o charakterze samokształceniowym i politycznym. ZMPN organizował często liczniejsze zebrania, tak zwane ,,masówki'' z referatami i dyskusjami; były to zebrania na ogół bardzo interesujące. Ponieważ na takich masówkach zbierała się młodzież z różnych kół i różnych szkół, była więc sposobność wzajemnego poznania się i zbliżenia.

Odpowiednikiem ZMPN w ośrodkach zagranicznych była organizacja akademicka ,,Promień''. ,,Promieniści'' wraz ze Związkiem Młodzieży Postępowo-Niepodległościowej stanowili pewną wspólną całość organizacyjną pod potoczną nazwą ,,Filarecji''. Starsi koledzy z akademickich kół przy różnych okazjach przyjeżdżali do kraju i wtedy przychodzili zawsze na nasze masówki. Przynosili nam wieści ze świata, poszerzając nasze wiadomości i horyzonty. Każdego roku odbywaliśmy zjazdy organizacyjne z całego zaboru rosyjskiego. W zjazdach uczestniczyli delegaci ze wszystkich ośrodków, zarówno z Warszawy jak i z prowincji. Z reguły na zjazdy przyjeżdżali delegaci z akademickich środowisk zagranicznych, co bardzo podnosiło zarówno poziom jak i wagę zjazdu. Były to w naszym życiu młodzieżowym wielkie wydarzenia. Z uwagi na wymogi bezpieczeństwa zjazdy tego rodzaju wymagały ogromnej czujności i przestrzegania ścisłej konspiracji, bo o wpadkę nie było trudno. Szpiegowanie młodzieży, a zwłaszcza jej tajnych organizacji, było na porządku dziennym; cały kraj był pokryty siecią szpiclów. Młodzież na ogół dobrze się konspirowała; mało było wsyp, aczkolwiek rewizje mieszkań były dość częstym zjawiskiem. Liczniejsze zebrania i masówki odbywały się w mieszkaniach zamożniejszych kolegów dysponujących większymi lokalami, których rodzice byli szczególnie życzliwie nastawieni do tajnej działalności młodzieżowej. Zjazdy były nieraz urządzane w willach w podwarszawskich miejscowościach letniskowych.

Gdy wyjeżdżaliśmy z bratem do rodziny na wieś w czasie szkolnych przerw świątecznych czy wakacyjnych, z reguły jechaliśmy obładowani nielegalną ,,bibułą''. Pamiętam nasze wizyty w mieszkaniu redaktora Aleksandra Malinowskiego przy ulicy Kanonia na Starym Mieście w Warszawie, skąd zabieraliśmy po kilkadziesiąt egzemplarzy czasopisma ,,Zaranie'', które później kolportowaliśmy po okolicznych wioskach. Jakoś szczęśliwie uchodziło to nam zawsze bezkarnie.

Nasze warunki życiowe podczas nauki w Warszawie były dość trudne. Mieszkanie i wyżywienie było drogie. Niewielka pomoc otrzymywana od rodziny nie wystarczała na skromne utrzymanie. Często się niedojadało, a niekiedy nawet i głodowało. W tej sytuacji zaczęliśmy rozważać ewentualność przeniesienia się do szkoły na prowincję, gdzie łatwiej i taniej można się było urządzić, dorabiając naturalnie korepetycjami. Ponieważ jeden z kolegów, również członek ZMPN, zamierzał przenieść się na stałe wraz z rodzicami do Mławy, zadecydowaliśmy z bratem przenieść się tam także od nowego roku szkolnego. Mława posiadała jedną szkołę męską i jedną żeńską. Na podstawie świadectw ze szkół warszawskich zostaliśmy tu przyjęci bez trudności. Z racji pobliskiej granicy w mieście było pełno żandarmów, policji i szpicli.

Miasto było niewielkie, ale ruchliwe. Ucząca się młodzież stanowiła znaczny odsetek ludności i było jej wszędzie pełno. Wynajęliśmy skromny pokój przy rodzinie, z niekrępującym osobnym wejściem; pożywienie gotowaliśmy sobie sami na maszynce i wcale dobrze nam się żyło. Ponieważ jednak obok nauki rozwinęliśmy szeroką działalność organizacyjną wśród młodzieży, zmuszeni byliśmy zachować daleko posunięte środki ostrożności. Młodzież w Mławie była w swej większości wartościowa i patriotyczna; wywodziła się ze wszystkich warstw społecznych. Największą działalność konspiracyjną prowadziła Organizacja Młodzieży Narodowej; bardzo czynny był także tajny skauting. Zdolnym i wybitnym przywódcą Organizacji Młodzieży Narodowej był kolega Skolimowski, a jego prawą ręką był kolega Wasiak; utrzymywaliśmy z nimi częsty i przyjazny kontakt. Obaj bardzo wartościowi, cieszyli się dużym autorytetem i uznaniem wśród mławskiej młodzieży.

Zorganizowaliśmy wraz z bratem kilka kół Związku Młodzieży Postępowo-Niepodległościowej. Całą działalnością Związku kierował mój brat i dzięki jego zaletom, ideowości i ofiarnej pracy związek nasz wkrótce wysunął się na czoło ruchu młodzieżowego w Mławie. Skauting prowadził — bardzo umiejętnie i z dużym rozmachem — kolega Prejs. Urządzał częste zbiórki i ćwiczenia w mieszkaniach różnych kolegów w mieście, a także przeprowadzał większe ćwiczenia w okolicznych lasach, odległych nieraz o kilkanaście kilometrów od miasta. Ćwiczono marsze, podchody, sygnalizację itp. Latem, w czasie wakacji szkolnych, skauting organizował dłuższe i dość dalekie wycieczki piesze, przeprowadzając po drodze różne ćwiczenia. Udział w nich brali koledzy, którzy w czasie letniej przerwy szkolnej nie mieli możliwości wyjazdu z miasta na wypoczynek.

W ciągu roku szkolnego mieliśmy z bratem trochę nieprzyjemności ze strony dyrektora szkoły Fankanowskiego. Zażądał on od nas zaprzestania wszelkiej działalności wśród młodzieży, grożąc nawet wydaleniem ze szkoły w wypadku niezastosowania się do jego żądania. Naturalnie działalności nie zaprzestaliśmy, jednak po zakończeniu roku szkolnego prefekt szkoły — aczkolwiek w zasadzie nam niechętny — lojalnie uprzedził, że posiada informację, iż żandarmi mają nas na oku i grozi nam aresztowanie przy wyjeździe z dworca kolejowego. Wobec tego wynajęliśmy wóz z końmi i wymknęliśmy się z miasta, wystawiając żandarmów ,,do wiatru''.

Był rok 1912. W powietrzu wisiała groźba wojny pomiędzy zaborcami. W Krakowie odbywał się wielki zjazd delegatów organizacji filareckich (luty 1912); a więc młodzieży akademickiej studiującej na wyższych uczelniach zagranicznych, skupiającej się przy organie akademickim ,,Promień'' oraz licznych delegatów Związku Młodzieży Postępowo-Niepodległościowej z zaboru rosyjskiego. Jako jeden z delegatów wyjechał do Krakowa także mój brat. Wieści, które przywiózł poruszyły nas głęboko i wzmocniły jeszcze nasz optymizm i wiarę w zbliżającą się walkę zbrojną o niepodległość Polski. Brat informował nas, że w zaborze austriackim, w Krakowie i Lwowie, wre intensywna praca nad rozbudową polskich organizacji wojskowych i ich szkoleniem jako przyszłych kadr wojska polskiego. Na zjazd przybył obywatel Mieczysław, czołowy przywódca organizującego się polskiego ruchu zbrojnego. Przemawiał, nawołując zebranych do czynnego włączenia się do organizowanych szeregów zbrojnych. Brat mój, podobnie jak inni uczestnicy zjazdu, był pod urokiem i wielkim wrażeniem jego osobowości. Zjazd uchwalił podporządkowanie całej organizacji dyrektywom i rozkazom obywatela Mieczysława; był nim Józef Piłsudski. Dla nas, młodzieży w zaborze rosyjskim, szczególnie w oddalonej Mławie, były to wiadomości rewelacyjne, a przy tym pierwsze wieści o pojawieniu się na polskim horyzoncie wielkiego przywódcy, twórcy i organizatora polskiego ruchu zbrojnego — Józefa Piłsudskiego.

Brat mój nawiązał łączność z działaczami Związku Walki Czynnej i obiecano mu przysłać w najbliższym czasie do Mławy jednego z emisariuszy celem zorganizowania u nas oddziału Związku. Rzeczywiście, wkrótce przyjechał do nas człowiek w wieku około 30 lat, w imieniu, jak nam oświadczył, głównego emisariusza na zabór rosyjski, inżyniera Kroka. W największej tajemnicy brat zebrał pierwszych najbardziej zaufanych dziesięciu kolegów w mieszkaniu Niladowskich przy ulicy Wymuślin (rodziców jednego z naszych zaprzyjaźnionych kolegów) i tam przyjezdny emisariusz utworzył z nas sekcję Związku Walki Czynnej, zostawił instrukcje i naszkicował program zajęć. Byliśmy tym bardzo przejęci i dumni jakbyśmy już byli polskimi żołnierzami.

To pierwsze zebranie konstytucyjne długo potem komentowaliśmy, dopatrując się i pewnych śmiesznych stron. Oto w pewnej chwili

16

nasz gość zaskoczył nas wydając niespodziewanie komendę „baczność". Kogoś nawet spóźnionego, który nie dość szybko się poderwał, ostro z punktu zbeształ. Ten chwyt taktyczny zrozumieliśmy później, bo był to niejako pierwszy praktyczny pokaz wdrażania nas do dyscypliny i karności żołnierskiej. Po chwili znowu zapytał, czy mamy karabin. Nie mieliśmy. Pytanie wydało się nieco naiwne. Wtedy wziął do ręki zwykłą laskę i zademonstrował nam różne chwyty karabinowe. Takie to były pierwsze nasze kroki i poczynania na drodze żołnierskiej służby Polsce.

Po opuszczeniu szkoły mławskiej spędziliśmy z bratem cały następny rok szkolny w Lublinie. Rok ten był dla nas szczególnie czynny i pracowity; nauka, bieganie za korepetycjami by zarobić na utrzymanie, a równocześnie działalność organizacyjna w Związku Młodzieży Postępowo-Niepodległościowej i w ZWC przeistoczonym w Związek Strzelecki. Wydawaliśmy w tym czasie czasopismo organizacyjne „Świt", kolportując je wśród młodzieży Lublina, Siedlec i Łukowa. Przeważnie we dwóch przygotowywaliśmy artykuły i dział informacyjny, a po nocach odbijaliśmy na szapirografie w naszej kawalerce przy ulicy Początkowskiej.

W środowisku robotniczym współpracowaliśmy w prowadzeniu kół PPS-Frakcji Rewolucyjnej. Organizowaliśmy i prowadziliśmy robotnicze młodzieżowe koła samokształceniowe, wciągając do współpracy także innych kolegów z naszej organizacji. Była to praca niezwykle wdzięczna. Młodzi robotnicy byli bardzo chętni, łaknęli wiedzy, z ogromnym zapałem i patriotyzmem odnosili się do sprawy walki o Polskę. Oprócz wydawania czasopisma „Świt" pisaliśmy okolicznościowe ulotki, które kolportowaliśmy wśród młodzieży oraz starszego społeczeństwa i oblepialiśmy nimi mury miasta. Inicjowaliśmy również współpracę i spotkania z organizacjami młodzieży narodowej i zarzewiackiej.

Na terenie Lublina istniała także bardzo nieliczna i słaba grupka młodzieży esdeckiej, podporządkowanej całkowicie partii Socjal-Demokratycznej Królestwa Polskiego i Litwy (SDKPiL). Zwalczali oni dążenia do niepodległości Polski, głosili hasła rewolucji socjalnej w ramach proletariatu Wszechrosji i nieodrywania się od Rosji. Ta esdecka grupka z ich przywódcą Bidą nie miała żadnych wpływów w lubelskim środowisku młodzieżowym.

Po rocznym pobycie w Lublinie powróciliśmy z bratem do szkół warszawskich. Byliśmy nadal bardzo czynni w Związku Młodzieży Postępowo-Niepodległościowej i w Związku Strzeleckim. Ze znaczniejszych wydarzeń muszę tu wspomnieć o bardzo ważnym i licznym zjeździe, który odbył się w Warszawie i w Wawrze i trwał przez kilka dni. Brało w nim udział około 100 delegatów ze wszystkich środowisk szkolnych, a także liczni przedstawiciele młodzieży akademickiej z wyższych uczelni zagranicznych. Poznałem wtedy wielu starszych kolegów, wybitnych już działaczy, takich jak Stefan Starzyński (późniejszy prezydent Warszawy), Tadeusz Święcicki (późniejszy szef Biura Prasowego przy Urzędzie Rady Ministrów), czy Marusiński, który w stopniu porucznika poległ w 1916 roku walcząc w szeregach I Brygady Legionów. Zjazd rozpoczął się w obszernym mieszkaniu w Warszawie przy ulicy Kruczej, a zakończył pod Warszawą w dużej willi w lesie wawerskim.

Zjazd obradował pod znakiem zbliżającego się wybuchu wojny między zaborcami i dotyczył przede wszystkim jak najszerszego poparcia i włączenia się do szeregów tajnego Związku Strzeleckiego. Nastroje były bardzo ożywione i pełne optymizmu. Wieści przywiezione z zaboru austriackiego informowały nas o daleko posuniętych przygotowaniach w istniejących tam organizacjach zbrojnych. Największe organizacje tego ruchu zbrojnego, Związek Strzelecki i Drużyny Strzeleckie, zacieśniły swoją współpracę, wyłaniając wspólne kierownictwo pod dowództwem Józefa Piłsudskiego jako Komendanta Głównego.

W latach szkolnych 1913-14

SŁUŻBA ŻOŁNIERSKA W I BRYGADZIE LEGIONÓW

Wybuch I wojny światowej zastał mnie i brata Zygmunta w Warszawie. Byliśmy głęboko zaangażowani w prace tajnego Związku Strzeleckiego, przemianowanego wkrótce (22 X 1914) na Polską Organizację
Wojskową (POW); ta nowa nazwa została nadana po połączeniu Związku Strzeleckiego z Drużynami Strzeleckimi. W Warszawie odbywała się
tajna mobilizacja, szkolenie i ćwiczenia alarmowe. Należałem do I Kompanii, której kilkakrotne zbiórki odbywaliśmy w dużym garażu na Nowym Świecie, bodaj pod numerem 5. Większość z nas nosiła czapki tzw.
maciejówki w kolorze granatowym, takie jakie powszechnie noszone były przez ludność naszych wiosek. Często można było wtedy spotkać na
ulicach Warszawy młodych ludzi w granatowych maciejówkach.

Nastroje wśród zorganizowanej młodzieży były ogromnie podnios-
łe, pełne optymizmu i wiary w zwycięskie jutro w rozpoczynającej się
walce zbrojnej o wolność i niepodległość Polski. Niestety, starsze spo-
łeczeństwo było w swej większości raczej bierne, a po znanej odezwie
rosyjskiego wodza naczelnego w. księcia Mikołaja Mikołajewicza i pod
wpływem ugodowej Narodowej Demokracji uległo w dużym stopniu
propagandzie i orientacji prorosyjskiej.

Z początkiem wojny przez ulice Warszawy przewalały się transporty wojsk rosyjskich maszerujących na front. Z sercami przepełniony-
mi nienawiścią obserwowaliśmy przemarsze często dzikich hord rosyjskich. Prowadząc wojnę na polskich ziemiach władze rosyjskie usiłowały pozyskać sympatię i życzliwy stosunek Polaków dla swych walczących wojsk. Obłudna i sprytna propaganda wspomagana przez po-
litykę Romana Dmowskiego odniosła częściowy sukces. Aby zademonstrować prorosyjską orientację Polaków w zaborze rosyjskim i dać kon-
trę akcji zbrojnej Polaków pod wodzą Józefa Piłsudskiego po drugiej
stronie frontu, sformowano nawet Legion Polski przy armii rosyjskiej.
Organizacja Legionu odbywała się w Puławach. Widywałem czasem
pojedynczych żołnierzy Legionu na ulicach Warszawy, ubranych w rosyjskie mundury z literami ,,L.P.'' na naramiennikach. Dowcipni war-
szawiacy szybko przetłumaczyli te inicjały jako ,,Lepiej Później''.

Mimo powstałych frontów bojowych — co prawda jeszcze względnie płynnych — coraz częściej przenikali przez front i przybywali

do nas kurierzy i emisariusze z pierwszych oddziałów wojska polskiego z instrukcjami i rozkazami Józefa Piłsudskiego dla Związku Strzeleckiego. Od pierwszych dni wojny obaj z bratem byliśmy zdecydowani przedrzeć się przez front do oddziałów wojska polskiego tworzonych i dowodzonych przez Piłsudskiego. Po uzyskaniu zgody Komendy Strzeleckiej wyruszył najpierw mój brat Zygmunt, a ja wkrótce po nim.

W Komendzie Związku Strzeleckiego, która — o ile dobrze pamiętam — pracowała w mieszkaniu dr Budzińskiej-Tylickiej przy ulicy Żurawiej w pobliżu Marszałkowskiej, otrzymałem instrukcje i raport wojskowo-polityczny, nieszyfrowany, lecz pisany zwykłym bardzo drobnym pismem na bardzo cienkiej bibułce złożonej w harmonijkę. Raport ten przechowywałem w opróżnionym opłatku od aspiryny i wraz z kilkoma innymi proszkami umieściłem w kieszonce kamizelki, by móc go ewentualnie szybko wydobyć i w razie konieczności połknąć. Zaopatrzony w dokumenty i przepustki rosyjskie dotarłem wreszcie, nie bez pewnych trudności, do Zagórza, w rejonie Dąbrowy Górniczej, do oddziału kapitana ,,Światopełka'' (Rajmund Jaworowski).

Radość moja nie miała granic, gdy zetknąłem się tam z pierwszymi umundurowanymi żołnierzami polskimi, a wśród nich z moim bratem. Raport wręczyłem obywatelowi ,,Staremu'' (był to chyba Adam Skwarczyński). Wkrótce zostałem umundurowany i otrzymałem maciejówkę już nie granatową. a szarosiną z polskim orzełkiem i wytłoczoną literą ,,S''. Byłem dumny, że jestem żołnierzem polskim i wezmę udział w walce zbrojnej o wolność i niepodległość Polski.

Po pewnym czasie wstępnego przeszkolenia w Zagórzu przejechaliśmy transportem kolejowym do Małopolski w rejon Kętów, gdzie I Brygada po początkowych ciężkich i bohaterskich bojach 1915 roku została dyslokowana celem odpoczynku i reorganizacji. W Kętach wyraziliśmy życzenie przydzielenia nas do oddziału kawalerii. Nikt jednak nie liczył się z naszymi życzeniami; rozkaz i dyscyplina i potrzeba takiego czy innego uzupełnienia decydowały o przydziale.

We wsi Osiek koło Oświęcimia kwaterował reorganizujący się dywizjon artylerii, który otrzymał pełny nowoczesny sprzęt armatni wraz z wozami amunicyjnymi. Bez ceregieli przydzielono mnie i brata do kolumny amunicyjnej, która potrzebowała uzupełnienia. Jako obeznanych z końmi wyznaczono nas na tak zwanych jezdnych. Ciężki wóz amunicyjny złożony z dwóch, części jaszcza i przodka, ciągnęły dwie pary koni. Było kilku ludzi obsługi jadących na przodku i na jaszczu oraz dwóch jezdnych. Dostałem parę koni z zaprzęgiem i ciężkim artyleryjskim siodłem; było co obrządzać i koło czego chodzić. Była to praca naprawdę ciężka; obsługa armat i wozów amunicyjnych miała pobudkę o godzinie 6-tej rano, jezdni wstawali o czwartej.

Ćwiczenia i przeszkolenie dla zaznajomienia się z nowym sprzętem były bardzo intensywne. Dość szybko wyłowiono nas obu jako inteligentów i mianowano podoficerami. Było już dużo lżej; miałem jednego konia wierzchowego i dowodziłem sekcją (dwa wozy amunicyjne). Czułem się więc już bardziej żołnierzem, a nie parobkiem przy koniach. Mimo tego awansu, brat i ja nie zrezygnowaliśmy z przejścia do kawalerii gdy tylko będzie to możliwe. Niewątpliwie, gdybyśmy pełnili służbę przy armatach z nadzieją, że będziemy z nich strzelać, to zapewne wywietrzałyby nam z głowy marzenia o ułańskich szarżach, zwłaszcza, że uzyskanie względnie szybko stopni podoficerskich artylerii znacznie podniosło naszą ambicję żołnierską.

28 lutego 1915 r. I Brygada wraz z artylerią wyruszyła na front nad rzeką Nidą. Wzruszający był dzień wyjazdu z Osieku, wsi wielkiej i bardzo rozciągniętej. Ludność bardzo patriotyczna, żegnała nas niezwykle serdecznie. W dniu odmarszu, gdy długa kolumna artyleryjska wyciągnęła się w szyku marszowym wzdłuż wiejskiej drogi, wyruszyła z kościoła naprzeciw nas procesja z księdzem i chorągwiami kościelnymi, a cała ludność wyległa przed zagrody, by nas pożegnać. Ksiądz błogosławił nasze szeregi; mieszkańcy ze łzami w oczach odprowadzali nas wzdłuż wsi, obdarowując każdego żołnierza osełkami masła, serem, jajkami i różnymi domowymi wypiekami. Żegnano nas jak braci, jak synów.

Zostaliśmy przerzuceni transportami kolejowymi do Jędrzejowa. Gdy maszerowaliśmy po tamtejszych drogach w kierunku frontu nad Nidą w rejonie Pińczowa, armaty i wozy amunicyjne zapadały się po osie w okropnym błocie; godzinami trzeba je było wyciągać z wielkim wysiłkiem. Baterie wyruszyły na wyznaczone pozycje; nasza kolumna amunicyjna zakwaterowała się we wsi Tur Wielki, kilka kilometrów za frontem. W pobliskich wioskach kwaterowały szwadrony 1 pułku ułanów; postanowiliśmy ubiegać się o przeniesienie do niego. Początkowo nasi dowódcy namawiali nas na pozostanie w artylerii, gdy jednak twardo podtrzymaliśmy naszą decyzję, odnieśli się do niej życzliwie i zezwolili nam byśmy ubiegali się o przyjęcie do 1 pułku ułanów. Nie była to jednak sprawa łatwa, głównie z powodu braku koni. Mieliśmy jednak trochę szczęścia. Pojechaliśmy konno do Zagajów, gdzie we dworze kwaterował dowódca pułku, wówczas rotmistrz, Władysław Belina-Prażmowski. Zameldowaliśmy się Belinie, który po krótkim raporcie zdecydował się nas przyjąć, przydzielając do 3 szwadronu porucznika Janusza Głuchowskiego. Wcześniej zostaliśmy uprzedzeni, że Belina każdego kandydata najpierw wypróbowuje na jednym ze swoich koni i dość łatwo delikwenta dyskwalifikuje. Ponieważ przybyliśmy konno jako podoficerowie z artylerii, Belina nas nie egzaminował. Dostrzegł jednak na naszych mundurach zielone sznurki oznaczające wówczas stopień podoficerski (stopień oficerski był oznaczony przez sznurek czerwony) i oświadczył nam krótko, że zielone sznurki musimy zdjąć, gdyż przyjmuje nas w stopniu zwykłych ułanów. Takie to dziwaczne zwyczaje panowały wtedy w naszym odradzającym się wojsku.

W kilka dni po załatwieniu wszystkich niezbędnych formalności odmeldowaliśmy się u naszych dotychczasowych dowódców i serdecznie żegnani przez zwierzchników i kolegów artylerzystów odjechaliśmy do kawalerii. Zameldowaliśmy się u porucznika Janusza Głuchowskiego we wsi Dębiany. W 3 szwadronie czteroplutonowym tylko 1 pluton posiadał wówczas konie, inne plutony były piesze i czekały na przydział koni, zdobytych ewentualnie w zbliżających się walkach.

Początki służby żołnierskiej w artylerii wspominałem zawsze z dużym sentymentem i szacunkiem, gdyż była to znakomita szkoła służby żołnierskiej. Wzorowy porządek, ład, systematyczność; dobra organizacja oraz solidne wyszkolenie cechowały tę artyleryjską jednostkę. Wysoka przy tym karność i rozumna dyscyplina obok koleżeńskiego stosunku przełożonych do podwładnych, podobnie zresztą jak we wszystkich formacjach I Brygady. Z ówczesnych moich przełożonych muszę tu wspomnieć z całą sympatią i uznaniem porucznika Boruckiego, porucznika Bolesławicza (później pułkownika dyplomowanego Wojska Polskiego) i ppor. Feliksa Kamińskiego, późniejszego pułkownika i zastępcę szefa gabinetu Ministra Spraw Wojskowych w latach 1926-1930. W 1 pułku ułanów pierwszym moim dowódcą plutonu był podporucznik Jan Mieszkowski, pseudonim ,,Ułan'', przedwojenny student uniwersytetu w Liège w Belgii, działacz tamtejszego akademickiego Związku Strzeleckiego.

Obaj z bratem posługiwaliśmy się początkowo pseudonimami, gdyż w wypadku dostania się do niewoli rosyjskiej groziły nam bardzo surowe represje jako ,,poddanym'' rosyjskim; brat nosił nazwisko ,,Michał Romanowski'', a ja ,,Zbigniew Romanowski''. Do wydanych nam dowodów wojskowych wpisano fikcyjne miejsce urodzenia w zaborze austriackim.

Po przełamaniu frontu rosyjskiego wzięliśmy udział w ofensywie letniej, tocząc walki przeważnie z kawalerią walczącą w tylnej straży cofających się wojsk rosyjskich. Kawaleria rosyjska była dobrym wojskiem i doskonale manewrowała w walkach odwrotowych, w starciu z nami jednak nie wytrzymywała. Zadawaliśmy jej duże straty, sami ponosząc straty niewielkie. Sądzę, że decydowało tu morale żołnierskie, które w naszych szeregach było niezwykle wysokie, a doświadczenie bojowe rosło z dnia na dzień. Przed ofensywą 1915 roku otrzymaliśmy nowe mundury ułańskie i wysokie czaka wykonane przez warsztaty legionowe w Krakowie, a wzorowane na historycznych polskich mundurach ułańskich. Na zmianę z czapkami maciejówkami nosiliśmy z dumą te historyczne czaka z wielkimi metalowymi orłami, biało-czerwoną rozetką z boku i długie efektowne sznury.

Pułki I Brygady zapisywały dalszą zwycięską kartę bojów pod wodzą Komendanta Józefa Piłsudskiego. Mimo wzrastającej niechęci politycznej i nieufności sprzymierzeńców do osoby Piłsudskiego i jego oddziałów, odnosili się oni z uznaniem i szacunkiem do wysokiej wartości bojowej I Brygady. Coraz szerzej niosła się wieść o zwycięskich walkach I Brygady i o jej dowódcy Józefie Piłsudskim. Sława żołnierska przeradzała się w społeczeństwie polskim w bohaterską legendę. Pułki I Brygady stały się jakby redutą obozu walki o niepodległość Polski. Piłsudski strzegł tej reduty od wszelkich zewnętrznych zakusów i zamachów, tak austriackich jak i rodzimych oportunistów. I Brygada i jej dowódca byli solą w oku nie tylko władz austriackich; także różni ugodowi politycy polscy patrzyli na nas niechętnie i jak tylko mogli utrudniali działalność Piłsudskiemu.

Rok 1916 — w 1 Pułku Ułanów Beliny-Prażmowskiego

1919 — ppor. 1 Pułku Szwoleżerów Józefa Piłsudskiego

W marszu na Lublin dowództwo austriackie usiłowało nie dopuścić naszych oddziałów do zajęcia miasta, niewątpliwie ze względów polityczno-wojskowych. Belina pchnął jednak w ostatniej chwili 1 szwadron, który jako pierwszy wkroczył i zajął miasto, entuzjastycznie witany przez ludność. Ta serdeczność, jaką mieszkańcy Lublina okazali naszym ułanom wywołała różne fantastyczne i zabawne opowiadania, które krążyły wśród naszego pułku. Między innymi opowiadano, że na ulicach miasta ludność szczodrze rozdaje naszym żołnierzom różne prezenty. I oto gdy w kilka dni później w kilkunastu ułanów z 3 szwadronu pojechaliśmy konno na jeden dzień do Lublina, mój bliski kolega z 1 plutonu, ,,Doliwa'' Zembrzuski, zupełnie poważnie poprosił mnie bym mu przywiózł skarpetki, gdyż rzekomo miano je rozdawać na ulicach miasta. Zamiast skarpetek używaliśmy wówczas tzw. onuc i dla mojego przyjaciela ,,Doliwy'', przedwojennego studenta uniwersytetu w Tuluzie, największym marzeniem było zdobycie pary skarpetek. Przyjmowano nas w Lublinie bardzo serdecznie i życzliwie, ale niestety skarpetek na ulicach nie rozdawano, a nie miałem wystarczającej ilości pieniędzy, by kupić skarpetki w sklepie, więc mu nie przywiozłem. Natomiast objedliśmy się znakomitymi ciastkami w cukierni Rutkowskiego na Krakowskim Przedmieściu, za które nie pozwolili nam zapłacić lubelscy rodacy siedzący przy sąsiednich stolikach.

Pierwszą rocznicę (2 sierpnia) wymarszu kawaleryjskiej siódemki z Krakowa obchodziliśmy hucznie i radośnie na kwaterach we wsi Biadaczka niedaleko Lublina. Po krótkim odpoczynku ruszyliśmy do akcji pościgowej. Wojska rosyjskie na drodze odwrotu podpalały miasteczka i wioski, z których najczęściej zostawały tylko zgliszcza i sterczące kominy. Wieczorami i nocami widziało się łuny pożarów płonących wiosek. Ogarniała nas wściekłość na to barbarzyństwo rosyjskich zaborców wobec polskiej ziemi. W ostrym pościgu udawało nam się nieraz wpaść szybko do wsi, wyłapać lub przepędzić rosyjskich podpalaczy i niejedną wieś uratować od spalenia.

W miarę działań wojennych dochodziły do nas nienajlepsze wieści polityczne. Po zajęciu Warszawy przez Niemców, pojechał tam Komendant celem nawiązania łączności ze sferami niepodległościowymi, uaktywnienia ich działalności i związania ich z podległą mu Polską Organizacją Wojskową. Władze niemieckie zabroniły Piłsudskiemu przebywania w Warszawie i zmusiły go do opuszczenia miasta. Wiedzieliśmy ogólnie, że Komendant stawia Austriakom coraz większe żądania, domaga się konkretnych posunięć w sprawie polskiej.

Narastający od dłuższego czasu kryzys polityczno-wojskowy w Legionach spowodował w drugiej połowie 1916 roku szereg momentów dramatycznych. Już w 1915 roku na skutek stałych żądań Piłsudskiego doszło wreszcie do połączenia wszystkich trzech brygad legionowych na wspólnym froncie walk. W ślad za tym napłynęła również obca i znienawidzona przez nas, a narzucona tzw. Cesarsko-Królewska Komenda Legionów, naszpikowana oficerami wywiadu austriackiego, Polakami z pochodzenia, z zadaniem śledzenia i szpiegowania przede wszystkim działalności Komendanta Piłsudskiego oraz badania nastrojów politycznych w pułkach legionowych, a szczególnie wśród oddziałów I Brygady. Na czele szpiclów stanął przydzielony z wywiadu austriackiego Włodzimierz Zagórski, mianowany szefem sztabu Komendy Legionów. Oczywiście po połączeniu wszystkich brygad wpływy I Brygady swobodnie przenikały do innych. Pułki III Brygady (czwarty i szósty) najściślej związały się z I Brygadą, podporządkowując się autorytetowi Piłsudskiego; II Brygada, głównie jej korpus oficerski, utrzymywała pewną rezerwę w stosunku do posunięć i taktyki Komendanta. Trzymana z dala od I Brygady, walcząc na froncie karpackim, była celowo izolowana od wpływów Piłsudskiego. Korpus oficerski (szczególnie wyżsi dowódcy z Józefem Hallerem na czele) był specjalnie dobierany i urabiany. Po połączeniu i tam jednak zaczęły przenikać wpływy I Brygady.

Z początkiem 1916 roku kwaterowaliśmy całym pułkiem, wówczas czteroszwadronowym, w dużej, rozległej wsi wołyńskiej Werchy, około 40 kilometrów za frontem. Wizytował nas tam wtedy biskup Władysław Bandurski, gorący patriota, cieszący się wielką sympatią i popularnością w szeregach legionowych. W naszym pułku został powitany bardzo serdecznie i uroczyście. Po wizycie u nas biskup Bandurski pojechał do Komendy Głównej Brygady, kwaterującej tuż za linią frontu w odległości około 30 kilometrów od nas. Zostałem wraz z 1 plutonem trzeciego szwadronu wyznaczony do honorowej eskorty. Asystowaliśmy w tym przejeździe z całym ułańskim szykiem. Biskup Bandurski jechał powozem; obok, po obu stronach powozu, asystowało konno sześciu naszych oficerów w paradnych czakach. Przed powozem jeden pluton ułanów, za powozem drugi, wszyscy w czakach. Przez całe 30 kilometrów drogi posuwaliśmy się bez przerwy kłusem.

Z Werchów wyruszyliśmy na obsadę odcinka frontu w lasach na styku Wołynia z Polesiem. Wyznaczane były zmiany po dwa szwadrony na okres jednego miesiąca. Lasy mocno podmokłe, woda często tuż pod powierzchnią, co wykluczało jakiekolwiek umocnienia okopów. Umocnienia obronne były pobudowane z kilku warstw bardzo grubych leśnych bali. Były to jakby reduty ze strzelnicami, wszystko na wierzchu, przed nimi druty i zasieki kolczaste, a z tyłu drewniane baraki dla całej załogi.

Pozycje rosyjskie nad rzeką Wesołuchą, oddalone były od naszych od 8 do 10 kilometrów. Przestrzeń ta była jakby pasem neutralnym, w którym buszowały patrole rosyjskie, austriackie, niemieckie i nasze; odbywały się tam nieraz potyczki. Krążyły wśród nas wersje, że patrole austriackie nie zapuszczają się w głąb lasów, lecz wychodzą tylko za zasieki kolczaste i na jakiejś suchej wydmie piaszczystej przesiadują kilka godzin, po czym wracają składając fikcyjne meldunki. Kiedyś taki fałszywy meldunek został zdementowany przez naszych oficerów, wobec czego zrobiła się z tego większa afera i kompromitacja Austriaków. Niemieckie patrole natomiast pracowały rzetelnie. Najśmielej i najgłębiej zapuszczały się nasze patrole zwiadowcze, wysyłane przeważnie w sile jednego plutonu. Rosjanie nie zapuszczali się na naszym odcinku zbyt głęboko; patrolowali rzadziej i raczej ostrożnie.

Gdy byłem w zmianie marcowej z 3 szwadronem, brałem udział w wyprawie na rozpoznanie pozycji rosyjskich w dniu 13 marca 1916 r. Było jeszcze zimno, pozamarzane wśród lasów bagna tworzyły lodowiska. W tym dniu na takim lodowisku zostałem dość ciężko ranny w nogę. Koledzy wciągnęli mnie do lasu i ukryli wśród drzew. Częściowo nieprzytomny, przeleżałem w lesie ponad sześć godzin, aż odnalazł mnie w końcu 1 szwadron pod dowództwem por. Stanisława Grzmot-Skotnickiego, który wyruszył na odsiecz i poszukiwanie zabitych i rannych.

Kiedy we wczesnych godzinach podchodziliśmy do rzeki Wesołuchy, na prawej naszej flance został ciężko ranny w brzuch kolega Kazimierz Bejgrowicz, gdy znalazł się w sposób zbyt widoczny na wysokiej wydmie piaszczystej. Ja z kolegą Leonem Trojanowskim podczołgaliśmy się na ostrzeliwane wzgórze i ściągnęliśmy stamtąd Bejgrowicza do lasu. Przez kilka kilometrów transportowaliśmy go później na prowizorycznie skleconych noszach przez bardzo uciążliwy lesisto-bagnisty teren, ostrzeliwując się atakującym Moskalom. Ratując ciężko rannego kolegę przypłaciliśmy to dalszymi stratami. Wzgórze nad rzeką Wesołuchą nosiło wśród tamtejszej ludności legendarną nazwę ,,Tabala-Chan'', rzekomo od nazwiska chana tatarskiego pochowanego tam ongiś w czasie najazdów tatarskich.

Gdy mnie odnaleziono, zostałem odtransportowany do szpitala polowego, gdzie spotkałem się z ciężko rannym w brzuch kolegą Konradem Kasprzykowskim (pochodził z Radomia, tak jak i Bejgrowicz). Po dwóch dniach zostałem przewieziony do szpitala legionowego. Kasprzykowski — jako nie nadający się do transportu — został, i jak się później dowiedziałem, zmarł po kilku dniach.

W lubelskim szpitalu znalazłem się pod troskliwą opieką doktora Zaorskiego. Jego staraniom zawdzięczam nie tylko wyleczenie rany, ale również ogólne ,,postawienie mnie na nogi'', gdyż z powodu wyjątkowo wielkiego upływu krwi stan mój początkowo był bardzo marny.

W czasie mego pobytu w szpitalu odwiedził rannych i chorych legionistów (24 i 25 kwietnia 1916 roku) Komendant Piłsudski. Kolejno podchodził do rannych żołnierzy i z każdym rozmawiał. Gdy podszedł do mnie, serdecznie i dobrotliwie wypytywał mnie o stan mojej rany, w jakiej walce byłem ranny i kiedy. Wszyscy byliśmy niezwykle przejęci i wzruszeni wizytą i rozmową z Komendantem. Człowiek ten, w skromnym mundurze i płaszczu, przy szabli, bez żadnych dystynkcji wojskowych, poruszył serca oddanych mu żołnierzy. Przy prostym, żołnierskim i bardzo ludzkim sposobie obcowania miał jednocześnie jakiś urok, który zawsze, także i w latach późniejszych, zdobywał mu serca żołnierskie, tak że samo jego ukazanie się oddziałom idącym do bitwy elektryzowało szeregi żołnierskie, podnosząc niebywale ich morale.

Gdy latem 1916 roku wróciłem do pułku na front, zapoznałem się z rozkazem pochwalnym 1 pułku ułanów, wydanym po walce w której byłem ranny. W zastępstwie nieobecnego chwilowo Beliny rozkaz ten

wydał i podpisał ówczesny rotmistrz Gustaw Orlicz-Dreszer. Rozkaz
ten przytaczam poniżej:

,,Koledzy!

*Dnia 13 b.m. na patrolu wywiadowczym osłaniającym odwrót oto-
czonemu przez nieprzyjaciela w olbrzymich bagnach plutonowi, czy-
niąc nadludzki wysiłek by nie oddać w ręce nieprzyjaciela ciężko rannego kolegi, polegli śmiercią bohaterską nasi starzy towarzysze walki:
wachmistrz Ostrowski Tadeusz i Adam Sałaciński, czterej inni ułani:
Kasprzykowski Konrad, Romanowski Zbigniew, Bejgrowicz Kazimierz
i Woyna Józef zostali ciężko ranni. Spełnili oni na ochotnika wskazany przez wachmistrza Ostrowskiego obowiązek osłaniania odwrotu co-
fającemu się przed przewagą nieprzyjacielską oddziału. Dali dowody
nadludzkiej odwagi, tak piękne w szeregach młodego wojska i tak ofiarnie złożone ponownie przez wspomnianych kolegów naszych, z całą
prostotą żołnierską oddając życie jako konieczny podatek krwi dla wolnego istnienia Narodu. Niech pamięć ich męskich postaci i bohater-
stwa wzmoże nasz zacięty opór wbrew wszelkim przeszkodom. Niech
żołnierz polski pamięta, że istnieje zwycięstwo, bezwzględna pogarda
śmierci a wstręt i nienawiść do niewoli, jak to stwierdził oddział wy-
wiadowczy w dniu 13 marca 1916 roku.*

*Cześć i sława niech otoczą drogich bohaterów naszych z ofiarną
i rycerską postacią wachmistrza Ostrowskiego na czele.''*

Dobór żołnierzy w pułku był znakomity. Byli to ludzie wysoce ideo-
wi, patriotyczni, ofiarni i odważni. Większość stanowiła młodzież in-
teligencka, gimnazjalna, pomaturalna lub z rozpoczętych wyższych studiów. Mieliśmy również sporo młodzieży robotniczej i wiejskiej, wśród
nich wielu górali. W naszych szeregach ułańskich mieliśmy i trochę starszych wiekiem, a między innymi i kilku wybitnych, znanych już pisa-
rzy, jak wachmistrz Wacław Sieroszewski i kapral Andrzej Strug
(Tadeusz Gałecki), artystów-malarzy i poetów.

Zawsze wspominałem z pewną dumą jak będąc latem 1916 roku już
w stopniu podoficera (zresztą po raz drugi w mej żołnierskiej służbie) zostałem wysłany z moją sekcją na patrol zwiadowczy. Posuwam się ostrym
kłusem po gościńcu, a tu z lewej mojej flanki kłusuje na przełaj przez
pole w moim kierunku jakiś jeździec. Po chwili rozpoznaję wyraźnie ułana
w naszym czaku. Zatrzymuję mój patrol i czekam. Podjeżdża do mnie
podoficer w stopniu kaprala z naszego pułku, przedstawia się i prosi, by
mógł się do mnie przyłączyć, bo gdzieś wysłany przez dowódcę swego
plutonu po prostu zabłądził. Był to Andrzej Strug, ułan o pięknej syl-
wetce, orlim nosie i o wspaniałych urzekających oczach. Strug był w innym szwadronie i dotychczas osobiście się z nim nie zetknąłem. Mimo,
że był mi równy stopniem, uznałem to przypadkowe spotkanie za wielki
zaszczyt. Po wielu latach, już w Polsce niepodległej, odwiedzałem nieraz
jego najbliższą rodzinę, z którą łączyła mnie i żonę duża przyjaźń i tam
często spotykałem Andrzeja Struga, zawsze uroczego człowieka. Oczywiście, przypomniałem mu to nasze ułańskie spotkanie sprzed lat.

Po krwawych i ciężkich walkach oddziałów legionowych (1915 — 1916)
kryzys polityczny narastał i zaostrzał się coraz silniej. Wiedzieliśmy, że

Komendant ponownie domaga się od władz państw centralnych wyraźnej deklaracji w sprawie polskiej a także zaakceptowania Legionów jako kadr wojska polskiego. Gdy nie dało to pozytywnych rezultatów, Komendant skoncentrował swe wysiłki na rozbudowie Polskiej Organizacji Wojskowej, a werbunek ochotniczy do Legionów nakazał wstrzymać. Na froncie stosunki nasze z wojskami austriackimi stawały się coraz gorsze, wprost wrogie. Dochodziło nieraz do otwartych, ostrych konfliktów.

W drugą rocznicę wymarszu Kompanii Kadrowej z Krakowa została ustanowiona i nadana I Brygadzie odznaka ,,Za Wierną Służbę''. W dniu 6 sierpnia 1916 r. odbyła się zbiórka całej Brygady pod kolonią Dubianki. Ze wszystkich oddziałów zostali wyznaczeni przedstawiciele, których osobiście dekorował Komendant. Dostąpiłem zaszczytu, iż byłem wyznaczony z 3 szwadronu 1 pułku ułanów. Była to dla naszej I Brygady uroczystość bardzo podniosła i wzruszająca. W związku z tą rocznicą Komendant wydał specjalny rozkaz dzienny, odczytany przed frontem wszystkich oddziałów Brygady. Oto treść tego rozkazu:

,,Żołnierze!

Dwa lata minęły od pamiętnej naszemu sercu daty 6 sierpnia 1914 r. gdy na ziemi polskiej naszymi rękami dźwignęliśmy zapomniany dawno sztandar wojska polskiego stającego do boju. Gdym na czele waszym szedł w pole, zdawałem sobie jasno sprawę z ogromnych przeszkód, które nam na drodze stają. Gdym wyprowadzał was z murów nieufnego w wasze siły Krakowa, gdym wchodził z wami do miast i miasteczek Królestwa, widziałem zawsze przed sobą widmo upiorne powstające z grobów ojców i dziadów — widmo żołnierza bez Ojczyzny. Czy takimi zostaniemy w historii, czy po nas zostawimy krótki płacz niewieści i długie nocne rodaków rozmowy — pokaże przyszłość.

My obecnie stojąc w boju mamy do obrony skarb, którýśmy bezsprzecznie zdobyli. W ciężkich walkach wszystkich brygad wyrwaliśmy nienawistnym losom to czegośmy nie mieli jeszcze wychodząc na wojnę — honor żołnierza polskiego, którego i wewnętrzna dyscyplina nie podlega już nigdzie żadnej wątpliwości.

Dopóki stoję na waszym czele będę bronił do upadłego, nie cofając się przed żadną ofiarą, tego co jest naszą własnością i co musimy przekazać w całości nienaruszonej naszym następcom: naszego honoru żołnierza polskiego. Tego też od was żołnierze z całą surowością wymagam. Czy w ogniu na polu bitwy, czy w obcowaniu z otoczeniem, oficer i żołnierz ma się zachować tak, by w niczym na szwank nie narazić munduru, który nosi, honoru sztandaru, który nas skupia. Ofiary krwawe i bezkrwawe, gdy trzeba muszą być złożone. Dwa lata minęły! Losy naszej Ojczyzny ważą się jeszcze''

Pod koniec lata 1916 r. rozniosła się wiadomość, że Komendant podał się do dymisji, motywując ten krok brakiem decyzji w sprawie powołania polskiej władzy narodowej, bowiem tylko pod rozkazami tej władzy narodowej chciał pełnić swą służbę wojskową. Dymisja Komendanta zelektryzowała nasze szeregi i wywołała reakcje w oddziałach legionowych, szczególnie w całej I i III Brygadzie. Wszyscy żołnierze tych Brygad wraz z artylerią wysłali na ręce C.K. Komendy Legionów podania do władz austriackich, żądając zwolnienia z Legionów, Królewiaków do cywila, a Małopolan do wojska austriackiego. Podania były motywowane następująco:

,,Ponieważ w związku z dymisją Józefa Piłsudskiego i podziałem I Brygady Legiony przestały być formacją skierowaną w celu utworzenia armii i państwa polskiego, a zamieniają się w c.k. armię, służbę moją w Legionach uznaję za nieużyteczną dla dobra Ojczyzny''.

Tak więc c.k. Komendę Legionów, z generałem Stanisławem Puchalskim na czele, zasypaliśmy naszymi podaniami. Opowiadano, że generał Puchalski z pełnymi skrzyniami załadowanymi podaniami wyprawił się w drogę do naczelnego dowództwa wojsk austriackich i za ten dzielny wyczyn został zwolniony z dotychczasowego stanowiska. Na jego miejsce został wyznaczony generał Stanisław Szeptycki z armii austriackiej.

Po dymisji Komendanta wstrząs w szeregach legionowych był olbrzymi. Było to dla nas wielkie przeżycie. Dotychczas wiedzieliśmy, że właśnie Piłsudski czuwa, strzeże i broni całej sprawy, dla której walczyliśmy; teraz od nas odchodzi. Co będzie dalej? Powstały problemy, które nurtowały nasze umysły i nie dawały spokoju. W naszym pułku, tak jak i w innych, kipiało. Wściekłość na Austriaków i Niemców doszła do zenitu. Gotowi byliśmy porwać się na jakiś nawet szalony krok. Kwaterowaliśmy wtedy pułkiem w miejscowości Piaseczno, kilka kilometrów za frontem okopów legionowej piechoty. Austriacy mieli wiadomości o nastrojach u nas, o ogromnym napięciu i wrogim do nich stosunku. Obawiali się jakiegoś zamętu i ewentualnych demonstracyjnie wrogich wystąpień. Zaobserwowaliśmy, że w pewnej odległości od naszego postoju skupiają dookoła nas oddziały wojskowe. Czuliśmy się jak osaczeni przez wrogów. Ich krążące, co prawda w pewnym oddaleniu, patrole węszyły co się u nas dzieje, czy nie zanosi się na jakąś ,,zdradę''. Istotnie, debatowano i dyskutowano po wszystkich szwadronach. Rodziły się najrozmaitsze koncepcje i projekty, często rozpaczliwe, które godzinami roztrząsano. Utrwalało się przekonanie o bezcelowości dalszej walki przy boku armii austriackiej. Projektowano maszerować na wschód, rozbijając po drodze zagradzające nasz marsz oddziały austriackie i przejść na drugą stronę frontu, dołączając do armii rosyjskiej. Zdaliśmy sobie jednak sprawę, że jest to plan rozpaczliwy, dyktowany tylko nienawiścią i żądzą odwetu na Austriakach. Rozstrząsano też inną koncepcję by maszerować w drogę powrotną do Królestwa, rozbijać po drodze oddziały austriackie ,,dziadów'' (jak to się u nas mówiło o Austriakach), stawiające nam opór i próbować wzniecić powstanie w Kongresówce. W naszych dyskusjach i rozważaniach przewidywaliśmy marsz większości oddziałów legionowych, a co najmniej I i III Brygady. W takiej to atmosferze Belina zarządził 1 października 1916 r. rano zbiórkę całego pułku na polach Piaseczna. Pułk jak w gali, szwadronami rozwinięty w szyki. Krąży wersja, że to może ostatnia zbiórka pułku. Po raporcie dowódców szwadronów dowódca pułku Belina zarządza uszykowanie czworoboku i wygłasza do pułku przemówienie. Mówi, że przyszedł czas najsmutniejszy, bo perspektywa zrzucenia munduru, nie przestaniemy jednak być żołnierzami, że Piłsudski żąda posłuchu. Musimy wykazać hart i wolę, gdy stajemy jako jawna opozycja wobec zakusów wrogów. Wierzy, że rozchodzimy się nie na długo. Kiedyś, na zbiórce nie powinno zabraknąć nikogo. Na zakończenie przemówienia Beliny wznieśliśmy gromki, trzykrotny okrzyk ,,Niech żyje Józef Piłsudski'', a orkiestra odegrała ,,Jeszcze Polska nie zginęła''. Gdy padła komenda ,,do defilady'', pułk przedefilował półgalopem w kolumnie rozwiniętych plutonów przed swym dowódcą.

Z początkiem października wszystkie oddziały legionowe zostały zluzowane przez wojska austriackie i niemieckie i wycofane z frontu, a następnie transportami kolejowymi przewiezione w rejon Baranowicz. Gdy załadowano nas do pociągu, nie zorientowaliśmy się gdzie nas wywożą. Z kompasami w ręku śledziliśmy kierunek jazdy; gdy początkowo kompasy wskazywały kierunek zachodni i północno-zachodni, łudziliśmy się, że może jedziemy do Warszawy. Na jakiejś węzłowej stacji spotkaliśmy się z transportem 2 pułku ułanów. Na nasze zapytania dokąd ich zdaniem jedziemy, odpowiadali z dużą pewnością siebie: ,,gdzie wy, to nie wiemy, ale my to jedziemy do Warszawy''. Wkrótce jednak nasze kompasy zaczęły wskazywać północ, a następnie kierunek na wschód. Transport za transportem wysadzano na stacji Baranowicze.

Nasz 1 pułk ułanów zakwaterowano we wsi Iwankowicze, o kilkanaście kilometrów oddalonej od Baranowicz. Zostaliśmy dyslokowani w rejonie objętym całkowicie przez wojska niemieckie. Dookoła rejonu zajmowanego przez formacje legionowe stały (jak wtedy mówiono — rozmieszczone na wszelki wypadek) większe oddziały niemieckie. Powszechnie utrzymywała się wersja, że było to internowanie z bronią w ręku. Tam zastało nas ogłoszenie tzw. Aktu 5 listopada 1916 r. Gubernatorzy — niemiecki, generał Hans von Beseler i austriacki, generał Karl Kuk — wydali odezwę o tworzeniu wojska polskiego, którego kadrą mają być Legiony. 14 listopada 1916 r. zarządzono koncentrację wszystkich oddziałów legionowych na polach pod Baranowiczami, gdzie odbył się przegląd i defilada przed królem Leopoldem Bawarskim. Przybyliśmy z Iwankowicz konno w warunkach wyjątkowo okropnej pogody, pluchy z deszczem i śniegiem. Czekając kilka godzin na przyjazd Leopolda staliśmy w błocie na rozmokłej glebie, wielu z nas w dziurawych butach z przemokniętymi nogami, toteż klęliśmy Niemców ile wlezie oraz ich Leopolda.

W końcu listopada transportami kolejowymi zostaliśmy przewiezieni do Królestwa na północ od Warszawy w strefę okupacji niemieckiej, gdzie w szeregu miejscowości stanęliśmy garnizonami w dawnych koszarach rosyjskich. Mamy więc stanowić kadrę przyszłego wojska polskiego. Nasz pułk staje garnizonem w Ostrołęce-Wojciechowicach, w dawnych koszarach huzarów rosyjskich. W dniu 2 grudnia II Brygada z częścią artylerii i 2 pułkiem ułanów wkroczyła do Warszawy przed udaniem się do wyznaczonych garnizonów. I Brygada zbytnio już naraziła się Niemcom, żeby ją zechcieli wpuścić do stolicy.

6 grudnia 1916 r. została utworzona Tymczasowa Rada Stanu, mająca przygotować podstawy prawne do ukonstytuowania przyszłego państwa polskiego i stworzenia armii polskiej. Przeszliśmy na zaopatrzenie i uzbrojenie niemieckie, przyjęliśmy też nowy regulamin zbliżony do niemieckich. Wyżywienie otrzymaliśmy dość słabe i niewystarczające, a także skąpe racje furażu dla koni. Naprzeciwko koszar było kilka żydowskich sklepików spożywczych; można było tam coś kupić i spożyć na miejscu, toteż brać ułańska gromadnie chodziła do sympatycznych Esterek, które nawet udzielały ułanom niewielkiego kredytu.

Do pułku zostali przydzieleni nieliczni niemieccy podoficerowie-instruktorzy z rotmistrzem Stechowem na czele. Byli to dobrzy specjaliści, zaprawieni w rzemiośle wojskowym. Szkolenie i przeszkalanie było bardzo intensywne; zajęcia trwały przez większość dnia. Ćwiczenia w zasadzie prowadzili nasi oficerowie i starsi podoficerowie; instruktorzy niemieccy byli w charakterze raczej doradców i zachowywali się skromnie i taktownie. Zorganizowane zostały szkoły: oficerska i podoficerska. Do szkoły oficerskiej zostało zakwalifikowanych 120 uczniów spośród podoficerów różnych stopni. Komendantem szkoły oficerskiej został mianowany rotmistrz Janusz Głuchowski. Wykładowcami byli oficerowie pułku. Wykładane przedmioty i ćwiczenia: taktyka ogólna, taktyka kawalerii, służba polowa, regulaminy, terenoznawstwo i kartografia, służba saperska, fortyfikacja, nauka o broni, ogólne wiadomości z medycyny i weterynarii, ćwiczenia bojowe konno i pieszo. Szkoła podoficerska liczyła 150 uczniów spośród ułanów i częściowo młodszych podoficerów. Komendantem szkoły podoficerskiej został mianowany porucznik Jerzy Świerszcz-Pytlewski.

Brat i ja ukończyliśmy szkołę oficerską. Na zakończenie kursu odbywały się egzaminy i uroczyste rozdanie świadectw. Oczywiście, pozostaliśmy nadal przy dotychczas posiadanych stopniach podoficerskich; staliśmy się jedynie potencjalnymi kandydatami na oficerów w momencie przewidywanej rozbudowy wojska.

Ówczesny stan pułku liczył 800 szabel w pięciu szwadronach. Czas nadal mieliśmy wypełniony ćwiczeniami, od czasu do czasu wypadało się na przepustkę do Warszawy. Mniej więcej do końca czerwca praca była normalna, bez większych wstrząsów, jednak dochodziły do nas niepomyślne wiadomości o wydarzeniach rozgrywających się ,,u góry''. Piłsudski, który początkowo współpracował z Radą Stanu, wysuwał tak zdecydowane i daleko idące zadania polityczno-wojskowe, że doprowadziło to do bardzo ostrego konfliktu Komendanta z Niemcami, a także z Radą Stanu, która nie poparła jego stanowiska. Komendant wypowiedział więc otwartą i zdecydowaną walkę Niemcom, Radzie Stanu i Komendzie Legionów. Piłsudski uważał Niemców za głównego wroga sprawy polskiej, wyraźnie przygotowując się do zerwania z nimi i przeciwdziałając organizowaniu przez nich Polskich Sił Zbrojnych. Piłsudski uważał, że Niemcy wojnę przegrają, a pragnął i liczył na zwycięstwo aliantów zachodnich. Dysponując w pełni znaczną siłą szeroko rozbudowanej tajnej Polskiej Organizacji Wojskowej, wydał jej rozkaz bezwzględnego przeciwdziałania wszelkiej rekrutacji w kraju.

Jednocześnie Rada Stanu w uzgodnieniu z generałem von Beselerem ogłosiła tekst przysięgi, którą mieliśmy składać, a zawierającą zaprzysiężenie wierności braterstwu broni z wojskami Niemiec i Austro-Węgier. Piłsudski zgłosił kategoryczny sprzeciw i 2 lipca 1917 r. ustąpił z Rady Stanu, a następnie w gabinecie hotelu Brühla w Warszawie zwołał zebranie — odprawę wiernej mu starszyzny legionowej i peowiackiej. Na odprawie tej, po wysłuchaniu meldunków, Komendant powiedział m.in.: ,,Nasza wspólna droga z Niemcami skończyła się. Rosja, nasz wspólny wróg w tej światowej wojnie, skończyła swoją rolę. Wspólny interes przestał istnieć. Wszystkie nasze i niemieckie interesy układają się przeciw sobie. W interesie Niemców leży przede wszystkim pobicie Aliantów, w naszym, by Alianci pobili Niemców. Niemcy ogłosili jakąś ,,niepodległość'' by zjednać sobie naród polski. Chcą, by dał żołnierza do armii dowodzonej przez pana Beselera. Tymczasem chcieliby chociaż reprezentację tej przyszłej armii polskiej, część dawnych legionów wsadzić do pociągów i wysłać na front zachodni, by pokazać światu, że Polacy są przeciw Francji i Anglii — przeciw Zachodowi. Dlatego też wy do tej armii polskiej nie pójdziecie. Dlatego dawno już wydałem rozkaz POW, by nie robili rekrutacji do Legionów i teraz do tego wojska, a tylko do tajnej organizacji. Niemcy będą chcieli kosztem naszym robić jakieś umowy z Rosją. Im prędzej przegrają wojnę, tym lepiej. Właściwie Niemcy tę wojnę już przegrały. Mówimy Niemcom otwarcie — wyjaśniał dalej Komendant — że nasze drogi się rozeszły i że idziemy własną drogą. Przykro chłopcy, że rozpoczniecie marsz na tej nowej drodze bez broni, przez obozy jenieckie i przez wojsko austriackie, ale nie czas na awanturę, którą byśmy przegrać musieli. Wsadzą was Niemcy do obozów w złych warunkach, ale się przechowacie razem, w masie, na tę chwilę, gdy znów będziecie potrzebni. Ta przechowalnia nie będzie lekka, ale przeszliście twardą szkołę i powinniście w dobrej formie przetrzymać i to przeżycie. Co do mnie, osobiście był czas, kiedy byłem zdecydowany iść do oddziałów polskich, które się organizują w Rosji. Dziś jeszcze nie mogę wam powiedzieć, co zdecyduję ostatecznie. W każdym razie będziemy wiedzieli o sobie''.

Wkrótce potem (22 lipca 1917) Komendant wraz z Kazimierzem Sosnkowskim zostają przez Niemców aresztowani i wywiezieni do twierdzy w Magdeburgu, a my internowani w Beniaminowie pod Zegrzem i w Szczypiornie pod Kaliszem. Uprzednio jednak, licząc się z możliwością otwartej walki z garnizonami niemieckimi, jeździliśmy po okolicznych wsiach i zbieraliśmy ukrywaną przez naszych chłopów amunicję. Z polską wsią łączyły nas bardzo przyjazne stosunki, a we wsiach były liczne organizacje peowiackie.

Nastroje antyniemieckie wzrastały, zaś w pułku panowało duże napięcie. Niemcy z pobliskich garnizonów wiedzieli o tym. Dawniej ich patrole przejeżdżały drogą wzdłuż naszych koszar. Teraz się nie pokazywały; nie czuliby się bezpiecznie. Dostaliśmy wiadomość, że przedstawiciele Komendy Legionów i Rady Stanu będą objeżdżać oddziały legionowe i na ich ręce mamy uroczyście składać wiadomą przysięgę. Do naszego pułku mieli przybyć w dniu 9 lipca 1917. Dnia 7 lipca został wezwany do Komendy Legionów nasz dowódca pułku, major Władysław Belina-Prażmowski, i po raporcie o nastrojach i postawie pułku został z miejsca zwolniony z funkcji dowódcy pułku i w ogóle ze służby w Legionach. Była to pierwsza ofiara nowego kursu. Belina powrócił jeszcze do pułku i przekazał dowództwo rotmistrzowi Januszowi Głuchowskiemu.

W dwa dni później pułk w szyku pieszym i przy rozwiniętych szwadronach przy broni i w paradnych czakach ułańskich oczekiwał przyjazdu przedstawicieli c.k. Komendy Legionów i Rady Stanu. Przyjechali gen. Zygmunt Zieliński i członek Rady Stanu Ludwik Górski. Generał Zieliński przyjął raport dowódcy pułku, po czym zarządził składanie przysięgi. Dowódcy szwadronów z całym ułańskim szykiem wydawali głośne komendy: ,,Kto do przysięgi, 5 kroków wystąp''. W tej napiętej grobowej ciszy słychać było tylko komendy ze wszystkich szwadronów. Pułk stał jak mur: ani jeden ułan nie wystąpił naprzód. Dowódcy szwadronów podchodzili do gen. Zielińskiego i salutując mu obnażonymi szablami głośno meldowali, że w takim to a takim szwadronie ,,nikt nie składa przysięgi''. Gen. Zieliński zdradzał silne podenerwowanie całym przebiegiem parady przysięgowej i tym niezwykłym napięciem sytuacji, jakie wszyscy odczuwali. Pułk wyglądał istotnie wspaniale i pięknie, jak na najlepszych obrazach malarskich.

Po wysłuchaniu meldunków gen. Zieliński wydał zarządzenie zbiórki wszystkich oficerów pułku i wezwał ich do złożenia przysięgi. Wszyscy oficerowie kolejno odmawiali. Przed samą przysięgą oficerów zarządzono, że mają oni zdać komendy wachmistrzom szwadronowym, a ci mają odprowadzić szwadrony do koszar. Gdy padła komenda ,,rozejść się'' wybuchł dramat. Napięte do ostatnich granic nerwy nie wytrzymały. Zakotłowało się wśród żołnierzy, którzy wymachując karabinami, ze śpiewem ,,O cześć wam, panowie magnaci'', a potem ,,Nie rzucim ziemi skąd nasz ród'', runęli z powrotem w kierunku gen. Zielińskiego i Górskiego, gotowi ich rozszarpać. Wykrzykiwali: ,,zdrajcy'', ,,sprzedawczyki'', ,,ile żeście srebrników za nas wzięli?'' itp. Wszystko to mogło się było bardzo tragicznie skończyć, gdyby nie posłuszeństwo i zaufanie, jakim darzyliśmy naszych oficerów, którym udało się szybko przywrócić porządek w naszych szeregach i skierować do koszar. Taki to dramatyczny był dla nas dzień 9 lipca 1917 roku.

Wydano rozkaz, że wobec odmowy złożenia przysięgi musimy złożyć broń i zostaniemy internowani. Nasi oficerowie mówili nam, że musimy wszyscy tym rozkazom podporządkować się, że na walkę z Niemcami teraz jeszcze nie czas. Musimy przetrzymać i odczekać — takie są instrukcje Komendanta. Tak długo żyliśmy w napięciu nerwów, gotowi do czynnego oporu i walki z Niemcami czy Austriakami, a tu naraz mamy się dać dobrowolnie rozbroić i pozwolić się internować? Nieświadomi wówczas w pełni sytuacji politycznej i wojskowej oraz taktyki i rozgrywki Piłsudskiego z okupantami nie byliśmy pewni czy powtarzane nam instrukcje są prawdziwe. Staliśmy się podejrzliwi; zapewnienia naszych oficerów nam nie wystarczały. Odbywaliśmy wiece i wielogodzinne narady. Dopiero porucznik Bolesław Wieniawa-Długoszowski, oficer naszego pułku, ale od dłuższego czasu adiutant Komendanta, przełamał tę sytuację. Zapewnił nas, że taka jest wola Komendanta, że nadal jako jego żołnierze mamy uważać się za podległych jego rozkazom, że niezależnie od zmiennych kolei losów, jakie wypadnie nam przejść, Komendant pragnie nas zachować na późniejszy właściwy moment rozstrzygający w walce o Polskę. Ta interwencja Wieniawy, w którego lojalność i rzetelność jako rzecznika myśli i rozkazów Komendanta nie wątpiliśmy, uspokoiła nasze umysły, toteż pogodziliśmy się z nową rzeczywistością.

Tak na razie skończyła się nasza kilkuletnia epopeja legionowa. Z tego okresu służby żołnierskiej wynieśliśmy na dalsze niewiadome jeszcze losy wielką zaprawę bojową, dobre wyszkolenie wojskowe, hart ducha i niezłomną wiarę w naszego wodza, Komendanta Józefa Piłsudskiego; że prędzej czy później poprowadzi nas do wolnej Polski.

W ciągu następnych kilku dni nastąpiła segregacja w pułku na Królewiaków i Galicjan. My zostaliśmy skierowani do niemieckich obozów dla internowanych, oni oddani potem Austriakom, jako podlegający normalnej wojskowej służbie austriackiej. Po oddaniu broni do magazynów pozostała reszta pułku pożegnała nas defiladą. Rozstawaliśmy się nie wiadomo na jak długo z naszymi serdecznymi kolegami i towarzyszami broni. Jeszcze raz okupanci rozdzielali nas według przynależności do takiego czy innego zaboru.

17 lipca 1917, uzbrojeni w zwyczajne kije, w liczbie 500 ułanów i podoficerów odmaszerowaliśmy przez Ostrołękę na stację kolejową, gdzie był już podstawiony dla nas pociąg z wagonami osobowymi. Na stacji spotkaliśmy przejeżdżający pociąg z 4 pułkiem piechoty, jadącym również do obozu internowanych; wzajemnym pozdrowieniom i wiwatom nie było końca. Gdy maszerowaliśmy przez Ostrołękę, ludność masowo wyległa na ulice i żegnała nas serdecznie ze łzami w oczach. Po drodze miał miejsce następujący incydent: w tłumie ulicznym został zauważony i rozpoznany konfident niemieckiego wywiadu, który szpiegował miejscowego komendanta POW — Wacława Wilczyńskiego; wydany przez niego Wilczyński został przez Niemców aresztowany i wywieziony. Konfident ten został przez kolegów maszerujących na przodzie zbity kijami do nieprzytomności. Po załadowaniu się do pociągu odjechaliśmy do obozu Skalmierzyce-Szczypiorno w pobliżu Kalisza.

W OBOZIE INTERNOWANYCH LEGIONISTÓW
W SZCZYPIORNIE I ŁOMŻY

Na ostrą opozycję Komendanta wobec polityki niemiecko-austriackiej w sprawie polskiej i zagadnienia organizacji wojska polskiego, Niemcy odpowiedzieli aresztowaniem Piłsudskiego i internowaniem legionistów. Transporty kolejowe jeden po drugim przybywały do Szczypiorna. Kiedy nasz ułański transport zatrzymał się około 500 m od bramy obozowej, oczekiwały nas już gęste szpalery uzbrojonych żołnierzy niemieckich. Kpiliśmy z Niemców, że nam, już rozbrojonym polskim żołnierzom, ze względu na bezpieczeństwo przydzielili aż tak mocną eskortę. Śmiejąc się z Niemców, maszerowaliśmy dumnie i hardo przez obozową bramę. Zanim nam przydzielono pomieszczenia, zostaliśmy poddani gruntownej rewizji. Nasz legionowy rejon był częścią wielkiego obozu jeńców liczącego kilkadziesiąt tysięcy ludzi. Najwięcej było Rosjan, dużo Francuzów, sporo Anglików i innych. Nasza część obozu była odgrodzona od reszty kilkoma rzędami drutów kolczastych. 10 ziemianek z dachami z papy stanowiło tak zwany blok. Jeden blok odgrodzony był od drugiego rowem i dwoma rzędami drutów kolczastych. Bloki były numerowane; nam, ułanom, Niemcy przydzielili blok pierwszy. Między ziemiankami, które zajmowaliśmy, wykopano pośrodku wąskie przejście a po obu stronach, nieco wyżej, ułożono deski z siennikami do spania. Nakrycie stanowiło coś w rodzaju kołdry z przefastrygowanym papierem wewnątrz. Mieszkało nas w takim baraku-ziemiance pięćdziesięciu. Leżeliśmy pokotem jeden obok drugiego. Na końcu baraku było okienko dające odrobinę światła. W końcu bloku była ohydna latryna. Ogólnie rzecz biorąc, warunki były bardzo prymitywne i podłe. Wokół naszego rejonu wznosiły się wysokie, drewniane wieże z ustawionymi na nich karabinami maszynowymi. Wzdłuż jednego bloku biegła wewnętrzna droga, przy której stały porządne budynki komendy niemieckiej i ich kancelarie. Wokół obozu, opasanego na zewnątrz drutem kolczastym, chodziły patrole niemieckie. Byliśmy obstawieni bardzo silnymi strażami niewątpliwie przekraczającymi rzeczywistą potrzebę. Mieliśmy informacje, że miejscowa komenda niemiecka uważa nas za element szczególnie niebezpieczny; Niemcy obawiali się jakiejś poważniejszej czynnej akcji z naszej strony. Wiedzieli co prawda dobrze o naszych powiązaniach z Polską Organizacją Wojskową i o całkowitym naszym podporządkowaniu się dyspozycjom Komendanta bez względu na to, że był on uwięziony w Magdeburgu, w jego imieniu bowiem działali na czele polskiego podziemia ludzie pewni i zaufani z Edwardem Rydzem-Śmigłym na czele. My, internowani, od pierwszego dnia po przybyciu do Szczypiorna, pomimo powitania nas przesadną ilością bagnetów niemieckich, byliśmy w doskonałej formie psychicznej i pełni wiary w naszą sprawę. Jako doświadczeni i otrzaskani w bojach żołnierze frontowi nie baliśmy się Niemców i zachowywaliśmy się dumnie i hardo, okazując personelowi niemieckiemu lekceważenie i pogardę. Mimo że stosowali względem nas częste szykany, nie mieli z nami lekkiego życia.

Niemieckim komendantem naszego obozu był major Kaupisch, Saksończyk. Odnosił się do nas raczej z pewną życzliwością, starał się często łagodzić szykany i represje stosowane przez podległy mu personel oficerski i podoficerski. Zaraz po przybyciu do Szczypiorna narzuciliśmy Niemcom własną wewnętrzną organizację. Pierwszym naszym komendantem był kapitan Stanisław Zosik-Tessaro. On i kilku innych oficerów nałożyli odznaki stopni podoficerskich i w transportach żołnierskich przyjechali do Szczypiorna. Naszemu komendantowi obozu podlegali komendanci bloków, którym z kolei podlegali komendanci baraków. Brać żołnierska podporządkowała się bez zastrzeżeń własnym władzom i respektowała w pełni ich instrukcje i dyrektywy, co zapewniało wewnętrzną zwartość i solidarność obozu. Komendantem naszego ułańskiego bloku został początkowo wachmistrz Janusz Olszanowski. Był on z zawodu prawnikiem. Bardzo taktowny i rozważny, cieszył się u wszystkich wielkim autorytetem, zaufaniem i sympatią. Komendant obozu wraz z komendantami bloków stanowili obozową Radę Żołnierską. Już po miesiącu Niemcy wykryli przebywających wśród nas oficerów i wywieźli ich w głąb Niemiec, do Hewelbergu i Werlu. Wywiezieni zostali: kapitan Stanisław Zosik-Tessaro, rotmistrz Gustaw Orlicz-Dreszer i porucznik Stanisław Grzmot-Skotnicki. Następnym komendantem obozu został wachmistrz Olszanowski, a na jego miejsce komendantem naszego bloku mianowany został przez Radę Żołnierską wachmistrz Tadeusz Brzęk-Osiński. Od samego początku własnymi siłami zorganizowano najrozmaitsze kursy nauczania (między innymi kursy maturalne), kursy języków obcych, szkółki początkowe dla mało zaawansowanych w nauce itp. Zorganizowane zostały również zespoły sportowe i chóry. Powstał nawet wewnętrzny sąd obozowy, a także skromna kasa zapomogowa. Niemcy naturalnie obrzydzali nam życie jak tylko mogli. Często odbywały się zbiórki alarmowe na zewnątrz bloków i przeprowadzano rewizje. Warunki zdrowotne i higieniczne były pod psem; nie mieliśmy nawet gdzie porządnie się umyć. Wyżywienie było bardziej niż podłe. Rano i wieczór mały kawałek gliniastego chleba i czarny płyn bez cukru, naśladujący kawę, na obiad rzadka i ciemno zabarwiona zupa, przeważnie z liści buraków cukrowych lub pastewnych, których całe wozy przywożono codziennie do obozu. Niedopuszczano do nas żadnych listów od rodzin ani paczek. Byliśmy ciągle głodni, wymizerowani i osłabieni. Konflikty z niemieckim personelem, zwłaszcza podoficerskim, były na porządku dziennym.

Te podłe warunki, w jakich nas trzymano, stworzono nie bez wiedzy a nawet pewnego współdziałania kolaborujących z Niemcami czynników polskich, zaangażowanych w organizację tzw. Polnische Wehrmacht. Szczególnie czynny i wrogo nastawiony do internowanych w obozach był Leon Berbecki. Usiłowano przede wszystkim rozbić solidarność i jedność naszego obozu. Zwłaszcza na początku, za wiedzą i aprobatą Niemców, zaczęto nasyłać na nas różnych ludzi, którzy pod rozmaitymi pozorami próbowali penetrować nasze szeregi i agitować za wyłamywaniem się i zgłaszaniem do Polnische Wehrmacht. Do takich należał między innymi porucznik Antoni Sujkowski, który miał wśród nas dwóch synów. Po parokrotnych przyjazdach został wreszcie prawie dosłownie wyrzucony przez nas poza obręb obozu.

W obozie zostało zorganizowane ambulatorium z lekarzem przydzielonym z polskiego Wehrmachtu, porucznikiem drem Mieczysławem Kaplickim. Był on dawnym legionistą i zakamuflowanym piłsudczykiem, wsadzonym do tworzonego Wehrmachtu przez nasze podziemne władze niepodległościowe. Będąc w ścisłej łączności z naszą Radą Żołnierską oddał duże usługi naszemu obozowi. Prócz niego był przydzielony na stałe jako kapłan kapitan ksiądz Jan Kwapiński. Podjął się on roli wyjątkowo nikczemnej, spełniając funkcję zwykłego konfidenta i donosiciela. Gdy został w tej roli zdemaskowany, wywołało to w obozie ogromne wzburzenie i doprowadziło do poważnego skandalu.

Ksiądz Kwapiński wizytując poszczególne baraki werbował ochotników do spowiedzi, w czasie której agitował słabszych duchem i mniej odpornych na głodowe warunki w obozie do deklarowania się za wstąpieniem do polskiego Wehrmachtu. W ten sposób sporządził imienną listę kilkudziesięciu żołnierzy rzekomo gotowych przyjąć postawione im warunki i opuścić obóz. Listę tę przedstawił niemieckiej komendzie obozu, która znienacka zarządziła zbiórkę tych rzekomych ochotników i wyprowadzenie ich poza obręb obozu. Podoficerowie niemieccy wywoływali poszczególne nazwiska, nakazując zabranie przez nich osobistych rzeczy i zaczęli wyprowadzać ich z obozu. Lotem błyskawicy rozeszła się o tym wieść, wywołując ogromne oburzenie i powszechną złość, zwłaszcza, że wielu wywołanych z tej listy zaczęło protestować, że niczego nie deklarowali, a jedynie podali przy spowiedzi swoje nazwiska, bo ksiądz obiecywał im załatwić zwolnienie do domów rodzinnych. Ten postępek księdza wywołał więc istną burzę w całym obozie. Uznano to za podstęp i prowokację, mającą na celu rozbicie internowanych. Tłum kilku tysięcy legionistów wypadł na zewnątrz bloku w pogoni za księdzem Kwapińskim z krzykiem i wymyślaniem. Nie mogąc już dobiec do głównej, wyjściowej bramy obozowej by znaleźć bezpieczeństwo pod skrzydłami Niemców, ksiądz wpadł biegiem do ambulatorium i zatrzasnął wejście, szukając tam schronienia, jednak rozwścieczony tłum żołnierzy wyłamał drzwi wejściowe i ci, którzy pierwsi wpadli do ambulatorium, zerwali księdzu oficerskie naramienniki i opluli go. Incydent ten skończyłby się zapewne dużo tragiczniej, gdyby nie nadbiegł zaalarmowany wachmistrz Olszanowski. Przemówił do wszystkich nawołując do spokoju i zapowiedział, że wyprowadzi księdza Kwapińskiego za bramę; zażądał by pozwolono księdzu przejść pod jego ochroną. Tylko dzięki wielkiemu autorytetowi Olszanowskiego uspokojono się i nawet utworzono kordon z dwóch stron osłaniający przed naciskiem tłumu. Ksiądz Kwapiński w towarzystwie Olszanowskiego wyszedł z ambulatorium w stanie opłakanym, z opuszczoną głową. Nikt go nie ruszył, ale zewsząd pluto na niego. Ksiądz Kwapiński wyjechał i w obozie się więcej nie pokazał. Ten skandaliczny incydent miał przebieg tak szybki, że Niemcy nie zdążyli nawet interweniować.

Niezależnie od podobnych skandalicznych metod, od czasu do czasu miały miejsce pojedyncze wypadki indywidualnych zwolnień do domu, do cywila, na prośby rodzin. Pewnego dnia brat i ja zostaliśmy wezwani razem do biura komendy niemieckiej. Naturalnie byliśmy mocno zaskoczeni tym wezwaniem, nie domyślając się nawet jego przyczyny. Okazało się, że nasza rodzina zwróciła się do władz z pisemną prośbą o zwolnienie nas do cywila. Niemcy obiecali nam ewentualną zgodę pod warunkiem, że podpiszemy zobowiązanie do nieangażowania się w żadną działalność antyniemiecką i niebrania udziału w organizacjach podziemnych (chodziło tu oczywiście o POW) występujących przeciwko Niemcom. Gdy kategorycznie odmówiliśmy podpisania jakichkolwiek zobowiązań, bez dyskusji odprowadzono nas z powrotem do obozu.

Potem jeszcze ponawiano bezskuteczne próby rozbicia naszej jednolitej postawy: kiedyś próbował ,,szczęścia" sam Leon Berbecki, dawny, waleczny zresztą, dowódca 5 pułku piechoty I Brygady Legionów Polskich. Mając zamiar wejścia na teren naszego obozu przejeżdżał wcześniej drogą wzdłuż drutów kolczastych do budynku komendy niemieckiej w otoczeniu niemieckich oficerów. Tłum żołnierzy, dawnych jego podkomendnych z 5 pułku piechoty, oblepił dosłownie druty, wygrażając Berbeckiemu od zdrajców, sprzedawczyków itp. Po takim powitaniu ze strony swych dawnych żołnierzy, Berbecki nie zaryzykował już wejścia do obozu i po wizycie w komendzie niemieckiej odjechał.

Niemcy nie ustępowali jednak i nadal stosowali różne szykany i represje. Wachmistrza Olszanowskiego aresztowano i wywieziono w głąb Niemiec, zdaje się do Rastatu. Majora Kaupischa, dotychczasowego komendanta niemieckiego odwołano, gdyż zdradzał zbyt wiele sympatii i przychylności wobec nas. Stało się to po wielkiej awanturze wywołanej zarządzeniem, w myśl którego miano naszyć nam na rękawach numery jeńców niemieckich. Gdy wiadomość o tym rozniosła się, Rada Żołnierska, a wraz z nią cały obóz, postanowiła przeciwstawić się temu, ponieważ nie byliśmy żadnymi niemieckimi jeńcami wziętymi na polu bitwy, lecz internowanymi za przekonania, za opozycję wobec ich polityki w sprawie polskiej. Władze niemieckie uważały nasz ułański blok za najgorszy, za główne siedlisko oporu, rozpoczęły więc całą hecę od naszego bloku. Łudzili się, że jak przełamią nas, to w następnych blokach pójdzie łatwiej. Już od wczesnego rana cały obóz w dużym napięciu oczekiwał rozpoczęcia tej imprezy. Pierwszym numerem widowiska, po niemiecku sprawnie wyreżyserowanego, było wmaszerowanie na teren naszego bloku kompanii piechoty w pełnym uzbrojeniu i w bojowych hełmach. Kompania w szyku rozwiniętym stanęła z bronią gotową do strzału. Zarządzono zbiórkę. Stanęliśmy w 25 rzędach po 20 w każdym, w odległości kilku kroków od kompanii. Potem nadeszła liczna grupa niemieckich oficerów z generałem na czele. (Zdaje się, że był on komendantem całego wielkiego obozu jeńców w Skalmierzycach-Szczypiornie.) W tej grupie był również major Kaupisch i jego zastępca, znienawidzony kapitan Gliwitz. We wszystkich blokach brać żołnierska oblepiła druty, żeby obserwować przebieg akcji u nas. Nawet w niedalekim naszym sąsiedztwie Francuzi i Anglicy powyłazili na dachy swoich baraków by obserwować, co się dzieje. Sztab niemiecki stanął naprzeciw, frontem do nas. Na czele naszego ugrupowania, wysunięty nieco do przodu, stał nasz dowódca bloku, wachmistrz Tadeusz Brzęk-Osiński. Po wydaniu nam komendy ,,baczność'', jeniec rosyjski podchodzi do Osińskiego, by mu naszyć numer jeńca. Wachmistrz Osiński zdejmuje kożuszek ułański i podaje go. Jeniec rosyjski po przyszyciu numeru oddaje kożuszek Osińskiemu, ale ten go nie wkłada. Generał rozkazuje Osińskiemu włożyć kożuszek. Osiński głośno odmawia wykonania rozkazu twierdząc, że jest polskim żołnierzem i nie będąc jeńcem niemieckim nie będzie nosił numeru jenieckiego. W grobowej ciszy słychać komendę ,,zwei mann'' i dwaj żołnierze z kompanii podchodzą do wachmistrza Osińskiego i wyprowadzają go poza obóz do aresztu. Po tej scenie wchodzi między nas luźny szyk kilkunastu jeńców rosyjskich, którzy przyszywają nam numery. Gdy po tej ceremonii przechodzimy do postawy ,,spocznij'', wszyscy jak na komendę zrywamy numery i rzucamy je z rozmachem na ziemię. Sztab niemiecki wpada we wściekłość. Generał zaczyna wykrzykiwać, że co dziesiątego każe rozstrzelać. Słyszymy głośną kłótnię. Major Kaupisch energicznie ujmuje się za nami i protestuje. Po kłótni i naradzie generał rozkazuje odprowadzić nas do baraków, postawić przy każdym baraku uzbrojonego wartownika i nikogo nie wypuszczać na zewnątrz baraku. Zwracając się w naszym kierunku generał dosłownie wykrzykuje: ,,Ohne Nummer ohne essen, ohne Nummer ohne scheisen''. Ponieważ pozostałe bloki odmówiły naturalnie przyszycia numerów, więc cały nasz obóz został zamknięty w barakach i rozpoczęła się głodówka. Trwała trzy dni. Nikt się nie wyłamał. Stale niedożywiani, byliśmy już bardzo osłabieni, słanialiśmy się więc w barakowych pomieszczeniach dostając łatwo zawrotów głowy. Jako samoobronę postanowiliśmy jak najwięcej leżeć, jednak trzeciego dnia zaczęto wynosić na noszach z poszczególnych baraków chorych i omdlałych. Niemcy musieli przygotować dla nich specjalny blok. Wyniesiono około 300 chorych i wycieńczonych. Niemcy nie przewidywali takich skutków swych zarządzeń i takiego skandalu. Zawiadomili kaliski obywatelski komitet niesienia nam pomocy, dali im zezwolenie na wstęp do obozu i przywiezienie żywności. Dzięki tej pomocy przywrócono nas do zdrowia i sił. Głodówka trwała od 14 do 17 listopada 1917. Awantura ta odbiła się głośnym echem w kraju. Doszły nas wiadomości, że nawet Rada

Regencyjna interweniowała u władz niemieckich w sprawie podłych warunków w jakich byliśmy internowani.

Po aresztowaniu wachmistrza Olszanowskiego Rada Żołnierska wyznaczyła na komendanta obozu wachmistrza Dan-Stachlewskiego. Zima zaczęła się wcześnie; mieszkanie w prymitywnych nieszczelnych ziemiankach stało się już bardzo dokuczliwe, toteż z radością przyjęliśmy w połowie grudnia wiadomość, że na okres zimowy mają nas przewieźć w inne miejsce. Rzeczywiście, pod koniec grudnia załadowano nas do podstawionych pociągów i opuściliśmy Szczypiorno. Organizacja naszego przejazdu wzbudzała śmiech. Niemcy zastosowali wobec nas wyjątkowo ostre i wzmocnione środki bezpieczeństwa. Przydzielono nam wagony osobowe trzeciej klasy, po sześciu w każdym przedziale plus dwóch uzbrojonych żołnierzy niemieckich. Ponadto co któryś wagon mieścił oddział wojskowy wyposażony w karabiny maszynowe. W ciągu dnia zaobserwowaliśmy wzdłuż całej trasy uzbrojonych niemieckich żołnierzy. Zdziwienie i pusty śmiech nas ogarniał, kiedy zobaczyliśmy ile wojska Niemcy użyli do pilnowania nas. W pobliżu Warszawy było kilka ucieczek z naszego transportu. W ciemnościach nocy słyszeliśmy dość częste strzały.

Wyładowano nas w Łomży. Pomaszerowaliśmy do starych, ale normalnych zabudowań koszarowych położonych blisko miasta. Cały rejon koszar był zawczasu przygotowany i starannie, gęsto zadrutowany. W porównaniu ze Szczypiornem była to wielka korzystna zmiana w warunkach naszego życia. Sale były jako tako opalane i nawet wyżywienie nieco lepsze. Korzystaliśmy ze spacerów na obszernym dziedzińcu koszarowym i nie było specjalnych represji i szykan. Rano i wieczorem odbywały się apele, by sprawdzić obecność; poza tym resztę czasu mieliśmy do swej dyspozycji. Samorząd obozowy działał bez przeszkód. Funkcjonowały nadal koła samokształceniowe, sportowe, chóry a nawet zespoły teatralne. W początku lutego odbył się starannie przygotowany parogodzinny spektakl. Mieliśmy wśród nas utalentowanych ludzi pióra, malarzy i dekoratorów. Pisali sztuki, wiersze, komponowali z niczego prawie dekoracje, rysowali i malowali. Na pierwszy spektakl został zaproszony cały personel niemiecki i nawet kilka sióstr niemieckiego Czerwonego Krzyża przydzielonych do ambulatorium i izby chorych. Program imprezy składał się z występów o charakterze kabaretowym. Niemcy się nie zorientowali i uprzednio nie poddali treści występów cenzurze. Personel niemiecki siedział w pierwszych rzędach; sala widowiskowa była zapełniona po brzegi. Przedstawienie rozpoczęło się różnymi piosenkami i deklamacjami naszpikowanymi ostrą satyrą antyniemiecką. Szczególnie ostry był zarówno w treści, jak i w ekspozycji, utwór pt. ,,Bal głodowy''. Doskonale interpretowany przez jednego z legionistów w obdartych łachach i drewnianych butach, tzw. pontonach, ilustrował nędzę internowanych i był pełen szyderstwa wobec Niemców. Niemcy, których część znała język polski, siedzieli jak na szpilkach, ale wytrzymali do końca. Szczytowym numerem była jednoaktowa sztuka pt. ,,Godzina historii'', satyra polityczna wymierzona przeciwko Niemcom i ich stosunkowi do sprawy tworzenia wojska polskiego. Pełna dowcipu, wyszydzała szczególnie niemieckiego generała-gubernatora von Beselera, organizatora i dowódcę ,,Polnische Wehrmacht''. Zawierała pełno aluzji do osławionej przysięgi na wierność braterstwu broni z Niemcami i Austriakami. Był tam między innymi taki ustęp, że Beseler wzywa do siebie Piłsudskiego i żąda od niego, by rozkazał legionistom złożyć mu przysięgę, a Piłsudski mu na to odpowiada tymi słowami: ,,Prędzej Prusaku diabła zjesz, zanim moi chłopcy złożą ci przysięgę''. O dziwo, Niemcy nie przerwali przedstawienia i wysłuchali go do końca. Ponieważ sala widowiskowa pomieściła tylko część widzów, planowano dalsze spektakle. Niemcy zażądali wtedy przedstawienia im wszystkich tekstów i cenzura skreśliła prawie połowę programu. Tekst ,,Balu głodowego'' został nawet skonfiskowany i zagrożono ostrymi represjami za samo jego posiadanie.

Cały nasz rejon koszarowy był otoczony kilkoma pasami drutów kolczastych i strzeżony przez ruchome posterunki. Wydawało się, że w tych warunkach niemożliwe są jakiekolwiek ucieczki. Jeden bok naszych odrutowań przylegał do drogi, która biegła do miasta. Droga ta, zwłaszcza w niedzielę, była miejscem spacerów mieszkańców Łomży, którzy chcieli chociaż przez druty odwiedzić nas i dać wyraz swej sympatii. Wartownik miarowym krokiem chodził wzdłuż drutów tam i z powrotem. Droga była obsadzona dużymi drzewami. W pewnym momencie, gdy wartownik był odwrócony tyłem, jeden śmiałek prysnął przez druty jak kot i ukrył się na drzewie. Za drugim nawrotem wartownika zeskoczył z drzewa i wmieszał się do grupy licznych spacerowiczów, wcale niezauważony przez wartownika. Ta udana ucieczka zachęciła innych i w ślad za tym pierwszym znaleźli się następni amatorzy. W ten sposób na oczach setek ludzi w biały dzień, wśród głośnych śmiechów przyglądających się, uciekło kilku czy nawet kilkunastu legionistów. Gdy przy wieczornym apelu Niemcy wykryli tak liczną ucieczkę, wywołało to wśród nich ogromne poruszenie i skandal. Poszukiwania uciekinierów nie dały rezultatów, wzmocniono jednak warty. Naturalnie, uciekinierami zajęła się łomżyńska organizacja POW i pokierowała dalszymi ich losami. Wiadomości napływające do obozu w tym czasie wpłynęły na pewną zmianę w naszych zapatrywaniach na dalszą celowość bezczynnego siedzenia za drutami. Coraz więcej ludzi zaczęło myśleć o ucieczce m. in. wśród naszej piechoty zawiązał się klub kopania podziemnego tunelu.

W drugiej połowie lutego 1918 mój brat, ja i czterech naszych kolegów (Stefan Ejchler, Stanisław Klepacz, Jerzy Dąbrowski i Antoni Sołtyk) rozpoczęliśmy systematyczne przygotowania do ucieczki. Osiem miesięcy internowania za drutami to dość; trzeba się było wyrwać na wolność. Brat, jako główny organizator i niejako dowódca przedsięwzięcia, nawiązał łączność z łomżyńską POW za pośrednictwem cywilnego woźnicy, który miał prawo wjazdu na teren obozu. W każdą niedzielę Niemcy zezwalali na odprawienie nabożeństwa w przykoszarowym kościółku, który był usytuowany poza pierwszym pasem odrutowań. Tuż za kościołem biegły ostatnie dwa rzędy drutów kolczastych.

Plan mieliśmy następujący: zostać w kościele po nabożeństwie, ukryć się w nim i uciec z kościoła o zmierzchu. Nabożeństwa odprawiał ksiądz Sikorski z Łomży; nawiązaliśmy z nim łączność i wyjawiliśmy mu nasz zamiar. Ksiądz Sikorski ustosunkował się bardzo życzliwie i przychylnie i obiecał nam pomoc. Ponieważ kościół był od dłuższego czasu nieco zaniedbany, ksiądz postanowił zatrudnić ochotniczo do uporządkowania go naszych żołnierzy, na co zyskał zgodę Niemców. Do tej ekipy porządkowej włączył i nas sześciu. Do pracy chodziliśmy pod eskortą wartownika niemieckiego, który nadzorował nas także w kościele, jednak nie przewidując nic złego nie zwracał na nas szczególnej uwagi. Na najlepsze ukrycie upatrzyliśmy dzwonnicę, zresztą ogołoconą z dzwonów, do której wejście prowadziło przez chór i było prowizorycznie zabite zwykłymi deskami.

W niedzielę 3 marca 1918 roku, w kolumnie kilkuset kolegów, eskortowani przez straż niemiecką, wymaszerowaliśmy do kościoła. Podczas nabożeństwa udało nam się wymknąć na chór, a następnie ukryć w dzwonnicy. Po skończonym nabożeństwie Niemcy sprawdzili kościół i zamknęli go na klucz. Nie odkryli nas. Na dzwonnicy przesiedzieliśmy do wieczora, czekając na zmierzch. Widok na cały obszar koszarów mieliśmy znakomity. Umówiliśmy się z naszymi dwoma kolegami, że zawiadomią nas, czy w koszarach wszystko w porządku, czy przypadkiem Niemcy nie odkryli naszego zniknięcia. W godzinach popołudniowych zobaczyliśmy tych dwóch kolegów spacerujących razem, co oznaczało, że możemy być spokojni, bo na razie wszystko w porządku. Gdyby się rozłączyli, byłby to dla nas znak, że jesteśmy w niebezpieczeństwie i musimy mieć się na baczności. Czekaliśmy w napięciu do zmierzchu, by opuścić kościół i przebyć dwa rzędy drutów koniecznie jeszcze przed nocnym wzmocnieniem posterunków. Prawym oknem przy wielkim ołtarzu szybko opuściliśmy kolejno kościół, bo każda minuta decydowała tu o powodzeniu. Nie zwracając uwagi na pokaleczenia, wdrapując się wierzchem na druty, jak koty zeskoczyliśmy w puste, błotniste pole.

Szybko zapadała ciemność. Znaliśmy kierunek, więc każdy biegł na przełaj przez pole, aby dalej odsunąć się od obozu. Szczęśliwie, pomimo ciemności, odnaleźliśmy się wszyscy i pierwszym naszym wrażeniem było uczucie jakby zaskoczenia, że nie było za nami żadnych strzałów, a więc że posterunki nas nie dostrzegły. Zgodnie z planem maszerowaliśmy przez pole w kierunku cmentarza miejskiego, bo przy bramie cmentarnej mieli na nas czekać peowiacy. W wyniku nieporozumienia nie zastaliśmy tam nikogo. Ukryliśmy się więc w jednym z dużych i solidnych grobowców-kaplic i przesiedzieliśmy tam pewien czas. Mój brat wraz ze Stefanem Ejchlerem nałożyli na siebie płaszcze i na wierzch pasy wojskowe, by udawać ,,wehrmachtowców'' i wyruszyli na miasto, by na los szczęścia nawiązać jakąś łączność z ludnością. Było to naturalnie duże ryzyko, ale nie było innego wyjścia. Mieli rzeczywiście przysłowiowy łut szczęścia, bo trafili do mieszkania rodziny peowiackiej i wkrótce z dwoma młodymi peowiakami wrócili po nas. W ciągu nocy zmobilizowano jeszcze kilku peowiaków, dzielnych synów chłopskich, którzy poprowadzili nas do swojej wsi (Łom-życa) tuż pod miastem i rozlokowali w swoich gospodarstwach. W mi-łym i życzliwym otoczeniu, no i dobrze odżywieni, gościliśmy u nich prawie dziesięć dni, oczywiście nie wychylając nosa poza dom. Pobyt nasz się przeciągał, bo polecono nam czekać na łącznika, który miał zorganizować dalszą podróż. Ponieważ trwało to naszym zdaniem zbyt długo, postanowiliśmy wyruszyć, maszerując nocami w kierunku War-szawy. Zaopatrzeni w mapy, żywność na drogę i przebrani już w cy-wilne ubrania, opuściliśmy gościnną Łomżycę. Wytyczyliśmy wraz z peowiakami marszrutę i otrzymaliśmy od nich wskazówki co do kilku punktów po drodze, w których mogliśmy się zatrzymać i odpocząć. Gdy nad ranem zatrzymaliśmy się zmęczeni po nocnym marszu w ja-kiejś wiosce, zwróciliśmy się do gospodarza pierwszej z brzegu zagro-dy z prośbą o pozwolenie na spędzenie tam dnia aż do zmierzchu i wy-poczynek. Gospodarz, sympatyczny zresztą, dość długo się ociągał, wreszcie zaprowadził nas do stodoły, gdzie było nam bardzo wygod-nie. Nie chcieliśmy się zapuszczać w głąb wioski, by jak najmniej ludzi nas widziało. Po godzinie przyszła miła córka gospodarzy i przyniosła nam dobrej gorącej zupy. Gdy zapadła noc, wymknęliśmy się do po-bliskiego lasu i powędrowaliśmy zgodnie z naszą marszrutą.

Następnego dnia zatrzymaliśmy się w dużym majątku, gdzie uda-liśmy się do młodego rządcy, którego adres dali nam peowiacy z Łom-ży. Rządca mieszkał z żoną i małymi dziećmi w bardzo porządnym do-mu. Początkowo serdecznie i przyjaźnie nas powitał i zaprowadził do jednego z pustych pokoi, oddając go nam do dyspozycji. Po pewnym czasie młoda dziewczyna przyniosła snopek słomy, zostawiła go i poszła. Pan rządca więcej się nie pokazał; wyczuliśmy, że mieszkańcy boją się naszej bytności. Mieliśmy również adres pod Brańszczykiem b. pow-stańca z 1863 roku, który w razie potrzeby miał nas przewieźć przez Bug. Nie skorzystaliśmy, bo trasa nasza nieco się zmieniła.

Z różnymi przygodami po drodze dobiliśmy w końcu szczęśliwie do Warszawy, gdzie zajęli się nami koledzy-legioniści działający w POW. Ulokowali nas po różnych mieszkaniach i przygotowali dla nas niezbędne dokumenty osobiste na inne nazwiska. Mieli już wiadomości, że uciecz-ka nasza narobiła dużo hałasu i że rozesłano za nami listy gończe. Tak więc konieczne się stało, aby ulotnić się z Warszawy i zaszyć się gdzieś na prowincji.

Niedawno przed naszą ucieczką odbyła się w Warszawie manifes-tacja peowiacka na rzecz internowanych legionistów. Interweniowały niemieckie oddziały wojskowe. W manifestacji brał udział mój młod-szy brat, Seweryn, peowiak; gdy rozpędzano manifestację został zła-pany z plikiem ulotek antyniemieckich. Został aresztowany i skazany wyrokiem niemieckiego sądu wojskowego na sześć miesięcy więzienia. Właśnie odbywał karę, gdy ja z bratem Zygmuntem byliśmy w War-szawie na względnej wolności. Mieszkanie naszej matki było pod stałą obserwacją, więc przy zachowaniu wszelkich ostrożności spotkaliśmy się parokrotnie z matką na ławce w Alei 3 Maja. Matce naszej odmó-wiono zezwolenia na widzenie się z synem w więzieniu. Jakiś pułkownik niemiecki z Komendy Miasta, od którego zależało wydanie przepustki na widzenie, nakrzyczał na matkę twierdząc, że skoro tak źle wychowała swoich synów, to nie zasługuje na żadne względy.

Wkrótce przez znajomych Zygmunt dostał bezpłatną pracę praktykanta rolnego w majątku ziemskim w Młocku, w powiecie ciechanowskim, a ja przez studencką Bratnią Pomoc Uniwersytetu Warszawskiego dostałem posadę w Garbowie na Lubelszczyźnie w domu dyrektora tamtejszego rybołówstwa. Posada była licho płatna, ale ludzie byli bardzo porządni i okazali mi wielką życzliwość. Przebywałem tam w warunkach kulturalnych i w miłej rodzinnej atmosferze aż do czasu rozbrajania Niemców, w której to akcji brałem udział już w Warszawie. Tak się zakończył dla mnie okres służby żołnierskiej w Legionach, internowania za drutami, ukrywania się i okupacji. Rozpoczął się okres nowy — służby w niepodległej Polsce, już pod własnymi państwowymi i wojskowymi sztandarami.

W PIERWSZYM PUŁKU SZWOLEŻERÓW
IM. JÓZEFA PIŁSUDSKIEGO
WOJNA 1919 — 1920

Jako absolwenci szkoły oficerskiej w 1 pułku ułanów Legionów zarówno mój brat Zygmunt, jak i ja, zostaliśmy mianowani podporucznikami z przydziałem do 1 pułku szwoleżerów. W pierwszej bitwie pułku, 10 grudnia 1918 roku pod Dołhobyczowem na Lubelszczyźnie, niedaleko Rawy Ruskiej, Zygmunt poległ śmiercią bohaterską, szarżując na atakujący oddział ukraiński. Trafiony został kilkoma kulami w głowę. Był on pierwszym poległym oficerem odtworzonego 1 pułku szwoleżerów. Pogrzeb jego oraz kilku szwoleżerów poległych wraz z nim odbył się w Lublinie z wielkimi honorami wojskowymi przy udziale gen. Edwarda Rydza-Śmigłego i tłumów ludności Lublina. Po ustanowieniu Orderu Virtuti Militari brat mój został nim pośmiertnie odznaczony przez Naczelnego Wodza, Marszałka Polski Józefa Piłsudskiego.

Wczesną wiosną 1919 roku przebywałem w Warszawie w kadrze pułku, gdzie szkoliłem i przygotowywałem szwadron marszowy dla uzupełnienia pułku na froncie. Wraz z tym szwadronem wyruszyłem transportem kolejowym do pułku na północno-wschodni front litewsko-białoruski. Po wspaniałym zwycięstwie jakim było zdobycie Wilna, 1 pułk szwoleżerów pod świetnym dowództwem mjra Gustawa Orlicz-Dreszera parł naprzód, tocząc nieustanne walki i potyczki. Większe boje miały miejsce pod Pohostem, Miorami, Berezweczem i Głębokim. Doszliśmy szybko do Dźwiny, a pod Dryssą wbiliśmy symboliczne słupy graniczne. Po nadejściu świeżych posiłków sowieckich, które przeprawiły się przez Dźwinę i natarły na nasz pułk, toczyliśmy znowu ciężkie walki odwrotowe z dziewiątą dywizją sowiecką, mając za zadanie powstrzymanie jej aż do nadejścia naszej 1 dywizji piechoty. Śmiałym uderzeniem na skrzydło sowieckiego natarcia 1 dywizja piechoty, przy współdziałaniu naszego pułku, odcięła siły sowieckie od rzeki i rozbiła je doszczętnie. Zimą pułk nasz wziął udział w tzw. operacji dźwińskiej, ubezpieczając jej prawe skrzydło. Warunki atmosferyczne w tym czasie były niezwykle ciężkie; mrozy dochodziły do -35°C. Po zakończeniu operacji dźwińskiej i zdobyciu Dźwińska przez wojska polskie współdziałające z wojskiem łotewskim, pułk nasz został przesunięty na polsko-litewską linię demarkacyjną w rejon miasta Dukszty. Kwaterowaliśmy w litewskich wioskach. Dowodziłem wtedy w zastępstwie trzecim szwadronem, kwaterując z nim we wsi Płowieje nad pięknym jeziorem Sołoki. Po drugiej stronie jeziora stacjonowali huzarzy litewscy. Stopniowo udało nam się przełamać pewnego rodzaju rezerwę, jaką przejawiali wobec nas i nawiązaliśmy z nimi stosunki o charakterze towarzyskim. Odwiedzaliśmy ich parokrotnie, gościli nas i potem z kolei rewizytowali. Stosunki więc ułożyły się na ogół przyjaźnie. Pewnego dnia przyjechał na mój odcinek porucznik piechoty Adam Miłobędzki, dawny mój kolega gimnazjalny i peowiak. Był wysłannikiem II Oddziału Sztabu, szedł na Litwę z jakąś misją i prosił mnie o pomoc w przejściu na drugą stronę linii demarkacyjnej. Dokumenty miał w należytym porządku, udzieliłem mu więc wszelkiej pomocy i powędrował dalej.

Wiosną 1920 roku byliśmy przerzuceni całym pułkiem na front południowo-wschodni, gdzie wzięliśmy udział w wielkiej operacji kijowskiej. Weszliśmy w skład nowopowstałej brygady kawalerii z 17 pułkiem ułanów i pułkiem jazdy tatarskiej. Wszystkie pułki miały przydzielone dywizjony artylerii konnej. Przy naszym pułku walczył od dawna I DAK, mający dzielnych i świetnych artylerzystów i dowodzony przez kapitana Aleksandra Murza-Sulkiewicza, znakomitego oficera i artylerzystę, z pochodzenia Tatara. Dla wspomożenia natarcia naszych wielkich jednostek od kierunku Owrucza na zmasowane siły nieprzyjaciela, brygada nasza otrzymała zadanie dostania się na tyły nieprzyjaciela i przecięcia mu drogi odwrotu w rejonie rzeki Teterew. Szybkim, okrężnym rajdem przerwaliśmy się na głębokie tyły sowieckie i stanęliśmy na linii kolejowej, w pobliżu rzeki Teterew. Była to linia kolejowa do Kijowa. Brygada opanowała trzy stacje kolejowe: Malin, Irsze oraz przyczółek przy rzece i stacji Teterew. Na czas rajdu z rozkazu dowódcy pułku objąłem dowództwo nad drugim szwadronem. Dywizjon, w skład którego wchodziły 1 i 2 szwadron pod dowództwem rtm. Ludwika Kmicic-Skrzyńskiego, został w ostatniej fazie przed dojściem do linii kolejowej skierowany na Teterew. O czwartej rano zajęliśmy stanowiska bojowe na skraju lasu, tuż przy torze kolejowym. Pluton naszych pionierów, z podporucznikiem Sylwestrem Kowalczewskim, założył na torze materiały wybuchowe z poprowadzonym do lasu lontem. Oczekiwaliśmy w ciszy i spokoju nadejścia pociągu z sowieckim transportem wojskowym. Nie czekaliśmy długo. Nadszedł pociąg o dużym składzie. Gdy zatrzymał go wybuch, zaatakowaliśmy błyskawicznie. Wśród jadących powstał nieopisany popłoch. Wielu było w negliżu; nie spodziewali się podobnego zaskoczenia na bądź co bądź dość głębokich tyłach. W analogiczny sposób rozprawiliśmy się z kolejnym pociągiem. Następne już nie nadeszły. Niewątpliwie zostały przyłapane przez nasze oddziały na stacji Malin. Oczekując na dalszy rozwój wypadków, zabezpieczyliśmy się od kierunku Kijowa. Ppor. Kowalczewski z pionierami, na zdobycznej lokomotywie, wyprawił się na odległość kilku kilometrów i zniszczył tory kolejowe. Ze stacji Teterew zatelefonował do Kijowa, spytał o wiadomości i dowiedział się, że wysyłają w naszym kierunku pociąg pancerny ,,Subotnik''. W oczekiwaniu na nadejście tego groźnego dla nas przeciwnika, nasza bateria I dywizjonu artylerii konnej ustawiła działa w kierunku na most. Gdy pociąg wreszcie zaczął podchodzić do stacji Teterew, mogliśmy obserwować jak szybko i sprawnie kończono naprawianie toru kolejowego. Nasi artylerzyści spisali się znakomicie; strzelali tak celnie, że nie dopuścili do tego, by pociąg przeszedł przez most, mimo że było kilka bardzo krytycznych momentów. W końcu pociąg pancerny wycofał się w kierunku Kijowa.

Jednak niewiele było czasu na odprężenie i złapanie oddechu, zaczął się bowiem taniec z drugiej strony. Rozbite i cofające się oddziały sowieckie napływały całymi falami na nas, nadszarpywane w drodze odwrotu przez nasze oddziały w Malinie, które toczyły z nimi ogromnie ciężkie i krwawe walki. Oddziały sowieckie, które zdołały się przedrzeć przez Malin, szły na nas; próbowały dostać się do jedynego tu mostu na rzece Teterew. Po drodze Sowieci zajęli stację Irsza i rozbili tam pułk jazdy tatarskiej i tabory naszej brygady wysłane tam pod jego ochroną. Przez dwa dni toczyliśmy zacięte, ale zwycięskie boje ze znacznie liczniejszym przeciwnikiem. Ledwieśmy rozbili i odrzucili jedną falę, wkrótce alarmowały nas nowe napływające oddziały nacierające z drugiej strony toru lub gdzieś na nasze konowody. Wszystkie natarcia odparliśmy. Po nacierających sowieckich oddziałach pozostawało w naszych rękach sporo armat i karabinów maszynowych.

Na zakończenie całej akcji zwiad wysłany do Irszy doniósł, że bardzo liczny oddział nieprzyjacielski z artylerią wyruszył do natarcia na nas. We dwa szwadrony zajęliśmy stanowiska na skraju lasu, każdy po jednej stronie toru kolejowego, z karabinami maszynowymi w centrum i na skrzydłach. W centrum przy torze kolejowym zajęliśmy stanowiska obok siebie: dowódcy szwadronów, ja i porucznik Juliusz Dudziński, dowódca pierwszego szwadronu, by zapewnić sobie pełną koordynację działania. Gdy nacierające wojska nieprzyjacielskie podeszły już pod las i rozwinęły szyk do skoku z ustawionymi gniazdami karabinów maszynowych, uprzedziliśmy ich i ze wściekłym dosłownie wyciem, przy akompaniamencie naszych karabinów maszynowych, rzuciliśmy się do ataku. Nie zdążyli się zorientować i wydać jakiegoś rozkazu, gdy nasi szwoleżerowie zlikwidowali ich gniazda karabinów maszynowych, które nie zdążyły nawet otworzyć ognia. Ponieśli duże straty, my prawie żadnych. Wyrwanie im w ostatnim momencie — i to przez zaskoczenie — inicjatywy zadecydowało o sukcesie. Pędziliśmy rozbite reszty aż do stacji Irsza. Większość rozbiegła się na różne strony, ratując się na własną rękę. Na stacji Irsza wzięliśmy kilka armat, jak mówiono, ,,jeszcze ciepłych''. Uganialiśmy się jeszcze jakiś czas wśród zabudowań i dużej ilości sągów ułożonego drzewa, likwidując małe grupki nieprzyjaciela.

Po tej akcji mieliśmy krótki wypoczynek w sąsiednich wioskach, po czym ruszyliśmy ostrym marszem w kierunku Kijowa. Pułk w kolumnie marszowej posuwał się wyciągniętym kłusem szerokim gościńcem biegnącym w niewielkim oddaleniu wzdłuż Dniepru. Boczną drogą na lewej flance tuż przy Dnieprze posuwało się nieliczne ubezpieczenie z podoficerami na czele. Przy samej rzece ciągnęła się bardzo długa wieś Wyszohorod położona nieco w dole. Podjeżdżając do wsi patrol ubezpieczający natknął się na czoło nieprzyjacielskiej kolumny konnej i dał do niej ognia. W tym samym czasie nasza kolumna pułkowa mijając drugi koniec wsi dostrzegła koniec tej kolumny. Major Głogowski, zastępujący wówczas rannego pod Malinem dowódcę Gustawa Orlicz--Dreszera sądził , że pokazał się jakiś mały oddział nieprzyjacielski, więc nie chciał angażować całego pułku, aby nie opóźniać marszu na Kijów. Wydał rozkaz zlikwidowania oddziału tylko jednemu szwadronowi, trzeciemu, do którego już wcześniej wróciłem w funkcji zastępcy; dowodził nim por. Tadeusz Jaroszewicz. Dał on rozkaz do szarży przez niewielką łąkę oddzielającą nas od wsi, co wywołało nieopisaną panikę u nieprzyjaciela. (Jak ustaliliśmy potem, była to jakaś mała brygada kawalerii.) Posiadali dużo karabinów maszynowych i jakieś dwie lekkie armatki. Maszerowali spokojnie, bez żadnych ubezpieczeń, nie spodziewając się spotkania z jakimikolwiek naszymi oddziałami. Na swoje nieszczęście zdążyli już większość swoich sił wpakować w ciasną drogę we wsi nie mającą bocznych wylotów. Gdy zostali ostrzelani z czoła i zaatakowani z tyłu przez nasz szwadron, dowódcy ich potracili głowy i kto mógł ratował się na własną rękę, nie stawiając nam w zasadzie żadnego poważnego oporu. Byli nawet śmiałkowie, którzy próbowali ucieczki wpław przez Dniepr. Zostawiliśmy jeden pluton dla zrobienia porządku ze zdobyczą i dołączyliśmy do kolumny pułkowej.

6 maja 1920 roku stanęliśmy w pobliżu Kijowa pod Kureniówką. Na naszych tyłach w kilku podmiejskich miejscowościach willowych stacjonowały jeszcze sztaby i szkoły wojskowe. Nikt się tam nas nie spodziewał. 19 armia sowiecka, rozbita przez nasze wojska, była w pełnym odwrocie na tyłach naszego szwoleżerskiego zagonu, a właściwie były to resztki tej rozbitej armii w rozsypce. Pułk wysłał patrole zwiadowcze i oczekiwał ich meldunków. W międzyczasie pojawił się od strony naszych tyłów tramwaj z cywilnymi pasażerami z Poszczy Wodicy. Tramwaj został przez nas zatrzymany, a pasażerowie grzecznie przeproszeni za to, że niestety nie pojadą dalej do Kijowa. Podporucznik Mirosław Olszewski z 1 szwadronu, ze swym plutonem i jednym karabinem maszynowym, pojechał tym tramwajem do przedmieścia Kijowa nazywanego Podole. Linia tramwaju tam się urywała. Porucznik Olszewski, bardzo dzielny i brawurowy oficer, natknął się na pojedynczych wojskowych, i nawet puścił się za nimi w pogoń. Wywołał niesłychaną panikę w całym Kijowie. Powrócił bez strat.

Wkrótce ukazała się od strony Kureniówki jakaś tyraliera idąca na nas. Szybko ją odparliśmy i wycofała się. Noc spędziliśmy w Nowych Piotrowicach i następnego dnia, 7 maja, wyciągniętym kłusem wpadliśmy całym pułkiem do Kijowa, zajmując miasto. Nigdy nie zapomnę ogromnego wrażenia, gdy zostaliśmy powitani przez ogromne wprost tłumy różnojęzycznej ludności, która dosłownie zarzuciła nas kwiatami i wiwatowała na naszą cześć w językach polskim, ukraińskim i nawet rosyjskim. Na siodłach brakło wprost miejsca na kwiaty.

Podobnie entuzjastyczne i przyjazne powitania spotkały nas przedtem w niektórych wsiach ukraińskich. Pamiętam szczególnie wielką wieś Litwinówka. Ludność wyległa naprzeciw nas, serdecznie witając i zapraszając na gościnny posiłek. Na otwartym powietrzu stały długie stoły zastawione jedzeniem. Dość młody jeszcze sołtys wygłosił do nas mowę w imieniu ludności, witając nas jako przyjaciół i zakończył okrzykiem na cześć naszego Naczelnika i Naczelnego Wodza Józefa Piłsudskiego. Równie serdecznie odpowiedział mu porucznik Jaroszewicz — dawniej przez długi czas mieszkał i studiował w Kijowie — i zrewanżował się okrzykiem na cześć ich wodza atamana Semena Petlury, co spotkało się z gorącym przyjęciem przez ludność wioski. Byli oni dobrze zorientowani i wiedzieli, że przy boku naszego wojska walczą dywizje ukraińskie pod zwierzchnim dowództwem atamana Petlury, by razem z nami zdobyć wolność i niepodległość dla Ukrainy. W Kijowie obsadziliśmy kilka kluczowych punktów, a przede wszystkim wlot na most łańcuchowy na Dnieprze. Kiedy wraz z moim pocztowym domaszerowałem do połowy mostu, podziwiałem piękną wstęgę rozległego Dniepru i wspaniały widok na Kijów z jego pięknymi kopułami cerkiewnymi i Peczerską Ławrą.

W Kijowie była ogromna bieda, ludność prawie głodowała; brak było najniezbędniejszych rzeczy. Po nadejściu naszych wojsk, bodaj po dwóch dniach, oddziały piechoty zluzowały nas na zajmowanych stanowiskach. Przez kilka jeszcze dni pozostawaliśmy w Kijowie. Ponieważ stajnie koszarowe na peryferiach miasta były skażone różnymi końskimi chorobami, z konieczności biwakowaliśmy w śródmieściu, w Maryjskim Parku.

Wkrótce opuściliśmy Kijów odchodząc na odpoczynek do rejonu Bucz niedaleko Kijowa. Po intensywnych wysiłkach, walkach i forsownych marszach, trzeba było doprowadzić jako tako do porządku i siebie i konie oraz rynsztunek i broń.

Nie było nam jednak dane długo odpoczywać. Szybkimi transportami kolejowymi nasz pułk został przerzucony do Mińska Litewskiego, w pobliżu którego front polski został przełamany silnym uderzeniem wojsk sowieckich, a sam Mińsk Litewski, mieszczący główną kwaterę dowództwa frontu z gen. Stanisławem Szeptyckim, poważnie zagrożony. Po szybkim wyładowaniu się z wagonów przedefilowaliśmy hucznie i dumnie przez upadłe na duchu miasto i przed gen. Szeptyckim. Jak nam później opowiadano, wejście do Mińska w tym krytycznym momencie pułku szwoleżerów i jego doskonała postawa moralna zmieniły całkowicie złe nastroje i podniosły na duchu cały Mińsk. Następnego już dnia o świcie wymaszerowaliśmy z Mińska i ostrymi marszami nawiązaliśmy kontakt z oddziałami sowieckimi rozbijając je, szliśmy ostro naprzód i odnosiliśmy sukces po sukcesie. Równocześnie na froncie mińskim ruszyło ogólne polskie kontruderzenie. W pościgu za cofającym się i rozbijanym przeciwnikiem doszliśmy do Berezyny.

Po tej akcji pułk nasz został z powrotem przerzucony na front południowo-wschodni, gdzie po nadejściu nowych i wielkich posiłków sowieckich wojska nasze były w odwrocie. Wyładowaliśmy się w rejonie Równego i od razu weszliśmy do walki. W tych ciężkich walkach odwrotowych pułk zawsze stosował taktykę ataku i biorąc inicjatywę w swe ręce bił przeciwnika. Morale żołnierskie w pułku było ogromnie wysokie i nigdy nie doszło do żadnego załamania psychicznego. Walczyliśmy

Naczelny Wódz dekoruje sztandar 1 pułku szwoleżerów Orderem Virtuti Militari

10 maj 1921 — Plac Zamkowy w Warszawie, Józef Piłsudski dekoruje autora Orderem Virtuti Militari

przeważnie z oddziałami Armii Konnej Budionnego. Byliśmy ich w każdym spotkaniu, będąc liczebnie w większości wypadków słabsi od nich. Jedną z większych bitew z brygadą jazdy Budionnego stoczyliśmy pod Worotniowem, gdy szykowała się do zaatakowania nas; uprzedziliśmy ją i zaszarżowaliśmy. Zrobił się wśród nich niebywały bałagan i popłoch. Brygadę rozbiliśmy doszczętnie; miała przy tym wielu zabitych i rannych, zaś nasze straty były znikome.

Dla mnie wojna miała się jednak skończyć. W toczącej się dużej bitwie pod Beresteczkiem-Szczurowicami ubezpieczałem prawe skrzydło całej akcji, zajmując ze szwadronem stanowiska pod wsią Zawidcze. Rozstawiłem karabiny maszynowe i wysłałem kilka patroli na zwiady. Po pewnym czasie wysypała się z przeciwległego lasu na dzielące nas pole sowiecka kawaleria w sile mniej więcej szwadronu. Ogień moich karabinów maszynowych jakby zachwiał ich zamiar zaszarżowania mego oddziału. Wobec tego, nie czekając aż się otrząsną, wydałem rozkaz do szarży, uderzając na nich w pełnym galopie. W międzyczasie nadjechał na pomoc szwadron któregoś z naszych pułków i w galopie przyłączył się do walki. Przeważyło to ostatecznie szalę i przeciwnik ze stratami zmuszony był ratować się ucieczką. Pod sam koniec walki zostałem dość ciężko ranny. Długie miesiące spędziłem w szpitalach i na poszpitalnej kuracji. W decydujących walkach o wolność i samodzielny byt narodu, w rozstrzygających zwycięskich operacjach wojennych nad Wieprzem i nad Niemnem, tak świetnie prowadzonych pod bezpośrednim dowództwem Naczelnego Wodza Józefa Piłsudskiego, udziału już nie brałem.

Po względnym wyleczeniu się zostałem wczesną wiosną 1921 roku przydzielony do Adiutantury Generalnej Naczelnego Wodza. 10 maja 1921 roku wraz z oficerami, podoficerami i szwoleżerami pułku odznaczonymi Orderem Virtuti Militari V klasy zostałem dekorowany osobiście przez Naczelnego Wodza Marszałka Polski J. Piłsudskiego na Placu Zamkowym w Warszawie.

Za całość wysiłku wojennego pułk nasz został odznaczony Orderem Virtuti Militari. Uczestniczyłem w tym wielkim święcie pułkowym, jakim była dekoracja sztandaru przez Marszałka Piłsudskiego.

Naczelny Wódz, dekorując po zwycięskiej wojnie z Rosją Sowiecką sztandar 1 pułku szwoleżerów Orderem Wojennym Virtuti Militari, wypowiedział przed frontem pułku następujące pamiętne dla szwoleżerów słowa:

,,Ilekroć w ciężkiej sytuacji bojowej potrzebowałem kawalerii, oczy moje zawsze zatrzymywały się na 1 pułku szwoleżerów. I nie pytałem się nigdy czy jesteście zmęczeni, czy wypoczęci, czy jesteście bosi, czy dobrze ubrani. Rzucałem was jak piłkę bilardową na różne fronty. Pod tym względem byliście wyróżniani, mając ciągle okazję do ciężkiej i trudnej pracy bojowej. Nie zawiedliście nigdy mych nadziei. Dziękuję Wam za to, szwoleżerowie.''

*

Gdy dziś, po wielu minionych latach, wspominam z dumą moją żołnierską służbę w 1 Pułku Szwoleżerów im. Józefa Piłsudskiego, poczytuję sobie za wielki zaszczyt, że dane mi było walczyć o wolność Ojczyzny w szeregach tego wspaniałego pułku odrodzonej kawalerii polskiej. Tak się złożyło, że przez całą moją służbę wojskową nie zmieniłem ,,barw'' pułku. Gdy w okresie pokojowym pełniłem stale służbę poza pułkiem, zawsze nosiłem mundur i odznaki 1 Pułku Szwoleżerów im. Józefa Piłsudskiego.

1 pułk szwoleżerów, który był spadkobiercą 1 Pułku Ułanów Beliny I Brygady Legionów Polskich i przejął jego tradycję, zapisał w historii wojska polskiego kartę niezmiennie zwycięskich bitew na swym żołnierskim bojowym szlaku w wojnie o wolność i niepodległość Polski w latach 1918-1920. Pułk zawdzięczał to znakomitym i ofiarnym żołnierzom ze wszystkich warstw społeczeństwa, jak również swemu bohaterskiemu i świetnemu dowódcy Gustawowi Orlicz-Dreszerowi, późniejszemu generałowi i inspektorowi armii, który zginął przedwcześnie w tragicznym wypadku lotniczym. Był dowódcą niezawodnym w każdej, nawet najgorszej sytuacji, wysoko cenionym przez Marszałka Piłsudskiego zarówno w czasie wojny, jak i w czasie pokoju.

Rok 1919 — porucznik 1 Pułku Szwoleżerów
Józefa Piłsudskiego

W ADIUTANTURZE GENERALNEJ NACZELNEGO WODZA
PRZYDZIAŁ DO BIURA KAPITUŁY ORDERU
VIRTUTI MILITARI
WYBÓR NA SEKRETARZA KAPITUŁY

Był to dla mnie wielki zaszczyt, gdy dowiedziałem się o rozkazie przydzielającym mnie do Adiutantury Generalnej Naczelnego Wodza. Zameldowałem się w Belwederze u generała Jana Jacyny, Adiutanta Generalnego. Przy najbliższej okazji zostałem przedstawiony Marszałkowi jako nowoprzydzielony oficer. Skład osobowy Adiutantury był dość liczny; około dwudziestu oficerów różnych broni i różnych stopni. Spośród szwoleżerów byłem pierwszym i jedynym przydzielonym oficerem. Adiutantami przybocznymi byli wówczas porucznicy Władysław Sołtan i Maurycy Potocki z 1 Pułku Ułanów Krechowieckich, por. Mateusz Iżycki z 12 pułku ułanów, por. Leon Horodecki z artylerii i por. Czesław Kadenacy, również artylerzysta (siostrzeniec Marszałka). Z kawalerzystów był jeszcze por. Marian Skrzynecki z 7 pułku ułanów, rtm. Radomyski z 1 Pułku Ułanów Krechowieckich — dowódca szwadronu przybocznego — i rtm. Markiewicz z 1 pułku ułanów — dowódca Kwatery Naczelnego Wodza. Ponadto różne funkcje pełnili m. in. płk Walery Sławek, mjr Kazimierz Świtalski, mjr Adam Dobrodzicki, mjr Maciesza, kpt. Kazimierz Glabisz, kpt. Nałęcz-Korzeniowski, lekarz por. Stefan Mozołowski i inni. Ponieważ moja ranna noga wymagała jeszcze kuracji, wychodziłem na zabiegi do zakładu dra Łuczyńskiego na różne naświetlania i elektryzacje pod kierunkiem doskonałego lekarza dra Knoffa oraz do zakładu ,,Omega'' na ćwiczenia dla sprawniejszego władania nogą.

Przydzielono mnie do stałej pracy w Biurze Kapituły Orderu Virtuti Militari, jako zastępcę kierownika mjra Macieszy. Biuro Kapituły było przy Naczelnym Wodzu, który był z urzędu przewodniczącym Kapituły. Biuro prowadziło archiwum, ewidencję i dokumentację w sprawach odznaczeń Orderem Virtuti Militari oraz sprawy bieżące i kancelaryjne. Szefem biura był mjr Maciesza, zasłużony działacz niepodległościowy i oficer I Brygady Legionów, cieszący się wielkim szacunkiem, sympatią i dużą popularnością.

Obok stałej pracy w Biurze Kapituły pełniłem dodatkowo służbę w Adiutanturze, zwłaszcza nocne dyżury dla odciążenia przybocznych adiutantów. Atmosfera wśród oficerów Adiutantury Generalnej była bardzo przyjemna i miła. W Biurze Kapituły stosunki układały mi się również bardzo dobrze, w atmosferze życzliwości. Personel Biura, w większości podoficerowie, aczkolwiek jeszcze młodzi wiekiem, byli starymi żołnierzami frontowymi o dobrych kwalifikacjach i o dużych wartościach ideowych. W szczególnie serdecznej pamięci zachowałem z tego okresu tak wysoce wartościowych ludzi, jak st. sierż. Franciszek Sakowski (po latach awansował do stopnia kapitana), st. sierż. Sadowski (też doszedł do stopnia kapitana), plut. Kwieciński i kapr. Franciszek Skorupiński.

Marszałek w tym czasie zamieszkiwał pokoje na pierwszym piętrze. Tam sypiał, tam pracował, tam odbywały się konferencje i audiencje. Ruch wojskowych i cywilnych był codziennie duży, zwłaszcza że obok zwierzchnictwa nad wojskiem Marszałek nadal pełnił funkcje szefa państwa jako Naczelnik. Niektóre oficjalne wizyty czy uroczyste przyjęcia odbywały się w wielkiej sali reprezentacyjnej na parterze. Nieraz w ciągu dnia Marszałek schodził na parter do pokoju Adiutantury aby osobiście wydać jakieś dyspozycje. W tym czasie istniał zwyczaj wspólnego spożywania obiadów przez cały zespół Adiutantury Generalnej. Prawie zawsze Marszałek schodził na te obiady do sali stołowej na parterze. Wszyscy zebrani w pokoju Adiutantury oczekiwaliśmy na jego przyjście. Tworząc pewnego rodzaju szpaler stawaliśmy na ,,baczność'', po czym za Marszałkiem przechodziliśmy do pokoju stołowego, gdzie każdy zajmował swoje stałe miejsce; Marszałek siedział pośrodku długiego boku stołu.

W czasie wspólnych obiadów z Marszałkiem nastrój był nieskrępowany, rozmowy toczyły się swobodnie na różne tematy z wyłączeniem tematów służbowych. Marszałek najwidoczniej lubił te obiady w otoczeniu swoich żołnierzy. Gdy zdarzało się, że był w humorze, lubił żarty i przekomarzania w granicach dobrego tonu. Bywało, że nawet sam podjudzał żartobliwie przekomarzających się i wtedy zaśmiewał się z ich czupurności i impulsywności. Chętnie się śmiał i umiał się śmiać. Nie zawsze jednak humor Marszałkowi dopisywał; brzemię spraw państwowych i nierozłącznie z tym związane rozgrywki i intrygi odbijały się silnie na jego nastroju. Jeżeli w takich dniach schodził na wspólny obiad, zapewne, by znaleźć jakieś odprężenie, bywał najczęściej naburmuszony i mrukliwy. Wiedzieliśmy wtedy, że coś w głębi przeżywa i coś go gnębi.

Pamiętam, jak kiedyś przy obiedzie toczyła się rozmowa na temat piękna polskich jezior. Kapitan Nałęcz-Korzeniowski, bardzo inteligentny, dowcipny i błyskotliwy, a bardziej od innych zżyty z osobą Marszałka od czasów gdy był jeszcze oficerem sztabu I Brygady Legionów, powiedział, że najpiękniejsze z jezior to jezioro Wigry na Suwalszczyźnie. Nałęcz znał dobrze sentyment Marszałka do Wilna i Wileńszczyzny i rozmyślnie chciał sprowokować reakcję Marszałka, który tego dnia był bez humoru i nierozmowny. Udało mu się to całkowicie. Marszałek został do żywego poruszony podobnym oświadczeniem i odezwał się do Nałęcza: ,,Mów Pan takie bajki mojej żonie; ona pochodzi z Suwałk to Panu przytaknie, ale każdy wie, że najpiękniejsze jest jezioro Trockie''. Marszałek tym się jednak rozchmurzył i odprężył, a z Nałęcza w sposób sympatyczny jeszcze się naśmiewał.

Do stołu podawało kilku kamerdynerów, niektórzy odziedziczeni jeszcze z czasów zaborców i okupantów. Najstarszym wśród nich był Rozalski, niewielkiego wzrostu z bokobrodami à la Franciszek Józef. Rozalski służył w Belwederze jeszcze za czasów Hurki, potem Skałłona i wreszcie za Beselera. Był on klasycznym typem starego wysłużonego lokaja o doskonałych manierach, przy tym jednak prawy, rzetelny i lojalny; w gruncie rzeczy człowiek dobry. Trzymał się bardzo godnie i chodził sztywno. Młodym oficerom — póki ich dobrze nie poznał — zaledwie się kłaniał. Do Marszałka z punktu odniósł się z wielkim respektem i szacunkiem. Wyraził się kiedyś później o Marszałku, że ,,to jest wielki pan''; takie określenie było w jego pojęciu najwyższą oceną człowieka. Podczas wspólnych obiadów usługiwał przy stole tylko Marszałkowi, uważając to za swój przywilej i honor. Usługiwanie innym oficerom pozostawiał młodszym lokajom.

12 września 1922 roku Marszałek w otoczeniu licznej świty wyjechał specjalnym pociągiem-salonką do Rumunii, by w charakterze Naczelnika Państwa złożyć wizytę królowi Ferdynandowi. Po powrocie z tej podróży oficerowie towarzyszący Marszałkowi opowiadali niektóre zabawne szczegóły z pobytu na królewskim dworze. Sam Marszałek któregoś dnia przy obiedzie bardzo ciekawie i z humorem charakteryzował osoby z rodziny królewskiej. O królu Ferdynandzie powiedział, że to raczej dobry i poczciwy człowiek o przeciętnej inteligencji. Główny ton na dworze starała się narzucać królowa Maria, wykształcona, inteligentna i impulsywna, a przy tym bardzo ambitna i zabiegająca o popularność. Nie zdobyła jednak ani popularności, ani sympatii narodu. Rumuni pragnęli widzieć w swojej królowej większą dostojność, a nie tak żywy i wybuchowy temperament, jakim się odznaczała. Najmądrzejszą, o nieprzeciętnej indywidualności osobą, była zdaniem Marszałka księżniczka grecka Helena, żona następcy tronu Karola. Jak to jest w zwyczaju przy tego rodzaju wizytach, odbyło się wzajemne nadanie różnych odznaczeń. M. in. Marszałek odznaczył księcia Karola Orderem Virtuti Militari. Marszałek opowiadał z humorem i lekką ironią, jaką to ,,pompę'' wyreżyserował sobie Karol na uroczystość dekorowania go przez Marszałka. Dla młodszego syna króla, księcia Mikołaja, wówczas szesnastoletniego chłopca, zgodnie z polskim protokołem dyplomatycznym nie przewidywano żadnego odznaczenia. I oto król Ferdynand, który poza oficjalnymi spotkaniami lubił wieczorami przychodzić do apartamentów zajmowanych przez Marszałka na zamku Sinaia na nieoficjalną pogawędkę, poprosił Marszałka o odznaczenie polskim orderem również jego młodszego ,,chłopca'', Mikołaja. Nie chcąc królowi odmówić, Marszałek odznaczył Mikołaja Orderem Polonia Restituta. Ferdynand wyraźnie uszczęśliwiony, bardzo wylewnie dziękował Marszałkowi.

Oprócz Marszałka odznaczonego najwyższym orderem rumuńskim, otrzymali różne ordery i odznaczenia wszyscy oficerowie ze świty

Marszałka, a nawet niższy personel, wśród którego był również starszy kamerdyner Rozalski.

Gdy pociąg Naczelnika Państwa wyruszył w drogę powrotną, w imieniu króla asystowało Marszałkowi aż do granicy polsko-rumuńskiej kilku generałów. W drodze odbył się uroczysty obiad. Ze względów kurtuazyjnych, z uwagi na rumuńskich gości, płk dr Eugeniusz Piestrzyński zarządził, by do obiadu wszyscy założyli otrzymane odznaczenia rumuńskie. W czasie podawania do obiadu jedynie Rozalski wystąpił bez odznaczenia. Gdy później płk Piestrzyński zrobił mu z tego powodu uwagę, oświadczył, że medal rumuński nie jest dla niego żadnym zaszczytnym wyróżnieniem i że w swej długoletniej służbie otrzymywał nie jakieś tam medale, ale prawdziwe wysokie ordery rosyjskie.

(W wiele lat później, gdy pełniłem funkcję szefa gabinetu Ministra Spraw Wojskowych zapowiedziano wizytę księcia Karola w Polsce. Pamiętałem dawne relacje z podróży do Rumunii Naczelnika Państwa i sposób, w jaki wówczas scharakteryzował członków rodziny królewskiej. Teraz Marszałek wydając mi pewne zarządzenia w związku z przyjazdem Karola, jakby głośno myśląc, użył słów: ,,ależ ten Karol to istny wariat''. Niewątpliwie dotyczyło to głównie jego posunięć politycznych na arenie międzynarodowej.)

W sierpniu 1922 roku Naczelnik Państwa odbył oficjalną podróż do Krakowa. W podróży tej wziąłem udział w wyznaczonej świcie. Korzystając z chwili wolnego czasu wielu z nas zwiedzało Kraków. Wybraliśmy się także na krakowskie Bielany, by zwiedzić kościół i klasztor o.o. Kamedułów. W tej wycieczce towarzyszył nam ówczesny kapelan Naczelnika Państwa, ksiądz prałat Marian Tokarzewski, dawny proboszcz z Baru, gorący patriota, bardzo oddany i życzliwy Marszałkowi, ale kapłan o bardzo surowych zasadach. Po zwiedzeniu pięknego kościoła klasztornego zostaliśmy zaproszeni przez o.o. Kamedułów na lampkę wina ich własnej produkcji. Wino, które nazywali skromnym agrestniakiem, było dobrą i mocną nalewką i bardzo nam smakowało. Starsi ojcowie bardzo się kręcili koło ks. Tokarzewskiego, wyraźnie zabiegali o jego względy i długo na uboczu z nim rozmawiali. Zaobserwowaliśmy, że ks. Tokarzewski cały czas był chłodny i sztywny. Kiedy opuściliśmy gościnnych gospodarzy, ks. Tokarzewski poinformował nas, że Kameduli złożyli na jego ręce podanie do Naczelnika Państwa z prośbą o zwrot zakonowi ich dawnej własności na warszawskich Bielanach i prosili ks. Tokarzewskiego o poparcie. Ks. Tokarzewski powiedział nam, że prośby nie tylko nie poprze, ale będzie ją utrącał, bo Kameduli to próżniaki i nieroby, a obecni użytkownicy warszawskich Bielan, o.o. Marianie, zajmują się pożyteczną pracą oświatową i prowadzą na Bielanach gimnazjum.

Mieliśmy w czasie pobytu w Krakowie bardzo przyjemną atrakcję; krótki wypad samochodami do Zakopanego i Morskiego Oka wraz z Marszałkiem. W wycieczce tej uczestniczyli również generałowie Sikorski i Osiński. Zjedliśmy wspólnie obiad w restauracji w Morskim Oku. Było to 7 sierpnia 1922 r. Marszałek wyglądał dobrze i zdrowo i był w doskonałym humorze.

Powołana przez Naczelnego Wodza — na mocy ustawy sejmowej o ustanowieniu Orderu Virtuti Militari — Tymczasowa Kapituła Orderu Virtuti Militari została w listopadzie 1922 roku rozwiązana. Bezpośrednio potem Naczelny Wódz powołał pod swoim przewodnictwem tzw. Stałą Kapitułę. Członkami Stałej Kapituły zostali: odznaczeni klasą drugą orderu generałowie Stanisław Szeptycki, Zygmunt Zieliński, Tadeusz Rozwadowski, Stanisław Haller, Jan Romer i Edward Rydz-Śmigły. Odznaczeni klasą trzecią orderu płk Stefan Dąb-Biernacki, płk Gustaw Paszkiewicz, płk Zygmunt Piasecki. Odznaczeni klasą czwartą orderu, ppłk Kazimierz Rybicki, st. sierż. Kazimierz Sipika (z I dywizji piechoty Legionów), st. sierż. Jakubowicz (z 14 dywizji piechoty Wielkopolskiej).

W czasie inauguracyjnego posiedzenia Stałej Kapituły zostałem przez Marszałka wezwany do sali obrad na I piętrze w Belwederze, gdzie Marszałek oświadczył mi, że przed chwilą w tajnym głosowaniu zostałem wybrany na sekretarza Kapituły i polecił mi zająć miejsce przy stole obrad obok siebie, jako przewodniczącego Kapituły. (Na podstawie ustawy sejmowej Kapituła wybierała sekretarza spośród kawalerów Orderu Virtuti Militari.)

W tymże 1922 roku (ścisłej daty nie pamiętam), zameldowano Marszałkowi o bardzo ciężkiej chorobie gen. dyw. Wacława Iwaszkiewicza. Powiedziano mu, że generał leży w Szpitalu Ujazdowskim w Warszawie, ale lekarze nie rokują nadziei na utrzymanie go przy życiu. W tych warunkach Marszałek zdecydował odznaczyć bez zwłoki gen. Iwaszkiewicza drugą klasą Orderu Virtuti Militari, to jest Krzyżem Komandorskim z gwiazdą orderową. Gdy odpowiedni wniosek na przepisowym formularzu został przygotowany i przedłożony Marszałkowi do zatwierdzenia i podpisu, Marszałek uzupełnił go od siebie treścią w rubryce zatytułowanej ,,Okoliczności, które szczególnie wpływają na odznaczenie''. Podaję tu prawie ścisły tekst:

,,W 1920 roku w bardzo ważkim momencie działań operacyjnych zdecydowałem reorganizację dowodzenia na froncie południowo-wschodnim i mianowałem generała Edwarda Rydza-Śmigłego dowódcą frontu, podporządkowując mu m. in. 6-tą armię dowodzoną przez generała Iwaszkiewicza. Żeby uniknąć jakichkolwiek ewentualnych niespodzianek ze strony gen. Iwaszkiewicza, wysłałem do niego mego oficera, pułkownika Wieniawę-Długoszowskiego, by omówił i przygotował gen. Iwaszkiewicza na tę zmianę. Pułkownik Wieniawa po swym powrocie zameldował mi, że gen. Iwaszkiewicz odpowiedział: ,,Proszę zameldować Naczelnemu Wodzowi, że może być zupełnie spokojny. Mam rozkaz, że generał Śmigły jest moim przełożonym; to mi wystarczy, a nie pytam ile lat ma generał Śmigły i skąd pochodzi.''

Z rozkazu Marszałka razem z gen. Jacyną pojechaliśmy do Szpitala Ujazdowskiego, by wręczyć gen. Iwaszkiewiczowi insignia orderu. Zostaliśmy przez komendanta szpitala i kilku starszych lekarzy wprowadzeni do pokoju, w którym leżał ciężko chory generał. Na nasz widok z dużym wysiłkiem podniósł się nieco do pozycji siedzącej. Gen. Jacyna krótko przemówił i w imieniu Naczelnego Wodza udekorował gen. Iwaszkiewicza, zawieszając mu na szyi Krzyż Komandorski Orderu Virtuti Militari i kładąc obok przynależną do Krzyża gwiazdę orderową. Gen. Iwaszkiewicz bardzo wzruszony prosił gen. Jacynę o przekazanie Naczelnemu Wodzowi jego podziękowania za to wysokie odznaczenie i wyróżnienie. Wszyscy obecni przy tej uroczystości byliśmy ogromnie wzruszeni całym przebiegiem dekoracji tak zasłużonego generała i wybitnego dowódcy. W czasie wojny 1919-1920 był on jednym z wyższych dowódców wysoko cenionych przez Marszałka Piłsudskiego. Gen. Iwaszkiewicz pełnił służbę jeszcze w armii rosyjskiej. Pochodził z osiadłej w Rosji rodziny o starych polskich tradycjach patriotycznych. Do wojska polskiego przybył z tzw. polskich formacji wojskowych na wschodzie. Świetny żołnierz, cieszył się w wojsku dużą popularnością i wielkim szacunkiem.

Rok 1922 zbliżał się do końca. Marszałek miał wkrótce opuścić stanowisko Naczelnika Państwa. W grudniu, zgodnie z przepisami Konstytucji, przewidziany był wybór pierwszego Prezydenta Rzeczypospolitej. Przez dwa lata miałem okazję przyglądać się wielu wydarzeniom i obserwować mechanizm życia państwowego. Spotkałem i poznałem wielu ludzi zarówno pośród polityków, jak i wyższych wojskowych z generalicją na czele. Sejm rozbity na masę partii i partyjek, w swej większości endecko-chadecki, był terenem burzliwych i ustawicznych rozgrywek i intryganctwa. Nie był to widok budujący. Przez Belweder przewijało się wówczas wielu ludzi. Marszałek jak zawsze pracował bardzo dużo, do późnych godzin nocnych. Naczelnik Państwa, kierując sprawami młodego państwa, nie miał lekkiego życia w tym okresie kształtowania się życia politycznego odrodzonej Polski. Mimo olbrzymich nieraz trudności wewnętrzno-politycznych i kłód rzucanych mu pod nogi, autorytet Marszałka Piłsudskiego w kraju był niezwykle wielki. Coś było w tym człowieku, co zmuszało nawet oponentów do szacunku. Może obok zalet jego wielkiego umysłu i rozważnego kierowania sprawami państwa, podnosiła autorytet powszechnie uznawana szlachetność, prawość i bezinteresowność człowieka przy tym niezwykle skromnego w życiu prywatnym, dla którego jakieś osobiste korzyści materialne w ogóle nie istniały, gdyż całym swym życiem dowiódł, że wytyczną jego postępowania i działalności była sprawa wolności Ojczyzny i jej szczęśliwej przyszłości.

ZABÓJSTWO PREZYDENTA NARUTOWICZA

Zgodnie z obowiązującą konstytucją 9 grudnia 1922 roku zebrało się Zgromadzenie Narodowe celem wyboru Prezydenta Rzeczypospolitej. Po kilku kolejnych głosowaniach wybrany został Gabriel Narutowicz, dotychczasowy minister Robót Publicznych, uczony światowej sławy. Marszałek Sejmu Maciej Rataj ogłosił oficjalnie wybór Narutowicza na urząd Prezydenta Rzeczypospolitej. Pomimo w pełni legalnego wyboru prawica endecko-chadecka rozpętała w prasie ordynarną burzę. W wypowiedziach, oświadczeniach i publikacjach bardzo niewybrednych i uwłaczających jakimkolwiek pojęciom o kulturze politycznej, prym wiedli Stanisław Głąbiński, Stanisław Grabski, Marian Seyda, Józef Chaciński, Wojciech Korfanty, Edward Dubanowicz, Stanisław Stroński i inni. Wybór nazwali oni zniewagą, gdyż między innymi na Narutowicza oddały swe głosy mniejszości narodowe. Prawicowa prasa szalała, a szczególnie wyróżniał się w tej kampanii poseł profesor Stanisław Stroński, publikując artykuły podburzające i pełne niedwuznacznych gróźb pod adresem elekta. Stroński zasłużył sobie na miano jednego z głównych podżegaczy w tragedii, która wkrótce miała się rozegrać i doprowadzić do morderstwa Prezydenta Rzeczypospolitej. W swych publicznych przemówieniach gen. Józef Haller nazywając wybór Narutowicza ,,sponiewieraniem Polski'', podjudzał wprost do czynnego przeciwstawienia się wyborowi. W tak przygotowanej atmosferze wyznaczone zostało na 11 grudnia 1922 roku Zgromadzenie Narodowe w celu zaprzysiężenia Prezydenta Rzeczypospolitej. Prawica postanowiła nie dopuścić do wykonania tego obowiązującego aktu konstytucyjnego i storpedować Zgromadzenie Narodowe. Od wczesnego rana zmobilizowała w pobliżu gmachu Sejmu kilkutysięczny tłum swych zwolenników, którzy obstawili ulicę Wiejską, część Alei Ujazdowskich i Plac Trzech Krzyży z zamiarem przeszkodzenia w przejeździe Narutowicza do gmachu sejmowego. Plan obejmował również niedopuszczenie do gmachu Sejmu maksymalnej ilości posłów i senatorów z innych stonnictw politycznych, aby w ten sposób zabrakło w Zgromadzeniu przepisowej ilości posłów. Podczas tej akcji wielu posłów i senatorów zostało pobitych przez endeckie bojówki. Po wyborze Narutowicz zamieszkał czasowo w Pałacu Myśliwieckim w Łazienkach i stamtąd wyjeżdżał do gmachu Sejmu otwartym belwederskim landem zaprzężonym w parę koni, w asyście honorowej dywizjonu z 1 pułku szwoleżerów pod dowództwem majora Leona Strzeleckiego. Ponieważ ówczesny premier rządu, prof. Julian Nowak, uchylił się od obowiązku towarzyszenia Prezydentowi, w landzie jechał obok Narutowicza dyrektor protokółu dyplomatycznego Ministerstwa Spraw Zagranicznych Przeździecki. Policja zgodnie z instrukcjami ministra Spraw Wewnętrznych Kamińskiego zachowywała się cały czas biernie. Gdy orszak prezydencki jechał przez Aleje Ujazdowskie, oddział szwoleżerów bokami i zadami końskimi rozsuwał prowizoryczne barykady z ławek, by utorować drogę dla przejazdu landa. Zgrupowane tam endeckie bojówki studenckie z kijami przywitały elekta wrogimi okrzykami i gwizdami, obrzucając przy tym lando kulami ze śniegu i błota oraz kamieniami. Jedna z takich kul, choć nieszkodliwie, ugodziła Prezydenta w twarz. Mimo wszystkich tych wyczynów elekt stawił się przed Zgromadzeniem Narodowym i złożył przepisaną przez konstytucję przysięgę. Zamach endecko-chadecki nie udał się. Obóz ten jednak nie zaprzestał swej nikczemnej działalności. W prasie prawicowej ukazywały się nadal groźby zapowiadające, że nawet krew się poleje. Niedwuznacznie grożono Prezydentowi śmiercią, a także wysyłano anonimy grożące śmiercią jego synowi.

Dzień 14 grudnia 1922 został wyznaczony na uroczyste i oficjalne przekazanie władzy Prezydentowi Rzeczypospolitej przez Naczelnika Państwa. Obserwując w tych ostatnich dniach Marszałka, my oficerowie Adiutantury Generalnej, dostrzegaliśmy jego hamowane oburzenie na metody stosowane przez obóz mieniący się ,,narodowym'', na łamanie podstawowych zasad praworządności i znieważanie majestatu Rzeczypospolitej. W przeddzień przekazania władzy Marszałek zarządził odprawę z całym personelem Adiutantury Generalnej oraz z kierownictwem Kancelarii Cywilnej Naczelnika Państwa. Gdy zebraliśmy się wszyscy w wielkiej sali Belwederu, wszedł Marszałek. Zapanowała kompletna cisza. Marszałek przez dłuższą chwilę nie odzywał się. Było widoczne, że jest niesłychanie wzburzony. Nigdy nie widziałem Marszałka tak zirytowanego i prawie wściekłego jak tym razem, gdy przez krótki czas chodził nerwowo po sali wzdłuż wyciągniętych szeregów. Wreszcie przemówił do nas. Zaczął wydawać szczegółowe rozkazy i instrukcje na dzień następny. Niektóre fragmenty przemówienia i rozkazów oraz instrukcje Marszałka zapamiętałem prawie dokładnie i po odprawie zanotowałem. Marszałek mówił: ,,Proszę Panów, jutro przekazuję władzę Prezydentowi Rzeczypospolitej w obecności Rządu i przedstawicieli Sejmu i Senatu... Jestem jeszcze gospodarzem tego domu. Mój dom jest domem honoru. Nie dopuszczę do żadnych burd i zakłócenia tego aktu państwowego... Belweder otoczę wojskiem... Policja i inni szmaciarze niech mi się tu nie kręcą... 1 pułk szwoleżerów ustawi się na ulicy Bagatela. Szkoła Podchorążych ustawi się w rozwiniętym szyku w poprzek Alei Ujazdowskich tyłem do domu publicznego (niewątpliwie odnosiło się to do Sejmu)... Szef Kancelarii Cywilnej przygotuje dla wszystkich przybywających do Belwederu przepustki. Porucznika Horodeckiego (jeden z adiutantów przybocznych) wyznaczam na posterunek przy kordonie Szkoły Podchorążych. Każdy nadjeżdżający ekwipaż będzie Pan wyciągniętą szablą zatrzymywał i sprawdzał przepustki i tylko wtedy Pan przepuści do Belwederu. Jedynie bez zatrzymywania przepuści Pan powóz z moją żoną. Pozna Pan po siwych belwederskich koniach". W dalszym ciągu Marszałek wyznaczył poszczególnych oficerów do różnych funkcji; oczekujących przy wejściu do Belwederu, dyżurujących w poszczególnych salach przejściowych. Ja zostałem wyznaczony do pierwszej sali od hallu, gdzie miałem witać przybywających i przeprowadzać ich do sali następnej, w której dyżurował już inny oficer. Cała oficjalna część miała się odbyć na I piętrze. Marszałek zarządził, żeby wszystkich przeprowadzać na I piętro schodami wewnętrznymi, a nie schodami głównymi z hallu. Pod koniec odprawy Marszałek zwrócił się do gen. Jacyny, adiutanta generalnego: ,,Pan, generale, po akcie przekazania władzy wyjdzie z Prezydentem na dziedziniec belwederski; wtedy szwadron przyboczny sprezentuje broń, a Pan wzniesie okrzyk ,,Prezydent Rzeczypospolitej niech żyje!''. Okrzyk ten podjęty przez szwadron powtórzą pozostałe oddziały wojska''.

Długo po skończonej odprawie komentowaliśmy między sobą jej przebieg, otrzymane zarządzenia oraz tak ogromne wzburzenie Marszałka i ostrość jego reakcji. Byliśmy oczywiście pod wielkim wrażeniem tego wydarzenia. Następnego dnia już od wczesnego rana byliśmy wszyscy na służbie. Oddziały wojskowe zajęły wyznaczone im miejsca. Marszałek od rana kilkakrotnie schodził do nas na parter. Zwróciło naszą uwagę, że Marszałek ciągle jeszcze nie jest przebrany w mundur marszałkowski, lecz ma na sobie dawną szarą strzelecką kurtkę bez żadnych dystynkcji i odznaczeń. Zagadka ta miała się wkrótce wyjaśnić.

W eskorcie honorowej szwadronu przybocznego zajechał przed ganek Belwederu Prezydent Narutowicz. Zjeżdżali się członkowie rządu, marszałkowie Sejmu i Senatu. Kiedy witałem jednego z ministrów (bodaj resortu oświaty) nie wytrzymał on nerwowo i z niehamowaną irytacją powiedział: ,,Musiałem po drodze okazywać przepustkę''. Ponieważ pełniłem służbę na parterze, nie byłem bezpośrednim świadkiem tego, co działo się na górze. Pamiętam jednak dobrze z relacji tych kolegów, którzy pełnili służbę adiutancką na piętrze, że nie obyło się bez zgrzytów i szeregu drastycznych momentów.

Na samym wstępie Marszałek witając wszystkich przybyłych powiedział: ,,Przyjmuję Panów w tej szarej, bez odznak, kurcie strzeleckiej, w której przyszedłem... w niej wyjdę... bez plam na moim mundurze''. Później, w pewnym momencie Marszałek wskazując na małą podręczną kasę powiedział: ,,Proszę i żądam przeliczenia i sprawdzenia zawartości kasy''. Cisza i konsternacja zapanowały wśród obecnych, a Marszałek ponowił w tonie kategorycznym swe żądanie. Wtedy podszedł do kasy minister Skarbu Jastrzębski, położył na niej rękę i oświadczył: ,,Panie Marszałku, ja biorę odpowiedzialność za tę kasę''.

Po zakończeniu części oficjalnej na górze wszyscy zeszli do sal parterowych. Prezydent Narutowicz w towarzystwie gen. Jacyny wyszedł na dziedziniec belwederski. Trębacze zagrali sygnał wojska polskiego, oddziały sprezentowały broń. Jacyna przed frontem szwadronu przybocznego wzniósł okrzyk ,,Prezydent Rzeczypospolitej niech żyje!''. Szwadron podchwycił ten okrzyk, a w ślad za nim wszystkie oddziały wojskowe. Prezydent wrócił do pałacu i wraz z członkami rządu i przedstawicielami Sejmu i Senatu wziął udział w śniadaniu wydanym przez Marszałka i jego małżonkę Aleksandrę Piłsudską. Po podaniu wina Marszałek stając przed Prezydentem w zasadniczej postawie żołnierskiej wygłosił krótkie przemówienie i wzniósł toast na cześć Prezydenta.

Gdy następnie przyjęcie przybrało charakter bardziej swobodny i towarzyski, Marszałek powiedział z humorem, że ma nadzieję, iż ,,znakomita myśliwska suka Pana Prezydenta może łatwiej znajdzie insygnia królewskie, niż ja''. Niewątpliwie była to aluzja do rozpowszechnianych przez endecką ,,kuźnię propagandową'' rozmaitych plotek i niewybrednych kłamstw preparowanych przeciwko Naczelnikowi Państwa i Naczelnemu Wodzowi.

Tegoż jeszcze dnia Marszałek odjechał do swego prywatnego mieszkania przy ulicy Koszykowej. W Belwederze zainstalował się Prezydent Narutowicz. Zajął on dawny apartament Marszałka na pierwszym piętrze. Gdy zapytano, jak sobie życzy go urządzić, Prezydent zakazał czynienia jakichkolwiek zmian. ,,Ma pozostać wszystko tak, jak było, gdy Marszałek tu mieszkał i pracował. Po cóż zresztą cokolwiek zmieniać — powiedział — czy po to by w przyszłości znowu rekonstruować narodową pamiątkę po wielkim Polaku?''. Tak więc zgodnie z wolą Prezydenta nic nie zostało zmienione ani nawet przestawione.

Cała Adiutantura Generalna wraz z gen. Jacyną pozostała na swych funkcjach przy Prezydencie. Znaliśmy go już przedtem, gdy nieraz przyjeżdżał do Belwederu na konferencje z Naczelnikiem Państwa. Obecnie jednak mieliśmy sposobność obserwować go bliżej pełniąc przy nim służbę. Był on nie tylko wielkim i wybitnym uczonym o europejskiej sławie, ale także człowiekiem niezmiernie miłym i dobrym, o wysokiej kulturze, w obejściu niezwykle prostym, bezpośrednim i naturalnym.

W nocy z 15 na 16 grudnia wypadła na mnie służba nocna dyżurnego oficera w adiutanturze. Wieczorem Prezydent polecił mi obudzić go następnego dnia rano o godzinie siódmej. Udałem się rano na piętro i obudziłem Prezydenta.

W sobotę 16 grudnia 1922 roku Prezydent wyjechał z Belwederu z kurtuazyjną wizytą do kardynała Kakowskiego. Bezpośrednio po tej wizycie pojechał do Zachęty na otwarcie wystawy, na godzinę 12. W tym czasie zebrało się nas kilku oficerów w pokoju adiutantury w oczekiwaniu na powrót Prezydenta. Prowadziliśmy między sobą jakąś towarzyską rozmowę, gdy nagle rozległ się dzwonek telefonu stojącego na biurku najbliżej mnie. Podniosłem słuchawkę i usłyszałem głos adiutanta porucznika Sołtana, który, robiąc krótkie przerwy, urywanym głosem mówił: ,,Prezydent ranny... trzy kule... nie żyje''. Nie odrywając słuchawki od ucha głośno powtórzyłem co usłyszałem. Jeden z kolegów z drugiego aparatu zadzwonił do szwadronu przybocznego alarmując, by szwadron natychmiast jechał pod Zachętę. Zbulwersowani do głębi wyszliśmy na chwilę przed Belweder i obserwowaliśmy pędzący w pełnym galopie szwadron przyboczny pod dowództwem porucznika Józefa Szostaka. Szwadron zdumiewająco szybko po alarmie był gotów i galopował przez Łazienki; wypadł najbliższą bramą przy Belwederze w Aleje Ujazdowskie i popędził pod Zachętę. Widziałem, jak niektórzy żołnierze w galopie kończyli dopinać pasy i troki przy siodłach.

Trudno mi nawet opisać wrażenie i ogromny wstrząs, jaki wraz z obecnymi kolegami przeżyłem po odebraniu telefonu z okropną wiadomością. Przed frontowym wejściem do Belwederu oczekiwaliśmy na powrót smutnego orszaku. Po pewnym czasie w eskorcie szwadronu przybocznego zajechało wyciągniętym kłusem otwarte lando. Na landzie na noszach zwłoki Prezydenta Rzeczypospolitej nakryte sztandarem państwowym. Po dwóch stronach na stopniach stali generał Jacyna i porucznik Sołtan. Widok tragiczny, niezapomniany. Trzeba było wielkiego opanowania i siły woli, by zdusić w sobie łzy cisnące się do oczu. Nam, młodym, ale starym już służbą żołnierską w walkach o wolność i niepodległość Ojczyzny oficerom los nie oszczędził widoku zamordowanego w zaraniu niepodległego bytu Państwa Prezydenta Rzeczypospolitej.

22 grudnia 1922 roku odbyły się uroczystości pogrzebowe w Katedrze Św. Jana w Warszawie. Trumna ze zwłokami Prezydenta umieszczona w sarkofagu została pochowana w osobnej krypcie w podziemiach Katedry.

STANISŁAW WOJCIECHOWSKI
PREZYDENTEM RZECZYPOSPOLITEJ
MARSZAŁEK PIŁSUDSKI SZEFEM SZTABU GENERALNEGO
GENERAŁ SIKORSKI PREMIEREM RZĄDU

Marszałek Sejmu Maciej Rataj objął przejściowo obowiązki Głowy Państwa. Powołał nowy rząd z generałem Władysławem Sikorskim jako premierem; Marszałek Piłsudski objął stanowisko szefa Sztabu Generalnego i przeniósł się niezwłocznie do gmachu Sztabu, gdzie zamieszkał wraz z rodziną. Spośród oficerów Adiutantury Generalnej wyznaczył czterech oficerów na adiutantów szefa Sztabu Generalnego. Marszałek przysłał do Belwederu na małej kartce papieru odręcznie przez siebie napisane nazwiska oficerów, którzy mieli natychmiast zameldować się w Sztabie Generalnym. Na kartce były same nazwiska bez imion i bez stopni wojskowych: Horodecki, Kadenacy, Sokołowski, Skrzynecki. 18 grudnia 1922 roku zameldowaliśmy się wszyscy u Marszałka. Z tytułu starszeństwa — byłem już rotmistrzem — Marszałek wyznaczył mnie na kierownika swej adiutantury, polecając zorganizowanie i rozpoczęcie służby od zaraz.

Zajęliśmy na adiutanturę dużą salę przylegającą bezpośrednio do dużego i obszernego gabinetu pracy Marszałka. Ponieważ Marszałek z rodziną zamieszkał w sąsiednich pokojach, więc dyżury adiutanckie pełniliśmy całą noc. Marszałek był od razu niesłychanie zajęty i zapracowany. W tym czasie przez adiutanturę przewijało się mnóstwo osób, w większości wojskowych.

20 grudnia 1922 roku zebrało się ponownie Zgromadzenie Narodowe i tymi samymi głosami, które padły poprzednio przy wyborze Narutowicza, wybrany został Prezydentem Rzeczypospolitej Stanisław Wojciechowski. Wkrótce po objęciu urzędu Prezydent Wojciechowski wraz z małżonką złożył wizytę Marszałkowi Piłsudskiemu. Oczekiwałem Prezydenta na dole przed wejściem do gmachu Sztabu. Zameldowałem się Prezydentowi i pilotowałem go na pierwsze piętro do apartamentów Marszałka. Marszałek oczekiwał Prezydenta w otwartych drzwiach swego gabinetu. Wizyta trwała około godziny.

W związku z Nowym Rokiem otrzymałem polecenie złożenia życzeń noworocznych w imieniu Marszałka Prezydentowi Wojciechowskiemu i kardynałowi Kakowskiemu. Adiutant zameldował Prezydentowi moje przybycie i charakter mej misji. Po chwili zostałem wprowadzony przez adiutanta do wielkiej sali, w której pośrodku stał Prezydent z nieliczną świtą. Po zameldowaniu się złożyłem w imieniu Marszałka życzenia Prezydentowi, który sztywny i oschły wysłuchał ich, ale nie powiedział nawet jednego słowa, więc się szybko odmeldowałem i na tym audiencja się skończyła.

Bezpośrednio z Belwederu pojechałem do kardynała Kakowskiego. Gdy zostałem wprowadzony do kardynała, zastałem go siedzącego na wysokim ozdobnym fotelu w otoczeniu licznego duchowieństwa. Po przekazaniu przeze mnie życzeń od Marszałka kardynał zaprosił mnie do zajęcia miejsca w pobliżu siebie i rozmawiając dłuższą chwilę, w słowach bardzo uprzejmych, miłych i życzliwych zapytywał mnie o Marszałka i jego zdrowie.

Marszałek swoim zwyczajem często chodził po swym gabinecie pracy. Zatrzymując się od czasu do czasu przy oknie obserwował roboty związane z ustawianiem pomnika ks. Józefa Poniatowskiego. Był to bodaj marzec, a więc dużo dni słotnych, częste pluchy z deszczem i sporo błota wśród nawiezionego materiału pomocniczego do budowy. Posąg ks. Józefa leżał jeszcze na ziemi. Marszałek przyglądał się temu i myślał, a później powiedział: ,,Taki widać musi być los Naczelnych Wodzów w Polsce, że zanim ich na pomniki wyniosą, muszą przedtem leżeć w błocie''.

Tragiczne wydarzenia z grudnia ubiegłego roku nie wpłynęły otrzeźwiająco na obóz endecko-chadecki. Prawica rozpętała akcję gloryfikowania zbrodniczego czynu zabójcy Prezydenta. Do akcji tej wciągnięto duchowieństwo katolickie. W kościołach odprawiano nabożeństwa żałobne za duszę Niewiadomskiego. W prasie prawicowej ukazały się propagandowe nekrologi. Różne inspirowane instytucje i stowarzyszenia składały masowo kwiaty na grobie mordercy. Niektórzy księża w swych kazaniach nazywali Niewiadomskiego bohaterem i męczennikiem. Dopiero w lutym 1923 roku Episkopat położył kres tym praktykom pewnej części duchowieństwa wydając odezwę piętnującą gloryfikowanie zabójcy oraz odprawianie modłów i nabożeństw w kościołach.

Wewnętrzna sytuacja polityczna była skomplikowana i niezdrowa. W Sejmie namnożyło się partii i partyjek bez liku. Za kulisami trzęsło się od intryg i przetargów, dochodziło do przekupywania posłów Sejmu. Prawica nie gardziła żadnymi, nawet najbrudniejszymi metodami. Na przeszkodzie stała ciągle jeszcze osoba Marszałka i jego olbrzymi autorytet zarówno wśród wojska jak i wśród społeczeństwa. Kilku poważniejszych generałów dało się nawet użyć do intrygowania przeciwko Marszałkowi i wywoływania pewnych konfliktów i zadrażnień, zwłaszcza na forum Kapituły Orderu Virtuti Militari, której przewodniczył. Byli to przede wszystkim generałowie Tadeusz Rozwadowski, Stanisław Szeptycki i Stanisław Haller.

Latem 1923 roku Witos sprzymierzył się z obozem endecko-chadeckim i utworzył nowy rząd. W skład tego rządu wchodzą m.in. Głąbiński, Kiernik, Seyda, Korfanty i Dmowski. W tej sytuacji 3 lipca Marszałek Piłsudski podał się do dymisji ze stanowiska szefa Sztabu

Generalnego oraz ze stanowiska przewodniczącego Ścisłej Rady Wojennej i usunął się do swej willi w Sulejówku. Zatrzymał jedynie przewodnictwo Kapituły Orderu Virtuti Militari, w której posiedzeniach i pracach nadal brał czynny udział.

W tak zmienionej atmosferze politycznej zdecydowany byłem opuścić szeregi wojska, ukończyć studia rozpoczęte na Uniwersytecie Warszawskim i przejść do życia cywilnego. Stało się jednak inaczej, nie bez pewnego wpływu ze strony Marszałka. Postanowiłem wreszcie zrobić wyższe studia wojskowe i ukończyć Wyższą Szkołę Wojenną. Egzaminy wstępne a później konkursowe były wówczas dość trudne, przy tym miejsc było tylko 60 na kilkakrotnie wyższą liczbę ubiegających się kandydatów. Pracowałem więc bardzo intensywnie, by należycie przygotować się do egzaminów. Do Wyższej Szkoły Wojennej zostałem przyjęty i rozpocząłem studia jesienią 1924 roku.

REFERAT NACZELNEGO WODZA
W SPRAWIE ODZNACZEŃ KL.II VIRTUTI MILITARI

Po usunięciu się Marszałka do Sulejówka pracowałem w biurze Kapituły jako zastępca majora Macieszy, który mi bardzo ułatwiał przygotowanie się do egzaminów do Wyższej Szkoły Wojennej, nie obciążając mnie zbytnio pracą biurową. Równocześnie nadal pełniłem funkcję sekretarza Kapituły. Wyjeżdżałem dość często do Sulejówka, uzgadniałem z Marszałkiem terminy posiedzeń Kapituły, zwoływałem je i protokółowałem przebieg obrad. W latach 1923 i 1924 odbyło się kilka posiedzeń Kapituły.

W Sulejówku Marszałek duzo pracował nad realizacją odznaczeń w wojsku klasą IV Virtuti Militari. Ponieważ wniosków o odznaczenie klasą IV, nadsyłanych z jednostek wojska gromadziło się coraz więcej, parokrotnie byłem wzywany do Sulejówka dla wykonania pewnych prac pomocniczych. Niekiedy spędzałem w Sulejówku po kilka dni. Mieszkałem wtedy w małym pokoiku na pierwszym piętrze willi i tam pracowałem według instrukcji i wytycznych Marszałka. Na posiłki byłem zapraszany na parter i jadałem z jego rodziną. W porze obiadowej do stołu zasiadał również Marszałek. Obserwowałem niezwykłą prostotę życia codziennego tego domu. Wyżywienie było skromne, bo i środki pieniężne na utrzymanie domu były szczupłe. Składały się na to przeważnie honoraria autorskie i prasowe Marszałka. Po usunięciu się z wojska przysługujące mu uposażenie Marszałek polecił przekazywać Uniwersytetowi Stefana Batorego w Wilnie na cele naukowe.

Willa była przyjemna, ale niewielka. Parter umeblowany był dostatnio, natomiast pokoiki na piętrze bardzo skromnie. Willa leżała na niedużej parceli leśnej, po której Marszałek lubił się przechadzać. Znał tam każde drzewko, każdy krzew i każdą roślinę. Był wnikliwym obserwatorem i swymi spostrzeżeniami ujętymi w sposób interesujący lubił dzielić się ze swoimi gośćmi. Cała ta niewielka posiadłość była darem dawnych podkomendnych legionowych dla swego ukochanego Komendanta.

Na zebraniach Kapituły w 1923 i w 1924 roku dużo czasu poświęcono problemom odznaczeń klasami IV i II. Chociaż odznaczenia Złotym Krzyżem (kl.IV) były w zasadzie powierzone Marszałkowi jako b. Naczelnemu Wodzowi, Marszałek sprawy systemu wyboru kandydatów i ilości odznaczeń Złotym Krzyżem poddał pod obrady Kapituły. Po zreferowaniu ich przez Marszałka Kapituła uchwaliła, by nadać 650 Złotych Krzyży, co stanowiło 10 % nadanych orderów w klasie V. Przedyskutowano i zaakceptowano system wyboru kandydatów w drodze wysunięcia ich przez kolegia, tj. zgromadzenia kawalerów Orderu Virtuti Militari danej jednostki wojskowej. Prace te były już mocno zaawansowane, jednak nadania Złotego Krzyża nie zostały dokonane, głównie wskutek powstałych w łonie Kapituły konfliktów, które zahamowały w ogóle dalsze odznaczenia wyższymi klasami. Osobiście bardzo tego żałowałem, gdyż byłem wśród wysuniętych przez 1 pułk szwoleżerów do odznaczenia IV klasą. W roku 1923 zostałem dekorowany w 1 pułku szwoleżerów przez generała Władysława Sikorskiego uprzednio przyznanym mi Krzyżem Walecznych z trzema okuciami (oznaczało to cztery Krzyże Walecznych).

Prawie zawsze w tych latach Sulejówka były kłopoty z akceptowaniem protokołu z poprzednich posiedzeń Kapituły. Niezwykle szybko notowałem przebieg obrad i na ogół ściśle i bardzo dokładnie wszystkie wypowiedzi członków Kapituły. Po sporządzeniu potem czystopisu protokołu przedstawiałem go Marszałkowi, który nigdy nie zakwestionował mi swych wypowiedzi, nawet gdy były one czasami zbyt ostre, dosadne czy dramatyczne. Natomiast było dla mnie zaskakujące, że prawie zawsze po odczytaniu przeze mnie protokołu, a przed jego zaakceptowaniem i podpisaniem przez przewodniczącego zabierali głos generałowie Rozwadowski i Stanisław Haller, wypierając się swych własnych wypowiedzi odnotowanych w protokole. Ponieważ to się często powtarzało, wywoływało to nawet śmiech u większości zebranych, gdyż dobrze pamiętano kwestionowane wypowiedzi. Zaobserwowałem, że u tych dwóch generałów przerodziło się to w szczególny i swoisty styl; potrafili się ,,zagalopować'' i coś ,,chlasnąć'' ale nie lubili za to brać odpowiedzialności. Jednak podobne manewry na ogół się nie udawały i protokół był zatwierdzany bez zmian.

Na posiedzeniu Kapituły w dniu 16 listopada 1923 uchwalono, by upoważnić i prosić Marszałka o przedstawienie kandydatów do odznaczenia klasą II Orderu Virtuti Militari. Marszałek Piłsudski osobiście opracował umotywowany referat i polecił mi jako sekretarzowi rozesłać odpisy do wszystkich członków Kapituły, aby zapoznali się z nim przed obradami Kapituły w tej sprawie. Z zachowanego odpisu tego referatu podaję tu jego tekst w pełnym brzmieniu.*

---

* Patrz: Aneks

WYDARZENIA MAJOWE 1926 ROKU

Sytuacja polityczna w kraju, a również w wojsku, stawała się coraz bardziej napięta. Intrygi partyjne w Sejmie, przeciąganie posłów na swoją stronę za obietnicę różnych koncesji i korzyści materialnych staje się praktyką życia codziennego i metodą działania politycznych graczy. Machlojki i przekupstwa coraz bardziej demoralizowały, stan gospodarczy pogarszał się w szybkim tempie, bezrobocie wzrastało. Wszystko to prowadziło kraj do nieuchronnej katastrofy. Szczególnie w wojsku atmosfera była podminowana i stawała się wprost nieznośna. Większość stanowisk kierowniczych objęli generałowie dawnej armii austriackiej, którzy stawali się często narzędziem obozu prawicy w rozgrywkach polityczno-wojskowych. W tych warunkach uwaga narodu i wojska coraz bardziej zwrócona była na samotnię w Sulejówku; oczekiwano stamtąd głosu przestrogi i naprawy pogarszającej się stale sytuacji. Oczywiście dla politycznej prawicy oraz grupki generałów pozostających na jej usługach, wielki autorytet moralny Marszałka Piłsudskiego w wojsku, jak również wśród ogółu społeczeństwa, był ciągle wielką zawadą. Piłsudski mimo usunięcia się do swej samotni w Sulejówku, mimo że nie dzierżył w tym okresie żadnej formalnej władzy w państwie, posiadał ciągle jednak olbrzymią władzę moralną. Dla tych, co usiłowali na Polsce żerować i niszczyć z takim trudem wywalczone młode państwo polskie, Piłsudski był ciągle groźnym przeciwnikiem. W 1925 roku Piłsudski już nie milczy. Zabiera głos na łamach prasy, przestrzega i strofuje, nieraz nawet w ostrym i przykrym tonie. Przemawia na dorocznych zjazdach legionowych. 2 sierpnia 1924 roku na zjeździe w Lublinie, a w rok później w Warszawie, piętnuje panujące metody rządzenia i przestrzega przed dalszą depravacją życia politycznego w Polsce. W wielkiej mowie wygłoszonej w sali Ratusza Warszawskiego szczególnie mocno i śmiało zaatakował obóz polityczny prawicy i jego przywódców prowadzących Polskę do upadku.

19 marca, w dniu imienin Marszałka, wielu wojskowych różnych stopni z garnizonu warszawskiego jeździło do Sulejówka, by zademonstrować swój stosunek i przywiązanie do zwycięskiego Naczelnego Wodza, by złożyć mu żołnierski hołd i życzenia. Z Warszawy do Sulejówka jechały wtedy wypełnione po brzegi pociągi, a od stacji kolejowej

w Sulejówku ciągnął się niczym pielgrzymka nieprzerwany sznur woj-skowych w kierunku willi Marszałka. Marszałek wychodził na ganek willi i przyjmował życzenia, które w imieniu zgromadzonych przed-stawiał w przemowie zwykle jeden z najstarszych stopniem, przeważ-nie któryś z generałów przybyłych w tym dniu. Na ostatniej uroczy-stości imienin przed wydarzeniami majowymi przemawiał i składał Mar-szałkowi życzenia generał Gustaw Orlicz-Dreszer. Była to piękna pos-tać, wspaniały żołnierz o niezwykłej odwadze, sławny dowódca 1 Puł-ku Szwoleżerów im. Józefa Piłsudskiego i dowódca 2 dywizji kawale-rii z okresu wojny 1919-1920. Skierowane do Marszałka przemówie-nie generał Orlicz-Dreszer zakończył mówiąc, że wojsko jest zawsze gotowe na jego rozkazy.

Pomimo mych zajęć i późniejszych studiów w Wyższej Szkole Wo-jennej jeździłem 19 marca do Sulejówka, jak również na doroczne zjaz-dy legionistów. Gdy Marszałek przyjeżdżał na taki zjazd i ukazywał się na trybunie, uczestników ogarniał niebywały entuzjazm. Było w tym coś rzeczywiście niezwykłego, samo bowiem już ukazanie się Marszał-ka sprawiało bardzo silne wrażenie i poruszało serca i uczucia tej masy dawnych żołnierzy Komendanta. A przecież ten człowiek swym sposo-bem bycia nie starał się o jakąkolwiek popularność. Cechowała go pros-tota i naturalność i może w tej właśnie prostocie tkwiła tajemnica jego wielkości; zdobywał serca żołnierskie nie sięgając po nie.

W czasie mych studiów w Wyższej Szkole Wojennej względnie rzadko miałem sposobność widzenia się z Marszałkiem. Kilkakrotnie tak się złożyło, że towarzyszyłem mu w przejazdach samochodem z Su-lejówka do Warszawy. W owym czasie Marszałek często przyjeżdżał do Świtalskich na ulicę Kruczą. Organizowano z tej okazji przyjęcia wieczorne dla kilkunastu osób, wśród których byli obecni różni wybit-ni działacze. Marszałek przeprowadzał z nimi dłuższe konferencje. Gdy kiedyś z takiego przyjęcia wracałem z Marszałkiem do Sulejówka przed świtem, natknęliśmy się na peryferiach Pragi na niezliczone masy fur-manek chłopskich jadących w kilku kolumnach z dowozem żywności na warszawskie targowiska. Zablokowany przejazd zmusił nasz samo-chód do zatrzymania się na dłuższą chwilę. Marszałek nieco zasępiony bacznie przypatrywał się i obserwował ten zagęszczony ruch chłopskich wozów, coś na ten temat przemyśliwał i od czasu do czasu wypowia-dał do mnie jakąś uwagę. Może myślał wtedy o ciężkiej doli polskiego chłopa, o jego wczesnym rozpoczynaniu pracowitego dnia, gdy inni odpoczywają jeszcze w głębokim śnie.

Początek roku 1926 zaznaczył się dużym wzrostem napięć, co nie ominęło wojska. Dla mnie był to ostatni rok studiów w Wyższej Szko-le Wojennej, okres bardzo intensywnej pracy. Trudno było jednak od-grodzić się od różnych zakulisowych wiadomości i krążących rozmai-tych pogłosek. Zarówno w społeczeństwie jak i w wojsku panował nas-trój oczekiwania, nadzieja na jakieś zmiany, poczucie, że przecież tak dalej być nie może. Obok nauki w chwilach wolnych od zajęć, często między wykładami, dyskutowaliśmy nad sytuacją. Zaognione problemy w życiu kraju i wojska nie mogły być nam obce i nie mogły uchodzić naszej uwadze. Pełni troski przejmowaliśmy się nimi i śledziliśmy rozwój wydarzeń. Dochodziły do nas między innymi wiadomości o wizytach Marszałka u Prezydenta Rzeczypospolitej w Belwederze, o tym że Marszałek usiłował przekonać Prezydenta o konieczności zmian w rządzie i przeciwstawienia się niemoralnym i nieetycznym metodom praktykowanym przez prawicowe ugrupowania polityczne. Wszystkie te jego starania nie dały niestety pozytywnego rezultatu. Prezydent Wojciechowski był człowiekiem niezmiernie upartym, sztywnym formalistą, politykiem nieelastycznym, nie chciał czy nie mógł zrozumieć i należycie ocenić smutnej rzeczywistości, do której tolerowania sam się w ten sposób przyczyniał.

Momentem zwrotnym, który zadecydował i przyspieszył rozgrywkę polityczną zakończoną tzw. ,,wypadkami majowymi'' było powołanie i zatwierdzenie przez prezydenta Wojciechowskiego rządu zwanego rządem Chjeno-Piasta z premierem Wincentym Witosem na czele. Rząd ten objął formalną władzę 10 maja 1926 roku. Tekę ministra Spraw Wojskowych w tym rządzie objął generał Malczewski, oficer zawodowy dawnej armii austriackiej, niepopularny i nie mający autorytetu i powagi wśród wojska i bez żadnej szczególnej karty bojowej z wojny 1919-1920. Odznaczał się przy tym niesłychaną krzykliwością właściwą stylowi wychowania w służbie austriackiej. Na jego temat krążyły w wojsku różne ośmieszające go opowiadania, może nawet i nie zawsze prawdziwe; między innymi, że jakoby w pierwszych tygodniach niepodległego bytu Polski, gdy we Lwowie toczono krwawe walki z Ukraińcami, Malczewski, wówczas austriacki pułkownik, wywiesił na drzwiach swego mieszkania we Lwowie kartę z napisem ,,neutral''. Gdy 10 maja 1926 roku generał Malczewski objął tekę ministra Spraw Wojskowych, mówiono powszechnie, że żaden z poważnych kandydatów na objęcie kierownictwa nad resortem wojskowym w rządzie nie zgadzał się na przyjęcie tej teki, jako czegoś nieuzgodnionego z Marszałkiem Piłsudskim.

10 maja 1926 roku natychmiast po utworzeniu nowego rządu ukazał się w prasie wywiad z premierem Witosem, w którym mówił on m. in. ,,o silnej ręce'', która będzie cechowała nowy rząd pod jego przewodnictwem. Cała postępowa opinia oceniła wywiad jako prowokacyjny. W konsekwencji tego wystąpienia ukazał się 11 maja na łamach ,,Kuriera Porannego'' wywiad z Marszałkiem Piłsudskim. Rząd zarządził konfiskatę ,,Kuriera Porannego'' z tym wywiadem. Wywołało to demonstracje na ulicach i w lokalach publicznych takich jak kawiarnie warszawskie, gdzie manifestacyjnie protestowano przeciwko posunięciom rządu oraz żądano powrotu do służby państwowej Marszałka Piłsudskiego. Rozrzucono wszędzie ulotki na ten temat i manifestowano na cześć Marszałka. Podniecenie wzrastało w Warszawie z godziny na godzinę. Do kawiarni tzw. Dużej Ziemiańskiej przy ulicy Kredytowej zapełnionej publicznością cywilną i pokaźną liczbą oficerów, nagle wbiegli młodzi chłopcy w mundurach strzeleckich i rozrzucili ulotki, równocześnie wznosząc wiwaty na cześć Marszałka. Publiczność podchwyciła spontanicznie okrzyk: ,,Marszałek Piłsudski — niech

żyje''. Wszyscy wstali, a orkiestra zagrała pieśń ,,My Pierwsza Brygada''. Nastrój był taki, że gdy jakiś cywil nie powstał i coś tam wykrzykiwał protestując, wyrzucono go za drzwi na ulicę.

Warszawa była zelektryzowana i oczekiwała wielkich wydarzeń, które wpłynęłyby na zmianę dotychczasowej sytuacji w kraju. Ponieważ uprzednie próby Marszałka przekonania prezydenta Wojciechowskiego, by w drodze przysługujących uprawnień zdymisjonował rząd Witosa i powołał do władzy inny spełzły na niczym, Marszałek zdecydował się na otwartą demonstrację wojskową. W dniu 12 maja wyruszył z Sulejówka i przez Rembertów na czele wiernych oddziałów przybył na Most Poniatowskiego, gdzie nastąpiło spotkanie Marszałka z Prezydentem. I tym razem, mimo wszelkich usiłowań ze strony Marszałka, nie doszło do żadnego porozumienia. Wkrótce ze strony oddziałów ,,rządowych'' padły pierwsze strzały na moście Kierbedzia. Nastąpiły krwawe walki, które toczyły się do 13 maja włącznie.

Większość moich kolegów z Wyższej Szkoły Wojennej zebrała się 12 maja po południu w moim mieszkaniu, skąd duża ich grupa wyruszyła, aby obsadzić Dworzec Wschodni. Zresztą również i ja w nieco późniejszych godzinach przeprawiłem się łodzią na praski brzeg i zameldowałem się w kwaterze wojskowej Marszałka w koszarach 36 pułku piechoty. (Później Marszałek z całą swoją kwaterą przeniósł się na Dworzec Wileński.) Liczne jednostki wojskowe z garnizonów prowincjonalnych zajmowały pociągi i zdążały do Warszawy, by stanąć po stronie Marszałka; pomagała w tym bardzo ofiarnie cała służba kolejowa. Nadchodzące meldunki donosiły, że generał Włodzimierz Zagórski używa lotników z Dęblina do bombardowania z powietrza transportów wojskowych i sam osobiście bierze czynny udział w tej akcji. Otrzymałem rozkaz przekazywania telefonicznie poleceń zainteresowanym garnizonom, by ubezpieczały transporty wojskowe przeciwko ewentualnym atakom z powietrza przez rozmieszczenie na otwartych lorach karabinów maszynowych. Aczkolwiek sieć telefoniczna pracowała na ogół sprawnie, to jednak żmudne połączenia z garnizonami wymagały wiele cierpliwości i zajęło mi sporo czasu zanim wszystkie powiadomiłem.

W tych tragicznych dniach walk widywałem Marszałka wiele razy. Był bardzo spokojny i opanowany, ale wyraźnie zmęczony. Ani razu na jego twarzy nie widziałem najmniejszego uśmiechu; był milczący i robił wrażenie zatroskanego. Niewątpliwie decyzję o zbrojnej akcji podjął z ciężkim sercem; był to pewnego rodzaju gwałt, jaki zadał swej naturze. Dla Marszałka było to jednak koniecznością; kierował się troską o interes i los tak ciężko wywalczonej Ojczyzny. W swym przemówieniu do przedstawicieli prasy (13 maja 1926 r.) Marszałek oświadczył: ,,Nie mogę długo mówić; jestem bardzo zmęczony, zarówno fizycznie, jak i moralnie, gdyż będąc przeciwnikiem gwałtu, czego dowiodłem podczas sprawowania urzędu Naczelnika Państwa, zdobyłem się, po ciężkiej walce z samym sobą, na próbę sił z wszystkimi konsekwencjami''.

Po dwóch dniach walki rząd Witosa i prezydent Wojciechowski uciekli z Belwederu do Wilanowa. Nastąpiła rezygnacja rządu Witosa oraz ustąpienie Wojciechowskiego z urzędu prezydenta. Ponownie cała władza dyktatorska znalazła się w rękach Piłsudskiego. I znowu niespodziewane posunięcie Marszałka zaskoczyło nawet najbardziej oddanych mu i bliskich ludzi. Oto zgodnie z przepisami prawa, sprawowanie najwyższej władzy państwowej oddał marszałkowi Sejmu Maciejowi Ratajowi, aż do czasu wyboru nowego Prezydenta Rzeczypospolitej. Tak więc pomimo dramatycznych wydarzeń, Marszałek postępował zgodnie z prawem i obowiązującą konstytucją. Mimo wielu uprzednich gorzkich doświadczeń pragnął nadal, by naród rządził się sam przy pomocy demokratycznych form ustrojowych.

Wkrótce po przewrocie majowym w swym przemówieniu Marszałek powiedział m. in.: ,,W odrodzonym państwie nie nastąpiło odrodzenie duszy narodu. Gdy wróciłem z Magdeburga i posiadłem władzę, jakiej nikt w Polsce nie piastował, wierząc w odrodzenie narodu, nie chciałem rządzić batem i oddałem władzę w ręce zwołanego przez siebie Sejmu Ustawodawczego, którego wszak mogłem nie zwoływać. Naród się jednak nie odrodził. Szuje i łajdaki rozpanoszyli się. (...) Rozwielmożniło się w Polsce zniczemnienie ludzi. Swobody demokratyczne zostały nadużyte tak, że można było znienawidzieć całą demokrację. Interes partyjny przeważał ponad wszystko. (...) Dałem gwarancję swobodnego obioru prezydenta i słowa dotrzymam, ale ostrzegam, nie zawierajcie z kandydatem na prezydenta układów partyjnych. Kandydat na prezydenta musi stać ponad stronnictwami, winien umieć reprezentować cały naród. Wiedzcie, że w przeciwnym razie nie będę bronił Sejmu i Senatu, gdy dojdzie do władzy ulica. Nie można w Polsce rządzić terrorem szuj i temu się przeciwstawiam. (...) Nie chciałbym rządzić batem. Rządzenie batem obrzydziłem sobie w państwach zaborczych.''

Szybko po przewrocie Zgromadzenie Narodowe zwołane przez Macieja Rataja wybrało na Prezydenta Rzeczypospolitej Marszałka Polski Józefa Piłsudskiego. Tym wyborem Zgromadzenie Narodowe niejako zalegalizowało przewrót majowy uznając go za konieczny dla państwa. Marszałek jednak nie przyjął urzędu prezydenta ku zdumieniu wszystkich, natomiast zaproponował wybór na ten urząd jednego z najbliższych swych przyjaciół, profesora Ignacego Mościckiego, znakomitego uczonego, a przy tym głębokiego patriotę i bardzo prawego człowieka. Marszałek objął stanowisko Generalnego Inspektora Sił Zbrojnych oraz tekę ministra Spraw Wojskowych. Na czele pierwszego rządu po przewrocie majowym stanął jako premier profesor Kazimierz Bartel. Marszałek pracował i w Generalnym Inspektoracie i w Ministerstwie Spraw Wojskowych. W ministerstwie mianował swym szefem gabinetu pułkownika dyplomowanego Józefa Becka, któremu polecił równocześnie zorganizowanie Gabinetu Wojskowego Prezydenta Rzeczypospolitej. Pierwszym Szefem Gabinetu Wojskowego Prezydenta został mianowany płk Jan Głogowski, ostatnio dowódca 1 pułku szwoleżerów. Płk Głogowski, dawny oficer rezerwy armii austriackiej, już w pierwszych dniach odrodzonego państwa polskiego zgłosił się ochotniczo do formującego się z dawnej kadry 1 Pułku Ułanów Beliny

1 Brygady Legionów — 1 pułku szwoleżerów, w którego szeregach walczył w latach 1919-1920 i zapisał się jako odważny i świetny oficer, odznaczony za czyny bojowe Orderem Virtuti Militari V klasy.

Z inicjatywy Marszałka siedzibą Prezydenta stał się Zamek Królewski w Warszawie. Marszałek Piłsudski zamieszkał wraz z rodziną w Pałacu Belwederskim.

Natychmiast po zakończeniu walk powróciłem do swoich zajęć w Wyższej Szkole Wojennej. Ponowne spotkanie wszystkich kolegów mogło wydawać się bardzo niełatwe; w dniach przewrotu byliśmy podzieleni. Gdy jedni zaangażowali się po stronie Marszałka, inni, kierując się przeważnie formalnymi przepisami wojskowymi odpowiedzieli na wezwanie rządu. Jeden z naszych kolegów poległ w walkach majowych. Był to major artylerii Mięsowicz, wielkiej wartości oficer, prawy i szlachetny człowiek, ogólnie lubiany i szanowany kolega. Pierwszym odruchem wszystkich kolegów była składka pieniężna i utworzenie funduszu jego imienia. Przed wykładami złożyliśmy na stoliku przy którym pracował piękną wiązankę biało-czerwonych róż, a fundusz został wręczony jego rodzinie z myślą o małoletnich dzieciach.

Nasz rok niezwykle szybko powrócił do dawnych przyjaznych stosunków koleżeńskich. Było to tym bardziej ważne i cenne, że mieliśmy przed sobą jeszcze prawie pół roku wspólnych studiów i czekały nas wkrótce letnie podróże taktyczne i gry wojenne w terenie. We wrześniu 1926 roku szef Sztabu Generalnego wraz z komendantem szkoły, w otoczeniu wykładowców, wśród których była jeszcze spora grupa Francuzów na czele z popularnym i lubianym Dyrektorem Nauk pułkownikiem Faury (zwanym Papa Faury), wręczył nam pięknie wykonane dyplomy z podpisem Marszałka — ministra Spraw Wojskowych oraz odznaki oficera sztabu generalnego. Rozjechaliśmy się na urlopy, które nam przysługiwały, a potem na różne przydziały w wojsku. Przyjacielski kontakt koleżeński utrzymywaliśmy nieprzerwanie przez lata, zjeżdżając się co jakiś czas na tradycyjne komersy.

Pierwszy mój przydział po ukończeniu Wyższej Szkoły Wojennej otrzymałem do Departamentu Kawalerii Ministerstwa Spraw Wojskowych. Pracowałem nad sprawami organizacyjnymi i mobilizacyjnymi jednostek kawalerii. Wyjeżdżałem także względnie często do różnych pułków kawalerii na kontrolę elaboratów mobilizacyjnych, a także na przeprowadzane od czasu do czasu próbne mobilizacje.

Kawaleria może najwierniej w porównaniu z innymi rodzajami broni kultywowała swe odrębne i nieraz specyficzne tradycje pułkowe. Ogromne przywiązanie do ,,barw'' pułkowych, szczególny styl i fason rodziły wśród kawalerzystów wysokie ambicje i dumę z przynależności do swego pułku. Z pewnością to również wpływało na wysokie morale, jakim odznaczały się zawsze pułki kawalerii w naszym wojsku.

MÓJ PRZYDZIAŁ DO SZTABU GENERALNEGO INSPEKTORA SIŁ ZBROJNYCH

Po dwóch prawie latach pracy w Departamencie Kawalerii na stanowisku kierownika oddziału organizacyjno-mobilizacyjnego złożyłem prośbę o odkomenderowanie mnie na staż do linii. Początkowo moi przełożeni czynili mi trudności, chcąc bym nadal pełnił dotychczasową funkcję. W końcu udało mi się ich przekonać i uzyskałem zgodę na roczny staż. Wkrótce już miałem odejść, gdy zjawił się u mnie płk dypl. Bolesław Wieniawa-Długoszowski, pełniący wówczas funkcję jednego z oficerów do zleceń Generalnego Inspektora. Zakomunikował mi polecenie, jakie otrzymał od Marszałka — wybadania jaki mam przydział, co właściwie robię i czy w dotychczasowej pracy jestem niezbędny, gdyż Marszałek zamierza przydzielić mnie do swego sztabu w Generalnym Inspektoracie. Byłem oczywiście zaskoczony, ale i bardzo zaszczycony tą propozycją. Niemniej krzyżowało to całkowicie moje dotychczasowe plany. Odpowiedziałem płk. Wieniawie, że uważam to wyróżnienie za bardzo zaszczytne i że jestem oczywiście całkowicie na rozkazy Marszałka. Prosiłem jednak, by koniecznie zameldował Marszałkowi, że zgodnie z przepisami dotyczącymi oficerów dyplomowanych miałem właśnie odejść na staż do linii. Uważam — powiedziałem — że Marszałek powinien być o tym poinformowany zanim poweźmie ostateczną decyzję co do mojej osoby.

Po kilku dniach płk Wieniawa oświadczył, że Marszałek przeszedł do porządku dziennego nad moimi obiekcjami i polecił, by szef Biura Personalnego Ministerstwa Spraw Wojskowych przygotował odpowiedni rozkaz do podpisu Marszałka, przydzielający mnie na stanowisko ,,oficera do zleceń" przy Generalnym Inspektoracie Sił Zbrojnych.

Wkrótce zameldowałem się u Marszałka w siedzibie Inspektoratu przy Alejach Ujazdowskich. Byłem czwartym oficerem do zleceń obok płka Janusza Gąsiorowskiego (pełnił on jednocześnie funkcję szefa Biura Inspekcji przy GISZ), płka dypl. Bolesława Wieniawy-Długoszowskiego i ppłka dypl. Kazimierza Glabisza. Pracowaliśmy w niewielkiej sali-pokoju, sąsiadującej z gabinetem pracy Marszałka. Stał tam długi zwykły stół, na którym mogliśmy się wygodnie rozłożyć z mapami i opracowywanymi materiałami. Z generałów-inspektorów, przewidzianych na wypadek wojny na dowódców armii, jedni zajmowali się w swych pracach frontem wschodnim, zaś drudzy frontem zachodnim. W związku z tym podziałem dwóch z nas, oficerów do zleceń, pracowało nad materiałami związanymi z frontem wschodnim, dwóch pozostałych — z zachodnim; ja pracowałem nad terenem ewentualnego przyszłego frontu wschodniego. Ponadto Marszałek obciążał nas dodatkowymi pracami i różnego rodzaju zleceniami. Zespół generałów-inspektorów nazywaliśmy żartobliwie ,,szkółką''. Zapoznawałem się z opracowaniami przedstawianymi Marszałkowi przez inspektorów armii. Z punktu widzenia rozpracowania sztabowego zawsze wyróżniała się szczególnie praca gen. Sosnkowskiego.

Marszałek dzielił swój czas między Belweder, Generalny Inspektorat i Ministerstwo Spraw Wojskowych. W Generalnym Inspektoracie Marszałek przebywał dość dużo i często, nieraz po kilka dni, a nawet dłużej. Odcinek Belweder — GISZ odbywał zawsze pieszo i bez specjalnej ochrony. Zdarzało się niekiedy, że chodził nawet bez asysty przybocznego adiutanta. Napotykani przechodnie rozpoznawali od razu samotnie idącego Marszałka i wszyscy kłaniali się mu z wielkim szacunkiem.

Gdy Marszałek przebywał i pracował w Generalnym Inspektoracie, wówczas my, czterej oficerowie do zleceń, poza zwykłymi codziennymi zajęciami pełniliśmy na zmianę dyżury przez całą dobę. Adiutanci przyboczni nie pozostawali nigdy w lokalu inspektorackim Marszałka. Gdy Marszałka nie było, klucz do tego lokalu miał u siebie zawsze jeden z nas.

W latach 1928-1929 zaobserwowałem, że Marszałek jest na ogół skłonny do przeziębień i różnego rodzaju gryp, a przy tym miał niezwykle oporny i niechętny stosunek do wszelkich leczeń. W tym okresie Marszałek wyjechał na kilka dni na odpoczynek do Sulejówka. Już trzeciego dnia po jego wyjeździe dostałem stamtąd telefon od adiutanta mjra Buslera, że Marszałek jest chory i że wkrótce przyjadą do Inspektoratu, gdzie miałem oczekiwać na ich przyjazd. Niezadługo wszedł Marszałek w towarzystwie mjra Buslera, który zdążył mnie na boku poinformować, że Marszałek czuje się źle i ma wysoką gorączkę. Zostałem sam z Marszałkiem, który mi powiedział, że czuje się bardzo chory, że położy się do łóżka i poleca mi wezwać przybocznego lekarza płka dra Marcina Woyczyńskiego, przebywającego na urlopie u swej rodziny w Łodzi. Natychmiast połączyłem się telefonicznie z wojskową Komendą Miasta Łodzi, przekazując im polecenie odszukania dra Woyczyńskiego i zawiadomienia go o konieczności natychmiastowego powrotu. Po chwili Marszałek mnie wezwał. Leżał już w łóżku i wyraźnie miał dużą gorączkę. Poprosił mnie o podanie termometru. Gdy ponownie wszedłem do sypialni i zaniepokojony spytałem jaką ma temperaturę, usłyszałem odpowiedź: ,,nie jesteście lekarzem, to po co wam ta wiadomość''. Nalegałem, ale nie chciał mi powiedzieć. Zresztą mimo widocznej gorączki podżartowywał sobie z mojej ciekawości. Dyżurowałem w sąsiednim pokoju, zostawiwszy drzwi uchylone. Gdy usłyszałem ciężki oddech Marszałka i sapanie, wszedłem ponownie i poprosiłem o zgodę na wezwanie innego lekarza, bez czekania na Woyczyńskiego, który miał przybyć dopiero za kilka godzin. Wymieniłem nawet konkretne nazwisko dra Byliny, wiedząc, że kiedyś Marszałka leczył i uchodzi za doskonałego lekarza. Niestety, Marszałek odrzucił moją propozycję i powiedział, że będzie czekał na Woyczyńskiego. Nie mogłem pogodzić się z tym, że przez tyle czasu Marszałek pozostanie bez żadnej pomocy lekarskiej. Nie dałem za wygraną i postanowiłem po pewnym czasie ponownie go przekonać. Wiedziałem, że przy dawniejszych zaziębieniach chętnie zgadzał się na stawianie mu baniek. Zaproponowałem to i teraz. Sądziłem, że to może ,,chwyci'' i w ten sposób Marszałek zgodzi się na jakieś wcześniejsze wezwanie pomocy lekarskiej. Wiedziałem, że kiedyś stawiały Marszałkowi bańki pani Maria Rouppertowa i pani Eugenia Staszewska. Powiedziałem, że gdyby wezwany lekarz zalecił bańki, to mógłbym jedną z tych pań szybko zmobilizować; w każdym razie poprosiłem, by Marszałek pozwolił mi wezwać lekarza, bo godziny płyną i nic się nie czyni. Nic nie wskórałem. Marszałek nie tylko odrzucił moje sugestie, ale wpadł w dobry humor i zrobił mi wykład na temat baniek. ,,Bo widzicie — mówił — są lekarze przeciwnicy baniek i są lekarze zwolennicy tej metody, ale tych ostatnich jest znacznie mniej; dr Woyczyński należy do przeciwników baniek''.

Dzwoniłem jeszcze kilkakrotnie do Łodzi i wreszcie otrzymałem wiadomość, że Woyczyńskiego znaleziono i że jest już w drodze powrotnej do Warszawy. Zaledwie dostałem tę wiadomość, słyszę, że Marszałek mnie wzywa. Wchodzę, a Marszałek mówi: ,,no, to może sprowadźcie doktora Bylinę, skoro Woyczyński tak długo nie wraca''. Teraz już nie widziałem powodu, aby wzywać innego lekarza; niech już Woyczyński rządzi się jak wróci. Zameldowałem więc Marszałkowi, że już lepiej poczekać, bo lada chwila spodziewam się Woyczyńskiego. Rzeczywiście, wkrótce zjawił się Woyczyński. Marszałek, wyraźnie mu rad, zaczął sobie w dobroduszny sposób pokpiwać z niego: ,,To tak się robi, zostawiliście chorego człowieka i pojechaliście sobie na urlop. No, a teraz do roboty. Zmierzycie mi temperaturę, dacie mi lekarstwo i każecie postawić mi bańki''. Oczywiście Woyczyński dobrze znał swojego pacjenta, z którym ponadto był od dawnych lat zaprzyjaźniony; nie przejął się żartobliwymi instrukcjami Marszałka i przeszedł do swych czynności. Zbadał, zmierzył temperaturę, zaaplikował jakieś lekarstwa i naturalnie baniek nie postawił.

Szczęśliwie po kilku już dniach Marszałek wrócił do zdrowia. Ale nie zapomnę jak wtedy byłem zaniepokojony i jak bardzo byłem zatroskany o zdrowie tak nam wszystkim bliskiego i drogiego człowieka. Niestety, dość często i łatwo Marszałek w tych latach zaziębiał się i zawsze przy tym miał temperaturę.

W 1929 roku wydarzyła się dość zabawna sytuacja z listą kandydatów do Wyższej Szkoły Wojennej, którą przedstawił Marszałkowi do zatwierdzenia szef Sztabu Głównego, gen. Tadeusz Piskor. Lista była ułożona w porządku alfabetycznym. Pierwsze dwa nazwiska brzmiały: major Alikow i major Andzaurow. Marszałek w zasadzie był bardzo uczulony na punkcie strzeżenia tajemnicy wojskowej i na penetrację wojska przez obce wywiady. Właśnie w ostatnim czasie została wykryta i zlikwidowana afera szpiegowska mjra Dymkowskiego, który pracował w Sztabie Głównym i był na usługach sowieckiego wywiadu. Marszałek wezwał mnie, pokazał mi listę z dwoma pierwszymi nazwiskami i powiedział: ,,Cóż to za Rosjan mi tu pakują; musicie pojechać do Szefa Sztabu i razem z nim przebadać gruntownie całą listę kandydatów oraz te dwa pierwsze nazwiska, i kto oni są dokładnie mi wyjaśnić''.

Pojechałem do gen. Piskora, który zarządził przyniesienie pełnej ewidencji kandydatów. Zbadaliśmy dokładnie i szczegółowo wszystkie dokumenty. Okazało się, że major Andzaurow, pochodzący spod Lwowa, był żołnierzem I Brygady Legionów, następnie oficerem wojska polskiego o świetnej opinii bojowej, odznaczonym Orderem Virtuti Militari. Ogólna opinia: ,,wybitny''. Major Alikow, oficer artylerii 12 dywizji, cały czas na froncie podczas wojny 1919-20, odznaczył się jako jeden z czołowych bojowych i bohaterskich oficerów 12 dywizji, również kawaler Orderu Virtuti Militari. Jako człowiek i Polak — nieskazitelny. Ogólna opinia: ,,wybitny''. Wszyscy inni na tej liście również nie wzbudzali najmniejszych zastrzeżeń. Kiedy wyniki tych badań przedstawiłem Marszałkowi, śmiał się z tej przypadkowości nazwisk i oczywiście listę zatwierdził.

Pracę miałem interesującą i różnorodną. Marszałek z biegiem czasu zlecał mi coraz częściej rozmaite zadania specjalne. Umożliwiało mi to zapoznawanie się z różnorodną problematyką, jak również pogłębianie mych obserwacji w poznawaniu samego Marszałka, jego sposobu myślenia, ujmowania różnych zagadnień i metod jego pracy. Poznałem bliżej niezwykle rzeczowy i realistyczny stosunek Marszałka do opracowywanych tematów czy przedstawianych mu projektów, zwłaszcza organizacyjnych. Świetnie opracowany projekt oceniał ze strony realności jego wykonania. Sam niezwykle dokładny i gruntowny w pracy, wymagał tego samego od swych współpracowników. Dając jakieś zlecenie do wykonania wydawał krótką ale zawsze jasną instrukcję.

W początku maja 1929 roku zostałem obciążony dwiema dodatkowymi funkcjami. 6 maja zostałem wezwany późnym wieczorem do Inspektoratu. Zameldowałem się i Marszałek powiedział: ,,Ala mi odchodzi z wojska, idzie do rządu. Opróżnione po nim stanowisko musi być szybko obsadzone, to jest dla mnie ważne. Wybrałem was, musicie czasowo objąć po nim funkcję i to niezwłocznie, przejmując wszystkie znajdujące się tam tajne akta i inne materiały, żebym miał z tym spokój. Równocześnie pozostaniecie nadal na dotychczasowym stanowisku oficera do zleceń przy mnie''.

Byłem całkowicie zaskoczony i przez krótki moment nie mogłem się zorientować kto to jest Ala. Sprawa dotyczyła objęcia kierownictwa ,,Samodzielnego Referatu Personalnego'', którego szefem był właśnie Ala, to jest Aleksander Prystor. Ten ,,Samodzielny Referat Personalny'' to był dawny oddział V Biura Ścisłej Rady Wojennej, a po maju 1926 r. wszedł organizacyjnie do Generalnego Inspektoratu i podlegał bezpośrednio Generalnemu Inspektorowi. Prowadził on sprawy obsad wyższych dowództw na wypadek mobilizacji i wojny. Następnego dnia przejąłem od majora Prystora jego funkcje i całe biuro mieszczące się w Belwederze. Pracowało tam pięciu oficerów w stopniach kapitanów, dwóch starszych sierżantów i maszynistka. Zespół był bardzo dobry i pracował należycie. Początkowo większość czasu urzędowałem i pracowałem w Belwederze, gdzie miałem ładny i wygodny gabinet do pracy. Ponadto na zarządzenie Marszałka objąłem w tymże czasie dodatkowo kierownictwo Biura Kapituły Orderu Virtuti Militari, które mieściło się w gmachu Inspektoratu. Sekretarzem Kapituły pozostawałem nadal. Na brak pracy nie mogłem w tych warunkach narzekać. Z Marszałkiem stykałem się rzadziej, zależało to od prac i wytycznych, jakie mi dawał.

W tym czasie zaostrzał się coraz bardziej konflikt Marszałka z Sejmem. Marszałek, zdecydowany zwolennik ustroju demokratycznego, przeciwnik dyktatorskich form rządzenia państwem, ciągle usiłował ułożyć stosunki i współpracę między rządem a Sejmem. On, który już w zaraniu niepodległości jako Naczelnik Państwa powołał do życia własną wolą pierwszy Sejm, teraz walczył z jego dążeniami do wszechwładzy. Pracował nad wzmocnieniem władzy wykonawczej w państwie, gdy Sejm usiłował ją osłabić. Marszałek dążył konsekwentnie do wzmocnienia władzy rządu i podniesienia autorytetu Prezydenta Rzeczypospolitej. Po zamachu majowym nie rozwiązał parlamentu, lecz szukał z nim współpracy i ustalenia zdrowych stosunków między władzą wykonawczą i ustawodawczą. Opozycja sejmowa widząc, że nie spotkały jej żadne represje, zaczęła czuć się coraz pewniejsza, nabrała odwagi i wszczęła coraz ostrzejszą walkę z Piłsudskim. Obalała rządy, wywoływała przesilenia, demonstracyjnie odmawiała udzielania często niezbędnych dla państwa kredytów itp. Obrady Sejmu stawały się widownią gorszących zajść i awantur, nie świadczących o sile ustrojowej młodego państwa. Kiedy jesienią 1928 r. Marszałek ustąpił z funkcji premiera, powiedział wtedy w wywiadzie prasowym, że stanął wobec alternatywy: albo zaniechać zupełnie wszelkiej współpracy z Sejmem i za zgodą Prezydenta Rzeczypospolitej oktrojować nowe prawa w Polsce, albo ustąpić ze stanowiska szefa rządu. Zdecydował się na razie na drugą możliwość, zapowiadając jednak, że przy każdym cięższym kryzysie stanie do dyspozycji Prezydenta jako szef rządu i bez wahania weźmie odpowiedzialność za konieczne decyzje.

31 października 1929 roku doszło do poważnego incydentu. Marszałek jako członek rządu Kazimierza Świtalskiego (Świtalski był chwilowo chory), przyjechał w jego zastępstwie na otwarcie sesji budżetowej Sejmu. Wcześniej rozeszły się wiadomości, że opozycja przygotowuje się do jakiejś awantury wymierzonej przeciwko Piłsudskiemu. Wobec tego w kilkudziesięciu oficerów z garnizonu warszawskiego zebraliśmy się w hallu sejmowym, by oczekiwać i powitać przybywającego do gmachu Sejmu Marszałka. Na wszelki wypadek inna grupa oficerów oczekiwała na ewentualne dyspozycje na terenie wojskowego Szpitala Ujazdowskiego. Gdy Marszałek ukazał się w hallu, utworzyliśmy szpaler i oddaliśmy mu honory. Marszałek w milczeniu przeszedł i udał się do pomieszczeń rządowych.

Po pewnym czasie przyszedł do nas kierownik Kancelarii Sejmowej Pomorski i powołując się na zarządzenie Marszałka Sejmu Ignacego Daszyńskiego, zażądał od nas opuszczenia gmachu Sejmu. Nastąpiła ostra wymiana zdań. Stwierdziliśmy, że żądania jego są bezpodstawne, a przy tym wysunięte w niegrzecznej i niewłaściwej formie, co kategorycznie sobie wypraszamy. Mieliśmy takie same prawo pozostawać w hallu jak inni, mieścił się tu bowiem nawet urząd pocztowy, w którym przygodni przechodnie z ulicy załatwiali różne sprawy. Naturalnie wiadomość o naszej obecności rozeszła się szybko po gmachu sejmowym. Wkrótce dowiedzieliśmy się, że Daszyński nie chciał dokonać otwarcia sesji sejmowej dopóki oficerowie nie opuszczą gmachu Sejmu i że w tej sprawie jakoby toczą się rozmowy między Daszyńskim i Piłsudskim. Nie mogąc doczekać się otwarcia sesji, Marszałek Piłsudski w asyście swego szefa gabinetu pułkownika dyplomowanego Józefa Becka poszedł do pokoju Daszyńskiego z zapytaniem kiedy wreszcie otworzy sesję sejmową. Gdy Daszyński odpowiadał nadal odmownie, Marszałek Piłsudski skierował do niego kilka bardzo ostrych i przykrych słów i odjechał z gmachu sejmowego. Sesja nie została otwarta. Daszyński miał się wyrazić, że nie będzie otwierał sesji pod bagnetami. Prezydent odroczył sesję budżetową Sejmu o miesiąc. Sejm ponownie zebrał się 5 grudnia 1929 roku i uchwalił większością głosów votum nieufności rządowi. Świtalski ustąpił. Na stanowisko premiera został powołany profesor Kazimierz Bartel. W marcu 1930 roku większość sejmowa uchwaliła votum nieufności ministrowi Aleksandrowi Prystorowi. Rząd Bartla podał się do dymisji. Następny rząd utworzył Walery Sławek.

ARCHIWUM LENINA

Pod koniec 1928, względnie na początku 1929 roku, Marszałek zlecił mi zabrać z Oddziału II Sztabu Głównego pozostałości archiwum Lenina z okresu jego pobytu w Poroninie. Marszałek zamierzał zwrócić materiały po Leninie rządowi sowieckiemu. Z poleceniem dostałem następujące wytyczne: materiały mam dokładnie przewertować i posegregować na trzy grupy; jedna dotycząca międzynarodowego ruchu robotniczego; druga związana z ruchami robotniczymi i rewolucyjnymi ściśle rosyjskimi; na trzecią grupę wreszcie miały się składać sprawy dotyczące wszelkich ruchów robotniczych na terenach polskich. ,,Ja im oddam — mówił Marszałek — materiały grupy pierwszej i drugiej. Te z grupy trzeciej dotyczące ruchów robotniczych na ziemiach polskich do nich nie należą i nie będą im przekazane''. Materiały zabrałem do GISZ-u i zapoznałem się z nimi dokładnie, znając wystarczająco dobrze język rosyjski. Było wśród nich około 20-30 różnych książek; nie budziły one żadnych wątpliwości i zakwalifikowałem je do zwrotu. Poza tym było sporo różnorodnej korespondencji, protokoły z partyjnych konferencji, rezolucje, uchwały, notatki itp. Duża część dotyczyła spotkań i narad esdeckich na terenie Szwajcarii. Było trochę korespondencji o charakterze osobistym i trochę w sprawach organizacyjno-partyjnych. Były to tylko listy do Lenina, a nie pisane przez niego. Podpisy były na ogół niewyraźne i trudne do odczytania, ale natknąłem się na korespondencję Radka-Sobelsona i Róży Luksemburg.

Po zakończeniu tej pracy, zreferowałem ją Marszałkowi i załączyłem pisemne zestawienie wszystkich materiałów z podziałem na grupy i z dokładnym omówieniem poszczególnych pozycji.

MARSZAŁEK WYZNACZA MNIE
NA SZEFA SWEGO GABINETU

Gdy w maju 1929 r. obejmowałem funkcję po Prystorze, Marszałek podkreślił, że wyznacza mnie tam tylko czasowo. Rzeczywiście, w jakiś czas później przy okazji pewnej rozmowy Marszałek oświadczył mi, że przewiduje powierzenie płk. Beckowi polityki zagranicznej i że już teraz w dużym stopniu obciąża go tymi zagadnieniami. ,,Na miejsce Becka — mówił Marszałek — przewiduję wyznaczenie was. Dziś jeszcze nie wiem kiedy to nastąpi, ale trzeba byście się już stopniowo na to stanowisko przygotowywali''.

W lipcu 1930 r. zostałem przydzielony do Gabinetu Ministra, bym w każdej chwili mógł szybko przejąć funkcję od Becka, gdy przyjdzie mu odejść. W tym czasie sytuacja polityczna w kraju stawała się bardzo napięta na skutek działalności tzw. Centrolewu, który organizował burzliwe demonstracje i wyraźnie przygotowywał klimat do planowanego zamachu stanu. Obradujący w Krakowie kongres Centrolewu podburzał i zapowiadał obalenie siłą rządu i Prezydenta Rzeczypospolitej, nawoływał do zbrojnych wystąpień. W tych warunkach Marszałek zdecydował się stanąć na czele rządu. 23 sierpnia 1930 roku Walery Sławek z całym rządem podał się do dymisji. Tego samego dnia Prezydent powołał rząd z Marszałkiem Piłsudskim jako premierem. Marszałek zabrał ze sobą do Urzędu Rady Ministrów płka Becka jako swojego najbliższego współpracownika w charakterze wicepremiera. W związku z tym przejąłem niezwłocznie od Becka jego dotychczasowe funkcje. Moja nominacja na szefa gabinetu Ministra podpisana przez Marszałka ukazała się 26 sierpnia 1930 r. Marszałek po objęciu kierownictwa rządu przeniósł się do gmachu Urzędu Rady Ministrów na Krakowskim Przedmieściu. Zapytałem, gdy wkrótce zameldowałem się tam u Marszałka, jak mam zaplanować mój rozkład pracy wobec nawału jego zajęć, zwłaszcza, że miałem już sprawy, które wymagały decyzji, akceptacji i podpisu Marszałka. ,,Moje dziecko — powiedział mi Marszałek — ja się was nie krępuję, więc zawsze możecie do mnie przyjść wieczorem, gdy nawet nieco roznegliżowany będę odpoczywał''. Kiedy po kilku dniach zameldowałem się ponownie z wieloma bieżącymi sprawami z ministerstwa, zastałem Marszałka wypoczywającego w głębokim fotelu, bez munduru, w rozpiętej koszuli. Były wtedy bardzo męczące upalne dni. Marszałek narzekał przy mnie, że go bardzo męczą te upały.

29 sierpnia nastąpiło rozwiązanie obu izb parlamentu. Nowe wybory wyznaczono na listopad 1930 r. Na podstawie decyzji Marszałka kilkunastu byłych posłów, głównie spośród najbardziej zaangażowanych w podburzaniu i przygotowywaniu zamachu stanu, zostało w pierwszej połowie września aresztowanych i osadzonych w twierdzy brzeskiej. Posunięcie to było ogromnym zaskoczeniem dla członków opozycji i wywołało w ich szeregach olbrzymi wstrząs i oburzenie. Sądzili oni, że nawet po rozwiązaniu izb będzie ich chroniła ,,nietykalność'' poselska.

W Brześciu uwięziono zaledwie kilkanaście osób. Miało to być również ostrzeżenie, tylko że w znacznie ostrzejszej formie. Przełożonym nad tymi więźniami został wyznaczony pułkownik Kostek-Biernacki, zasłużony dawny działacz pepeesowski, później legionista i oficer żandarmerii I Brygady Legionów. Był on raczej niepopularny i nielubiany zarówno w Legionach, jak i później w wojsku polskim.

Moja praca na nowym stanowisku była bardzo interesująca; obejmowała szeroki i różnorodny wachlarz problemów. Jak w każdym ministerstwie były sprawy ważkie, bardziej zasadnicze, wymagające decyzji ministra oraz masa spraw drugorzędnych i sprawy bieżące. Pozycja Marszałka jako ministra Spraw Wojskowych była naprawdę wyjątkowa. Marszałek był zbyt obciążony najważniejszymi sprawami państwa i wojska, by mógł się zajmować codziennymi sprawami resortu ministerialnego. Tak więc organizacja pracy na górnych szczeblach ministerstwa różniła się nieco od innych resortów rządowych. Dwaj wiceministrowie kierowali specjalistycznymi działami ministerstwa na podstawie wytycznych i instrukcji Marszałka-ministra, korzystając w swej pracy z bardzo dużego marginesu samodzielności. Tych swoich pomocników Marszałek bardziej obciążał pracą i odpowiedzialnością niż to się działo w innych resortach. W związku z tym i mój zakres pracy był znacznie większy, samodzielniejszy i bardziej odpowiedzialny niż by to miało miejsce w zwykłych, przeciętnych warunkach ministerialnej organizacji pracy. Przy ustalonej organizacji i technice pracy kontakt wiceministrów z Marszałkiem był rzadszy i miał miejsce jedynie wówczas gdy zachodziła potrzeba. Zazwyczaj wiceministrowie meldowali się osobiście na wezwanie Marszałka, stałym zaś łącznikiem i pośrednikiem między wiceministrami i Marszałkiem byłem ja. Referowałem większość ich prac, które wymagały akceptacji względnie podpisu Marszałka. Dotyczyło to zwłaszcza różnych zasadniczych zarządzeń przesyłanych mi przez wiceministrów, a wymagających opublikowania w urzędowym ,,Dzienniku Rozkazów Wojskowych'', którego byłem redaktorem naczelnym. Weryfikowałem nadsyłane materiały i po zreferowaniu ich Marszałkowi otrzymywałem jego aprobatę i parafę, po czym dawałem ,,Dziennik'' do druku.

W pracy podlegał mi bezpośrednio wydział ogólny z referatami: prasowym i reprezentacyjnym, wydział prawny z referatem sejmowym, redakcja ,,Dziennika Rozkazów Wojskowych'' i redakcja ,,Rozkazu

Dziennego" Ministerstwa Spraw Wojskowych, a także Kancelaria Ogólna. Ponadto podlegały mi, jako szefowi gabinetu ministra, Kwatera Główna Ministerstwa Spraw Wojskowych i Wojskowe Biuro Wyznań Niekatolickich. Ogromnym obciążeniem były liczne dekrety, projekty ustaw, uchwały i zarządzenia Rady Ministrów. Ich bardzo duży procent wymagał podpisu Marszałka jako resortowego ministra. Normalnie nie było ich zbyt wiele jednocześnie, ale bywało, że szły jakby lawinami. Zdarzało się kilkakrotnie, że otrzymywałem ich nawet kilkadziesiąt i wszystkie wymagały podpisu Marszałka. Nasilenie pracy miało miejsce zwłaszcza w latach 1930-1933, gdy zachodziła między innymi konieczność nowelizowania starych i nieaktualnych już przepisów prawnych. Marszałek nigdy niczego nie zaakceptował i nie podpisał zanim właściwy urzędnik nie zreferował mu sprawy. Miałem z tym nieraz moc pracy. Musiałem gruntownie się przygotować do takiego referowania, a więc przede wszystkim dokładnie przestudiować odpowiednią ustawę czy dekret, a gdy natykałem się na wątpliwe sprawy, które w moim mniemaniu mogły spotkać się ze sprzeciwem Marszałka, wyjaśniałem je we właściwych ministerstwach i zbierałem potrzebne mi dodatkowe informacje. Moją myślą przewodnią było, by z jednej strony jak najdokładniej przedstawić Marszałkowi sens i celowość danego dekretu czy rozporządzenia, z drugiej zaś, by i tak przepracowanemu Marszałkowi oszczędzić czasu i sił i nie zaprzątać jego uwagi często mało istotnymi sprawami, które jednak z urzędu wymagały jego formalnego podpisu. Marszałek słusznie czynił pracując z dobranymi przez siebie współpracownikami, których obdarzał pełnym zaufaniem; inaczej być nie mogło. Wiedziałem i ja, że cieszę się pełnym zaufaniem Marszałka i nie pozwoliłem sobie nigdy tego zaufania nadużyć.

Były sprawy, które referowałem dłużej; były inne, których sens przedstawiałem w kilku słowach; były i takie, o których meldowałem mówiąc jedynie jakiego zagadnienia dotyczą, by bez potrzeby nie zajmować Marszałkowi czasu. W pracy przy Marszałku było nie do pomyślenia, by coś przed nim ukryć czy przemycić. Marszałek darzył swych bezpośrednich współpracowników zaufaniem, ale musieli oni odznaczać się sumiennością i pełną rzetelnością. Wtedy tylko mogli mieć kredyt zaufania i pełną swobodę w załatwianiu szeregu spraw we własnym zakresie.

Pamiętam, że w 1932 roku Marszałek spędzał letni urlop w Pikieliszkach pod Wilnem. Nazbierało mi się dużo spraw bieżących ministerstwa i obfity materiał do ,,Dziennika Rozkazów Wojskowych'', a ponadto około 60 dekretów, rozporządzeń rządowych itp., na których ukazaniu się i wprowadzeniu w życie bardzo rządowi zależało. Pojechałem z tym wszystkim, by zmącić Marszałkowi wypoczynek, ale nie było innej rady. Gdy zameldowałem się, Marszałek zdecydował, że będzie pracował ze mną na powietrzu. Był piękny upalny dzień. Poszliśmy do ulubionej przez Marszałka altanki nad brzegiem małego jeziorka. Był tam stół, na którym mogłem rozłożyć przywiezione papierzyska. Referowałem możliwie najzwięźlej, ale i to zajęło masę czasu. Marszałek nie był zaskoczony tą powodzią dekretów, bo uprzedziłem go już o tym. Nie spieszył się, robił nawet małe przerwy na odpoczynek. Ponieważ było wyjątkowo dużo dokumentów do podpisania, więc pod koniec Marszałek narzekał, że już go ręka boli od tego pisania.

Pikieliszki były tzw. osadą żołnierską. Marszałek otrzymał ją na podstawie ustawy o osadnictwie wojskowym. Znany był powszechnie ogromny sentyment Marszałka Piłsudskiego do Wilna i Wileńszczyzny, Pikieliszki były więc bliskie sercu Marszałka. Spędzał tam nieraz z rodziną urlopy letnie. Była to niewielka osada, bardzo skromna, nawet trochę zapuszczona, ale miała swój urok. Dom mieszkalny był nieduży; robił na mnie wrażenie tzw. ,,zaścianka''. Stał w niewielkim ogrodzie, też nieco zapuszczonym. Doprowadzenie wszystkiego do należytego stanu wymagałoby większych inwestycji. Ogród sięgał brzegów małego, ale bardzo przyjemnego jeziorka, porośniętego częściowo gęstym sitowiem z siedliskiem dzikich kaczek. Marszałek bardzo lubił ten zakątek ogrodu nad jeziorkiem i chętnie tam przesiadywał. W przerwach w pracy opowiadał mi, że nieraz obserwuje dzikie kaczki i ich zwyczaje, gdy wypływają z sitowia na otwartą przestrzeń wody, prowadząc za sobą gromadkę małych kaczuszek. Mówił mi z rodzajem dumy, że gospodarze z wioski na przeciwległym brzegu, wiedząc o przychylnym nastawieniu Marszałka do tego ptactwa, szanują kaczki, nigdy do nich nie strzelają i nie płoszą.

Tegoż lata, 18 sierpnia zmarła Michalina Mościcka, żona Prezydenta Rzeczypospolitej. Z domem Mościckich łączyły Marszałka jeszcze z dawnych lat bliskie i przyjazne stosunki. Marszałek przerwał swój wypoczynek w Pikieliszkach, by wziąć udział w ceremonii pogrzebu zmarłej żony Prezydenta. 20 sierpnia Marszałek przyjechał do Warszawy. Na Dworcu Wileńskim oczekiwali i witali Marszałka premier rządu Aleksander Prystor, minister Komunikacji inż. Alfons Kühn, minister Spraw Wewnętrznych Bronisław Pieracki, dyrektor Tadeusz Schaetzel, gen. F. Sławoj-Składkowski, gen. J. Gąsiorowski, płk Wartha i ja. Marszałek, po przywitaniu się ze wszystkimi, odjechał bez żadnej eskorty odkrytym samochodem do Belwederu. Jadąc z tyłu, w drugim wozie z moim oficerem ordynansowym, rtm. Kryńskim, obserwowałem, że spieszący do pracy we wczesnych godzinach rannych mieszkańcy Warszawy nie zwrócili nawet uwagi na przejeżdżającego Marszałka.

Uroczystości żałobne rozpoczęło nabożeństwo w Katedrze św. Jana. Już przed godziną 10 Katedra wypełniła się. Były tam reprezentacje różnych organizacji społecznych, rząd w komplecie, a także wiele osób wojskowych. Rozeszła się już wiadomość, że Marszałek powrócił do Warszawy i przybędzie do Katedry; gdy Marszałek wszedł bocznymi drzwiami do kościoła, wszystkie spojrzenia skierowały się na niego. Marszałek szedł krokiem energicznym, w mundurze bez płaszcza, z ręką na szabli, a za nim adiutant przyboczny. Wyglądał dobrze i zdrowo. Po wyniesieniu trumny i przejściu Prezydenta Marszałek opuścił kościół i odjechał do gmachu Generalnego Inspektoratu. Ponieważ miałem wiele pilnych spraw czekających na decyzję i aprobatę Marszałka, zameldowałem się przy odjeździe z pytaniem kiedy mogę zostać przyjęty. Marszałek wyznaczył mi spotkanie następnego dnia, w niedzielę, w Inspektoracie o godzinie 9.30 wieczorem. Gdy zjawiłem się nazajutrz o wyznaczonej godzinie, Marszałek siedział w rozpiętej koszuli bardzo zmęczony wyjątkowym tego dnia upałem i powitał mnie takimi oto słowami: ,,A niech was diabli wezmą; wracam do Pikieliszek, to odpocznę jeszcze od was trochę''.

Pomimo niezbyt zachęcającego powitania udało mi się jakoś załatwić wszystkie sprawy. Sprawy referowałem jednak blisko dwie godziny, więc w końcu Marszałek był zmęczony. Wyraził jednak zadowolenie, że wreszcie uporządkował ze mną wszystkie zagadnienia. Już następnego dnia Marszałek odjechał do Wilna i Pikieliszek.

W pierwszym roku mojej nowej funkcji bardzo często kontaktowałem się i współpracowałem z I wiceministrem i zarazem szefem Administracji Armii, gen. Danielem Konarzewskim. Był to stary, zasłużony żołnierz jeszcze z dawnej armii rosyjskiej. W czasie wojny 1919-1920 dowodził na froncie 14 Dywizją Wielkopolską. Z polecenia Marszałka towarzyszyłem mu zawsze na posiedzeniach wojskowej komisji sejmowej, w której obradach brał on udział w zastępstwie Marszałka-ministra. W miarę potrzeby zabierał ze sobą różnych fachowców budżetowych czy z innych działów administracji. Moim zadaniem było służyć mu pomocą w sprawach ogólnych i polityczno-wojskowych, gdyby na komisji był w podobnych kwestiach interpelowany. Gen. Konarzewski radził sobie doskonale na tych posiedzeniach. Marszałek bardzo cenił i lubił gen. Konarzewskiego, darząc go pełnym zaufaniem. W pewien czas później gen. Konarzewski został przeniesiony do Generalnego Inspektoratu na stanowisko inspektora armii.

Współpracę z gen. Konarzewskim wspominam niezwykle mile. Był rzeczowy, dostępny, uprzejmy; słowem, *gentleman* w każdym calu. Wspominam go zawsze z wielkim szacunkiem i sympatią. Również dobrze ułożyła mi się współpraca z II wiceministrem, gen. Kazimierzem Fabrycym, któremu podlegały departamenty broni, uzupełnień, sprawy organizacji i wyszkolenia wojska. W pierwszej wojnie światowej odznaczył się jako świetny żołnierz i dowódca. Był wybitnie inteligentny i bardzo zdolny. Później, gdy sprawy po gen. Konarzewskim objął gen. Sławoj-Składkowski, gen. Fabrycy został przesunięty na I wiceministra, a w jakiś czas potem mianowany inspektorem armii.

W poprzednich latach przyjęło się, że w czasie sesji budżetowej sejmu, posłowie-członkowie komisji wojskowych obchodzili różne biura ministerialne i indagowali oficerów na różnych kierowniczych szczeblach na interesujące ich tematy budżetowe. Obecnie Marszałek przeciwstawił się tej praktyce i zakazał udzielania jakichkolwiek informacji przy tego rodzaju rozmowach. Zgadzał się na udzielanie przez wojsko wyczerpujących informacji podczas obrad komisji wojskowej oraz honorował wizyty przewodniczącego komisji w ministerstwie, ale ustalił, że odbywać się one mogą na szczeblu ministra, a nie w poszczególnych biurach. Pamiętam fakt, gdy ówczesny przewodniczący komisji, poseł Seweryn Czetwertyński zawiadomił mnie, iż pragnie przyjść do ministerstwa, by wyjaśnić pewne pozycje budżetowe. Marszałek wyraził na to zgodę. Zarządził, że nie ma mowy o żadnych spacerach po biurach. Wszyscy potrzebni kierownicy właściwych oddziałów mieli zebrać się w sali konferencyjnej ministerstwa pod przewodnictwem pierwszego wiceministra, do którego poseł Czetwertyński będzie kierował pytania i na polecenie którego mają udzielać fachowych informacji i wyjaśnień. Przy stole konferencyjnym zasiadło około 20 oficerów. Po przybyciu posła Czetwertyńskiego, gen. Konarzewski (któremu asystowałem) powitał go kurtuazyjnie, zapraszając do sali konferencyjnej, aby zajął miejsce obok niego. Z rozkazu Marszałka brałem udział w tej konferencji z zadaniem czuwania, by nowo ustalony porządek był ściśle przestrzegany. Cały przebieg konferencji był jak najbardziej udany i odbył się bez jakichkolwiek zgrzytów i zadrażnień.

Czetwertyński, człowiek dobrze wychowany, taktowny i zrównoważony, mimo przynależności do stronnictwa endecji był raczej daleki od demagogii i zacietrzewienia swych partyjnych kolegów, toteż w kilka lat później, po śmierci Marszałka, nie zdziwiło mnie, gdy wśród tych, którzy zebrali się przy jego trumnie by oddać hołd wielkiemu Polakowi, dostrzegłem także księcia Seweryna Czetwertyńskiego.

Przed objęciem stanowiska w naszym ministerstwie przez gen. Sławoj-Składkowskiego nie znałem go bliżej. Teraz, gdy przyszło mi z nim współpracować i kontaktować się bardzo często, rzuciła mi się w oczy przede wszystkim olbrzymia dynamika w pracy i niespożyta energia tego człowieka. Szybko zorientował się w swym dziale pracy. Szybki w podejmowaniu decyzji, liczył się jednak ze zdaniem swych współpracowników, respektował ich fachowe kwalifikacje. Jako przełożony był lojalny, sprawiedliwy, bezpośredni i bardzo ludzki; cieszył się też dużą sympatią. Zwolennik sprawnego działania, niekiedy postępował trochę pochopnie. Pełen wrodzonego humoru, dowcipny, radził sobie świetnie w wystąpieniach przed wojskową komisją sejmową. Swym podejściem i specyficznym sposobem bycia rozbrajał często nawet opozycyjne środowiska sejmowe. Moja współpraca i kontakty z gen. Sławoj-Składkowskim ułożyły się bardzo dobrze.

Podobnie jak i w innych resortach także i w wojsku obowiązywało wiele przepisów ustawowych przestarzałych, nieaktualnych. Wymagały one zmian, a co najmniej nowelizacji i poprawek. 4 sierpnia 1931 roku Marszałek wezwał na odprawę w tych sprawach gen. Fabrycego, gen. Sławoj-Składkowskiego i mnie. Omawiając sprawy ustawodawstwa wojskowego Marszałek oświadczył, że w ciągu ubiegłych lat namnożyło się różnych ustaw i przepisów, z których wiele jest już nieaktualnych i że trzeba wreszcie zrobić z tym porządek, bo nie sposób tak pracować. Po krótkiej dyskusji Marszałek zarządził dokładne przejrzenie starego ustawodawstwa wojskowego i polecił uaktualnić je przez wprowadzenie poprawek. Na wykonanie tej pracy dał wiceministrom jeden miesiąc. ,,W końcu sierpnia — zakończył Marszałek — Sokołowski zamelduje mi te sprawy do mojego podpisu''.

MARSZAŁEK PIŁSUDSKI SPĘDZA URLOP NA MADERZE

Marszałek zastosował się wreszcie do rad i wskazówek lekarskich i zdecydował wyjechać w grudniu 1930 na dłuższy wypoczynek na Maderę. Towarzyszyli mu między innymi płk dr Marcin Woyczyński i adiutant kpt. Mieczysław Lepecki, znany podróżnik i pisarz. Przed wyjazdem Marszałek polecił mi przygotować do podpisu zarządzenie dotyczące spraw, których nie pozwala ruszać w czasie swojej nieobecności. Zarządzenie dotyczyło obu wiceministrów, szefa Sztabu Głównego i szefa Biura Personalnego ministerstwa. Zgodnie z instrukcją i wytycznymi Marszałka przygotowałem zarządzenie złożone z kilku punktów. Główne z nich brzmiały: ,,żadnych zmian personalnych w wojsku, żadnych zmian w umundurowaniu wojska, żadnych zmian organizacyjnych''; było też kilka punktów o mniej zasadniczym znaczeniu. Marszałek podpisał je i polecił przesłanie do wiceministrów, szefa Sztabu Głównego i szefa Biura Personalnego. Ponadto otrzymałem rozkaz przedłożenia tego zarządzenia do wiadomości Prezydenta Rzeczypospolitej. Wszystkie nazwiska odbiorców umieściłem w rozdzielniku zarządzenia. Ja osobiście otrzymałem rozkaz, bym w czasie nieobecności Marszałka nie korzystał z żadnego urlopu i nie oddalał się z Warszawy, miałem bowiem ,,czuwać i pilnować'' ścisłego przestrzegania wydanego zarządzenia. Na ogół wszystko przebiegało w porządku. W jednej tylko sprawie miałem trochę kłopotów i przykrości. Była to sprawa związana z umundurowaniem wojska. Od dłuższego już czasu w pewnych środowiskach wojskowych pojawiły się tendencje wprowadzania dodatkowych mundurów, jak mundur wyjściowy, a nawet galowy. W biurach I wiceministra były opracowywane projekty takich mundurów. Marszałek był jednak przeciwny zmianom i nie dawał zgody. Wszelkie ważniejsze rozporządzenia o charakterze jawnym musiały być publikowane w urzędowym ,,Dzienniku Rozkazów Rządowych''. Podczas nieobecności Marszałka, taką zgodę uzyskiwałem od I wiceministra zastępującego ministra, a więc gen. Fabrycego. I nagle otrzymałem do ogłoszenia projekt dotyczący ,,niektórych'' zmian w umundurowaniu wojska podpisany przez I wiceministra gen. Fabrycego. Projekt ten zatrzymałem i nie włączyłem do skompletowanego i przygotowanego już ,,Dziennika'', o czym natychmiast zameldowałem generałowi. Fabrycy okazał duże niezadowolenie i usiłował mnie przekonać, że nie stoi to w sprzeczności z pozostawionymi instrukcjami Marszałka, bo w zarządzeniu o umundurowaniu jest tylko „częściowa" zmiana. Oczywiście nie mogłem się zgodzić z taką argumentacją; były wyraźne rozkazy Marszałka, a ja odpowiadałem za dopilnowanie ich przestrzegania. Gen. Fabrycy musiał w końcu ustąpić i więcej nie nalegał, ale spowodowało to pewien nieprzyjemny zgrzyt w mojej dotychczasowej z nim współpracy. Nie trwało to jednak długo, gdyż gen. Fabrycy był człowiekiem mądrym i okazał zrozumienie dla mojego nieustępliwego stanowiska. Moje stosunki z generałem ponownie ułożyły się dobrze.

Po dłuższym pobycie na Maderze, Marszałek powrócił do Polski 29 marca 1931 r. Na molo w Gdyni powitała go żona, Aleksandra Piłsudska, wraz z córkami Wandą i Jadwigą, premier Walery Sławek, oraz grupa wyższych wojskowych. Marszałek wyglądał dobrze i robił wrażenie rzeczywiście wypoczętego. Był w doskonałym humorze, opowiadał o podróży morzem, którą zniósł bardzo dobrze, nie chorując. Po dłuższej rozmowie z zebranymi na molo Marszałek wraz z rodziną odjechał pociągiem do Warszawy.

LIKWIDACJA FRANCUSKIEJ MISJI WOJSKOWEJ

Wojskowa Misja Francuska, która przebywała w Polsce już ponad 10 lat i spełniła właściwie swoje zadanie, stała się zbędna, niepotrzebnie tylko obciążając nasz skromny budżet wojskowy. Członkowie Misji żyli w Polsce luksusowo. Rezydencja szefa Misji, mieszkania całego personelu, uposażenia itp., wszystko to obciążało skarb państwa. Uposażenie szefa Misji było znacznie wyższe od uposażenia Marszałka. Misja nie miała już nic do roboty, a jej istnienie uniemożliwiało właściwie normalne stosunki między sztabami generalnymi. Brakowało należytej więzi i stałej łączności. Francja utrzymywała co prawda swego attaché wojskowego w stopniu pułkownika, ale raczej *pro forma*. Był to figurant bez żadnych poważnych kwalifikacji, przyjemny i miły człowiek o doskonałych manierach i bardzo przeciętnej inteligencji. Nie mieszał się do niczego, by nie wchodzić ,,w paradę'' misji i jej szefowi, gen. Victorowi Denain. Polska związana była z Francją konwencją wojskową i dążyła stale do pogłębienia i ożywienia wzajemnych stosunków, stąd zachodziła konieczność utrzymywania ciągłego kontaktu i dobrej łączności między sztabami. Funkcje te mogła spełniać ustawiona właściwie i na odpowiednim poziomie misja wojskowa. Już od wielu lat sztab polski utrzymywał w Paryżu odpowiednio rozbudowany i reprezentujący wysoki poziom ataszat wojskowy. W takiej sytuacji Marszałek zdecydował doprowadzić do likwidacji Francuskiej Misji Wojskowej i zmusić Francję do umieszczenia przy Sztabie Głównym w Polsce łącznika, a więc należycie funkcjonującego attaché wojskowego o odpowiednio wysokich kwalifikacjach, kompetencjach i pełnomocnictwach. Zadaniem likwidacji Misji Marszałek obciążył mnie. Dostałem od niego instrukcje i wytyczne i przystąpiłem do rozmów z szefem Misji gen. Denain. Poinformowałem go o decyzji Marszałka w formie jak najbardziej kurtuazyjnej. Oświadczyłem, że doceniamy w pełni dotychczasowy wkład członków Misji, ale nie widzimy już potrzeby, by prosić ich o dalszą pracę i pozostawanie w Polsce. Poinformowałem go również, że Marszałek dąży do zacieśnienia współpracy między sztabem polskim i francuskim i pragnie widzieć w Polsce właściwie dla tych celów rozbudowany francuski ataszat wojskowy. Gen. Denain nie zrobił wrażenia zaskoczonego. Niewątpliwie zdawał sobie sprawę, że wygodne, a nawet luksusowe życie na koszt ubogiej Polski prędzej czy później musi się przecież skończyć. Już przy pierwszej konferencji oświadczyłem generałowi, że zdajemy sobie sprawę, iż dla niektórych członków Misji będzie to może zbyt raptowna zmiana w ich życiu, pragniemy więc likwidację Misji przeprowadzić etapami w kilku kolejnych redukcjach personelu i odpowiednio każdorazowo zmniejszać jej preliminarz budżetowy. Zadanie miałem niełatwe; odbyłem liczne konferencje z gen. Denain, który okazał się partnerem trudnym i uciążliwym. Spostrzegłem, że nie wchodzą w grę obiekcje natury polityczno-wojskowej czy prestiżowej lub względy moralno-etyczne. Był trzeźwym ,,handlowcem'' i walczył ze mną o każdą sumę pieniędzy. Ta pozbawiona skrupułów handlowa postawa gen. Denain zmusiła mnie do bardziej twardej taktyki. Zacząłem szybciej niż planowałem początkowo obcinać budżet Misji, który wypłacany był w dotacjach miesięcznych. Na mój wniosek zażądał tego szef Administracji Armii. Taktyka ta poskutkowała i dalsze rozmowy potoczyły się łatwiej. W Misji gen. Denain dysponował etatami kilku stanowisk podoficerskich, na których zatrudniał swych osobistych służących i lokaja, o czym dobrze wiedział Oddział II Sztabu Głównego. Gdy gen. Denain zacięcie bronił skreślenia tych etatów podoficerskich, zdecydowałem się ,,wygarnąć'' mu co o tym wiemy. Nieco speszony przestał się wreszcie upierać. Była to praca niewdzięczna i nieprzyjemna; pozostał mi po niej duży niesmak. Przyczynił się do tego gen. Denain swą handlową i pozbawioną poczucia etyki postawą. Oczywiście o przebiegu likwidacji w meldunkach informowałem Marszałka. Misja została ostatecznie zlikwidowana, a do Warszawy przyjechał nowo mianowany francuski attaché wojskowy gen. d'Arbonneau (w październiku 1931 r.). Wkrótce spotkała mnie miła niespodzianka i duża satysfakcja, zostałem bowiem odznaczony przez Francję Orderem Oficerskim Legii Honorowej.

TRAGICZNA ŚMIERĆ PUŁKOWNIKA DŁUŻNIAKIEWICZA

W październiku 1932 roku utonął w Sanie pułkownik Dłużniakiewicz. Gdy po tym tragicznym wypadku spotkałem się z Marszałkiem, polecił mi przygotować serdeczny list do wdowy po Dłużniakiewiczu. Gdy zameldowałem się później z gotowym listem, Marszałek podpisał go i opowiedział co przydarzyło się mu w związku ze śmiercią płka Dłużniakiewicza, a co dosłownie zanotowałem i tutaj przytaczam. ,,Wiecie, co mi się wydarzyło w nocy poprzedzającej wypadek z Dłużniakiewiczem? Spałem w Belwederze, położyłem się bardzo późno i długo nie mogłem zasnąć, przewracając się z boku na bok. Wtem słyszę jakieś stuki, hałasy, jakby ktoś chodził i poruszał krzesła. Hałasy były tak duże, że wstałem, przeszedłem przez pokój, ale nikogo nie było. Otworzyłem drzwi do pokoju sąsiedniego, gdzie spały moje dziewczynki, czy tam ktoś nie chodzi, ale nie, jest cisza, dziewczynki śpią. Na dworze już dnieje, więc położyłem się z powrotem, stuki jednak po chwili ponowiły się. Wreszcie zasnąłem. Gdy rano się przebudziłem i rozmyślałem o tym niepokojeniu mnie w nocy powiedziałem sobie, że to jest jakaś niedobra wróżba i że napewno coś złego spotka kogoś z bliskich mi osób. I wiecie, ot potem dowiaduję się o śmierci Dłużniakiewicza''.

Płk Dłużniakiewicz był jednym z bardzo zasłużonych uczestników walk o niepodległość Polski. Należał swego czasu do bliskiego grona współpracowników Marszałka, który znał go dobrze, wysoko cenił i lubił. List od Marszałka przesłałem do p. Dłużniakiewiczowej przez specjalnego oficera z Gabinetu Ministra. Po pewnym czasie p. Dłużniakiewiczowa przyjechała do Warszawy i złożyła na moje ręce list do Marszałka z podziękowaniem za wyrazy współczucia. Powtórzyłem jej opowiadanie Marszałka o niespokojnej nocy i złych przeczuciach, jakie wiązały się z tragiczną śmiercią płka Dłużniakiewicza.

INCYDENT Z BISKUPEM STANISŁAWEM GALLEM
ZMIANA NA STANOWISKU BISKUPA POLOWEGO

W dniu 4 sierpnia 1931 roku zmarł po dłuższej chorobie Sławomir Czerwiński, minister Wyznań Religijnych i Oświecenia Publicznego. Minister Czerwiński był wyznania kalwińskiego. Był na leczeniu w klinice pod troskliwą opieką sióstr zakonnych i przed śmiercią przeszedł na wiarę katolicką. Tak więc uroczystości pogrzebowe odbyły się w obrządku katolickim. Rozpoczęło je uroczyste nabożeństwo żałobne w kościele św. Krzyża w Warszawie. Nabożeństwo celebrował ksiądz biskup Stanisław Gall, który był biskupem polowym Wojska Polskiego i równocześnie sufraganem warszawskim. Po nabożeństwie uformował się kondukt pogrzebowy. Obecni byli Prezydent Rzeczypospolitej, rząd oraz Marszałek Piłsudski. Biskup Gall pozostał w drzwiach kościoła i nie dołączył do konduktu; szli tylko zwykli księża. Władze państwowe uznały ten postępek nie tylko za demonstrację i nietakt, ale i za impertynencję wobec Głowy Państwa. Ponieważ ks. Gall jako biskup polowy wojska był członkiem Sił Zbrojnych, Marszałek zażądał, by przeprosił on Prezydenta. Bp Gall odmówił, na co Marszałek zażądał jego ustąpienia ze stanowiska biskupa polowego W.P. Bp Gall nie chciał zrezygnować z dotychczasowego stanowiska w wojsku, a Watykan, w osobie nuncjusza papieskiego w Warszawie, podtrzymał go w oporze. W tej sytuacji konflikt niezwykle się zaostrzył. O przyczynach demonstracji ks. Galla krążyła wersja, że zachował się tak dlatego, iż zmarły nie będąc katolikiem sprawował urząd ministra Wyznań Religijnych i Oświecenia Publicznego i dopiero w ostatniej chwili przed śmiercią przeszedł na katolicyzm. Akcję w stosunku do ks. Galla prowadzono na odcinku Ministerstwa Spraw Zagranicznych, gdzie min. Beck interweniował na drodze dyplomatycznej oraz na odcinku wojskowym, gdzie z kolei ja byłem wykonawcą zleceń i instrukcji Marszałka w tej sprawie. Bp Gall mieszkał przy Kościele Garnizonowym przy ulicy Długiej. Kilkakrotnie tam jeździłem i żądałem w imieniu Marszałka, by dobrowolnie zrezygnował ze swego urzędu w wojsku i nie stwarzał dalszych trudności swoją osobą. Wyjaśniłem ponadto, że Marszałek w praktyce już go nie uznaje na tym stanowisku, dalsze więc jego funkcjonowanie w służbie wojskowej staje się niemożliwe i wojsko nigdzie nie będzie go honorować. Ponieważ bp Gall złożył właśnie ostatnio podanie służbowe do ministra Spraw Wojskowych o udzielenie urlopu, zakomunikowałem mu, że zgodnie z przepisami obowiązującymi w wojsku urlopy są udzielane podwładnym przez przełożonych. Na skutek postępowania księdza biskupa Marszałek nie uznaje go już jako urzędującego w wojsku i nie uważa go za podwładnego, więc podania o urlop nie będzie w ogóle rozpatrywał. Mimo że rozmowy z konieczności były przykre i nieprzyjemne, konferowaliśmy z całym spokojem i taktem. Starałem się przekonać bpa Galla, że jego podanie się do dymisji jest w zaistniałych warunkach koniecznością i jedynym honorowym wyjściem z obecnej nienormalnej sytuacji. Żadne moje perswazje nie odniosły skutku; bp Gall był uparty, nieustępliwy i do dymisji podać się nie chciał. Gdy zameldowałem Marszałkowi o przebiegu moich rozmów z ks. Gallem, Marszałek powiedział: ,,No, to zastosujemy z konieczności skuteczną szykanę''. Otrzymałem polecenie wstrzymania wypłaty uposażenia dla całej Kurii Polowej i dla bpa Galla, a w razie interwencji, miałem nie podawać wyjaśnień. Po prostu, powiedział Marszałek, nie dać gaży. Tak też i ściśle wykonałem. Głównemu płatnikowi ministerstwa wydałem zlecenie zatrzymania najbliższej wypłaty z instrukcją nie wdawania się w żadne rozmowy i tłumaczenia. Przez kilka dni urywały się telefony z Kurii Biskupiej do mojej adiutantury. Uchyliłem się od wszelkich rozmów; byłem nieobecny. Kanclerz Kurii ks. Jachimowski prosił telefonicznie mego adiutanta, bym go przyjął na rozmowę. Poleciłem powiedzieć, że jestem bardzo zajęty i go nie przyjmę. Wstrzymanie uposażenia okazało się istotnie skuteczne. Byłem cały czas w telefonicznej łączności z min. Beckiem, który ze swej strony prowadził rozmowy z nuncjuszem papieskim. Wkrótce po wstrzymaniu uposażenia otrzymałem telefoniczną informację od min. Becka, że właśnie otrzymał od nuncjusza zgodę na odwołanie z wojska ks. bpa Galla, mogę więc już wstrzymać stosowanie dalszych kroków i nacisków. Natychmiast zarządziłem wypłatę dla całej Kurii i dla ks. bpa Galla. Wszystko więc skończyło się na sprawach pieniężnych, nuncjusz bowiem uwarunkował zgodę Watykanu od wypłaty ks. Gallowi pełnej emerytury wojskowej, chociaż wiedział, że bp Gall nie wysłużył jeszcze w myśl obowiązujących u nas przepisów prawnych pełnej emerytury i przysługuje mu tylko emerytura częściowa, obliczona na podstawie wysłużonych lat. Marszałek, nie chcąc przedłużać konfliktu, zgodził się na przyjęcie tego warunku i zlecił mi dopilnowanie w Departamencie Intendentury, by emerytura ks. Galla była w pełnym wymiarze, aby przyjęty warunek był dotrzymany. Zaistniały przy wykonaniu trudności prawne, bo trzeba było sprawę ,,naciągać''. Był to chyba jedyny wypadek w naszym wojsku przyznania emerytury niezgodnie z obowiązującym prawem. Ks. bp Gall opuścił służbę wojskową wyniesiony przez Watykan do godności arcybiskupa.

Pozostała jeszcze do załatwienia sprawa następstwa, czyli nominacja nowego biskupa polowego. W związku z tym nuncjusz Francesco Marmaggi złożył wizytę u Marszałka w dniu 16 grudnia 1932. Na krótko przed tą wizytą stawiłem się w Belwederze na polecenie Marszałka. Gdy nuncjusz przyjechał, asystowałem Marszałkowi przy powitaniu, po czym Marszałek przedstawił mnie nuncjuszowi jako swego szefa gabinetu. Po krótkiej rozmowie Marszałek polecił mi zaczekać w adiutanturze i rozpoczął z nuncjuszem konferencję bez świadków. Konferencja trwała około czterdziestu minut. Po odjeździe nuncjusza Marszałek zawezwał mnie i powiedział, że powtórzy mi możliwie dokładnie cały przebieg rozmowy, gdyż chce, abym był w pełni zorientowany w toku tych spraw, którymi nadal mam się zajmować. Wypowiedź Marszałka ściśle wtedy zanotowałem. Przytaczam tu jej treść:

,,Nuncjuszowi zakomunikowałem, że mając w swym ręku funkcję dowódcy całego wojska, a w tym i duchowieństwa wojskowego, muszę robić także i kwalifikacje. Kwalifikacja moja w stosunku do biskupa Galla wypadła dla niego *in minus* nigdy *in plus*. On był nierobem. Był on *buveur et mangeur*. Pełen intryg i świństw. Zrobił impertynencję Prezydentowi Rzeczypospolitej. Nie mogłem go ani chwili trzymać w wojsku. Lepiej zabić niż w wojsku trzymać w sprzeczności z honorem. Nie mogłem znosić, że tak długo się wlecze sprawa Galla. W wojsku są sędziowie honorowi po to, by wyrzucać z wojska jednostki niehonorowe, ja tam nawet nie mogę wpływać. Gdyby ktoś taki niehonorowy został, to można pluć na niego, nawet obić kijem i kary na to nie ma. Funkcje Galla obecnie po zdecydowaniu jego dymisji nie mogą być przez niego pełnione, to jest by został jeszcze na funkcji do formalnego zwolnienia i mianowania następcy, jak to się w innych wypadkach praktykuje. Nuncjusz mi na to odrzekł, że papież na takie stawianie sprawy nie mógłby się zgodzić. Na to mu zakomunikowałem, że wobec tego, iż Gall jest w warunkach wojskowych *déshonoré* inaczej być nie może. Gdy mnie nuncjusz zapytał o mojego kandydata na następcę biskupa polowego, powiedziałem mu, że nie chcę mnożyć męczenników w rodzaju Bandurskiego, toteż kandydata nie stawiam. Proszę wysunąć kandydatury, a ja się do nich ustosunkuję. Wysuwanego przez nuncjusza kandydata księdza Żemełko przyjmuję do zbadania i to z tym, że będę go studiował bez sympatii dla niego, z góry o tym uprzedzam. Nuncjusz mnie prosił, bym nie robił tego zastrzeżenia. Zostawiłem sobie termin trzech tygodni''.

Na tym zakończyła się rozmowa Marszałka z nuncjuszem. Po upływie trzech tygodni Marszałek odrzucił kandydaturę ks. Żemełki. Marszałek chętnie widziałby i zaaprobował kandydaturę ks. Mauersbergera, który był znany i popularny jeszcze z okresu przed I wojną światową, szczególnie wśród młodzieży jako prefekt w polskich szkołach i działacz harcerski, a w niepodległej Polsce był kapelanem Szkoły Podchorążych w Warszawie. Patriota o wielkim sercu, kochający młodzież i odrodzone wojsko polskie, cieszył się w społeczeństwie i w wojsku dużą sympatią. Niestety, nie był forytowany przez hierarchię kościelną. Marszałek zastosował taktykę odrzucania kolejno wszystkich kandydatów, póki nie wpłynie kandydatura ks. Mauersbergera. Nuncjusz i episkopat polski na wszelki wypadek poczynili w Watykanie odpowiednie kroki, aby go utrącić. Po pewnym czasie stało się widoczne, że kandydatura ks. Mauersbergera nie ma szans, a nominacja nowego biskupa polowego zbyt przeciągała się w czasie. Wówczas wypłynęła kandydatura proboszcza w Królewskiej Hucie, księdza prałata Józefa Gawliny. Zatwierdziły ją najwyższe czynniki państwowe. Z polecenia Marszałka pojechałem do Królewskiej Huty, by poznać ks. Gawlinę i zakomunikować mu o zgodzie Prezydenta Rzeczypospolitej, Marszałka Piłsudskiego i rządu na jego nominację. 4 lutego 1933 przybyłem na probostwo w Królewskiej Hucie, ale ks. Gawliny nie zastałem, a z pewnych względów nie chciałem go uprzednio powiadamiać o mojej wizycie. Na plebanii zastałem dwóch młodych i sympatycznych księży przy butelce koniaku i wesołej radiowej muzyce. Poinformowali mnie, że ks. Gawlina przebywa na wypoczynku w Ustroniu. Młodych księży naturalnie bardzo zainteresował mój przyjazd i radzi byliby dowiedzieć się o celu mojej wizyty. Ciekawości ich jednak nie zaspokoiłem. Na plebanii uzyskałem rozmowę telefoniczną z ks. Gawliną i umówiłem się z nim, że tego jeszcze dnia przybędę do Ustronia. Wróciłem do Katowic, skąd samochodem wojewódzkim pojechałem do Ustronia odległego mniej więcej o 100 kilometrów od Katowic. Ks. Gawlina już mnie oczekiwał i od razu rozpoczęliśmy konferencję. Gdy go poinformowałem o celu mojej misji wydawał się być bardzo przejęty i wzruszony. W imieniu Marszałka zaprosiłem go do Warszawy, gdzie zostanie przez niego przyjęty. Uzgodniliśmy, że przyjedzie 7 lutego i zaraz po przyjeździe do mnie zatelefonuje. Po konferencji zostałem zaproszony na kolację, którą przygotowały i podawały siostry zakonne, one bowiem prowadziły dom, w którym zamieszkał ks. Gawlina. W czasie kolacji prowadziliśmy rozmowę na różne tematy, co dało mi okazję poznać bliżej ks. Gawlinę. Zrobił na mnie wrażenie prawego, porządnego i dobrego człowieka z otwartą głową, chociaż o dość przeciętnej inteligencji. Był oczywiście bardzo uprzejmy i gościnny. O Marszałku wyrażał się z wielkim sentymentem i szacunkiem.

Około godziny jedenastej wieczorem pożegnałem go i odjechałem do Katowic, skąd nocnym pociągiem powróciłem do Warszawy. Rano 7 lutego ks. Gawlina powiadomił mnie telefonicznie o swym przyjeździe do Warszawy i oświadczył, że jest do dyspozycji. Zatrzymał się w domu księży Salezjanów przy ulicy Litewskiej. Przed godziną czwartą po południu pojechałem po niego moim służbowym samochodem i udaliśmy się do gmachu Inspektoratu. Po przywitaniu z Marszałkiem zajęliśmy miejsca przy dużym stole z rozłożonymi mapami, naprzeciwko Marszałka. Marszałek rozpoczął rozmowę w następujący sposób:

,,Ponieważ nie wyraziłem zastrzeżeń do osoby księdza, więc ksiądz przyjdzie do wojska na biskupa polowego. Zawezwałem księdza, by mu teraz już ustalić pewne pouczenia jako minister Spraw Wojskowych. Będę księdza prowadził na liście generałów brygady. Duchowieństwo wojskowe należy do działu specjalnego w wojsku i pozostaje pod władzą ministra Spraw Wojskowych. Ksiądz podlegać będzie mnie. Technicznie sprawy duchowieństwa wojskowego są u mnie ześrodkowane u mego szefa gabinetu. Z pułkownikiem Sokołowskim więc ksiądz wszystkie sprawy załatwiać będzie. Podwładnym ksiądz zostaje mnie jako ministrowi Spraw Wojskowych, ale z pułkownikiem Sokołowskim ksiądz będzie pracował. Oczywiście, jak się w czym nie pogodzicie, to ja będę was rozsądzał. Podkreśliłem, że ksiądz pracuje u mnie, ale technicznie z moim szefem gabinetu, a to dlatego, by ksiądz nie trafiał tam, gdzie niczego nie zgubił i po kątach mi nie chodził. Duchowieństwo w wojsku jest podzielone na dekanaty związane z granicami wojskowymi okręgów korpusów, dalej na probostwa i parafie wojskowe. Czeka księdza duża robota, bo w tym dziale wojska mam duży bezład i nieporządek nie mający sobie równego w innej części wojska. To się wiąże z poprzednikiem księdza. Muszę też księdzu jako następcy parę słów i moją opinię powiedzieć o poprzedniku księdza. Nazywam go świnią i to plugawą. Księdza Galla mogło to spotkać, że każdy oficer miałby prawo go bić po pysku i ja nie mógłbym wobec takiego faktu wyciągnąć konsekwencji, taki czyn byłby bezkarny. Toteż przy obejmowaniu funkcji od niego nie radzę księdzu słuchać jego rad i wskazówek, z mojej bowiem strony musiałbym z góry je postponować. Wizyty służbowe ksiądz złoży po sakrze, już jako biskup polowy. Będzie ksiądz u mnie razem z mym szefem gabinetu, pułkownikiem Sokołowskim. Poza tym będzie ksiądz sam u mych dwóch pomocników, generałów-wiceministrów, pierwszego i drugiego. To wszystko; inne wizyty, to już księdza prywatne a nie służbowe''.

Po tym wstępie Marszałek zapytał kiedy i gdzie odbędzie się sakra biskupia. Po odpowiedzi ks. Gawliny, że w Warszawie i że konsekratorem ma być kardynał Kakowski, metropolita warszawski, Marszałek oświadczył ks. Gawlinie, co przytaczam w dosłownym brzmieniu poniżej:

,,No, na Warszawę nie mógłbym się zgodzić, to złe miejsce. Ja myślałem, że sakra będzie w Rzymie. Mógłbym się zgodzić na przykład na Łuck, na Warszawę nie. Nie dlatego, by zrobić jakąś przykrość księdzu Kakowskiemu, ale widzi ksiądz, w Warszawie ja bym nie dał honorów wojskowych księdzu na sakrze. No, chyba żebym dopilnować miał gwarancje, iż nie będzie księdza Galla, ale to musiałbym mieć zapewnione. I wy (tu zwrócił się Marszałek do mnie) musielibyście mi tego dopilnować, bym nie był oszukany, bo w wyższym duchowieństwie umieją oszukać tak, jak to tylko potrafią kobiety''.

Po tej reakcji Marszałka ks. Gawlina zapewnił, że będzie to załatwiał według życzenia Marszałka. Marszałek wstał, dając znak, że wizyta jest skończona. Przez chwilę przyglądał się bacznie ks. Gawlinie i powiedział: ,,dobrze jeszcze księdza nie obejrzałem, niech się ksiądz mi pokaże jak wygląda''. Ks. Gawlina stanął wyprostowany po wojskowemu, ale jakby nieco zakłopotany. Marszałek powiedział z humorem i w tonie życzliwym: ,,ale ksiądz jest młody, gdybym chciał księdza wysłać na emeryturę na podstawie wieku, to bym jeszcze nie mógł''. Odprowadziłem ks. Gawlinę do samochodu i poleciłem mojemu kierowcy, aby odwiózł księdza pod wskazany przez niego adres i wrócił po mnie. Gdy wróciłem, Marszałek wydał mi polecenie, bym przebieg całej wizyty i rozmowę z ks. Gawliną powtórzył Prezydentowi Rzeczypospolitej oraz premierowi rządu. Z obowiązku służbowego zwróciłem uwagę Marszałka na obowiązujący nadal dekret Naczelnego Wodza z 1922 r. według którego biskupowi polowemu przysługuje w zasadzie przyrównanie do stopnia generała dywizji. Marszałek wysłuchał mego wyjaśnienia i odpowiedział mi, że ,,to nic, ja go zaszereguję do generałów brygady''. Przed moim odejściem Marszałek wręczył mi plik papierów oraz jedną depeszę i polecił mi tegoż jeszcze wieczoru doręczyć osobiście do rąk wiceministra spraw zagranicznych Szembeka, zastępującego nieobecnego min. Becka. Mam przy tym powiedzieć Szembekowi, że ja tych papierów nie czytałem. Marszałek polecił mi ponadto zakomunikować premierowi Prystorowi, że obecnie i w najbliższym czasie byłoby pożądane wstrzymać wszelkie administracyjno-rządowe zarządzenia, które mogłyby prowadzić do zadrażnień ze stroną niemiecką. Sprawy u premiera załatwiłem już następnego dnia wcześnie rano. Przez Prezydenta Rzeczypospolitej zostałem przyjęty po kilku dniach, gdy powrócił do Warszawy ze Spały. Powtórzyłem Prezydentowi dokładnie przebieg wizyty i całą rozmowę Marszałka z ks. Gawliną.

W tychże dniach miałem z ks. Gawliną jeszcze jedną konferencję. Powiedział mi na wstępie, że jest jeszcze pod dużym wrażeniem rozmowy z Marszałkiem. Oświadczył mi, że istotnie było planowane, że jednym ze współkonsekratorów będzie bp Gall, ale naturalnie on jeszcze dzisiaj będzie u nuncjusza i to się wszystko zmieni. Po kilku dniach zawiadomił mnie, że sakra odbędzie się w jego parafialnym kościele w Królewskiej Hucie w dniu 19 marca i konsekratorem będzie ks. kard. Hlond. O tym wszystkim zameldowałem Marszałkowi, który na to mi powiedział: ,,No, nie jest to najlepsze miejsce, ale niech tam''. Marszałek wyraził zgodę na udzielenie honorów wojskowych oraz udzielił szeregu instrukcji. Na głównego reprezentanta wojska i zarazem przedstawiciela Marszałka został wyznaczony gen. Kazimierz Sosnkowski, mający przydzielonego mu dodatkowo spośród inspektorów armii gen. Leona Berbeckiego. Marszałek powiedział do mnie: ,,Daję dwóch generałów inspektorów armii, ponadto jednego generała z Ministerstwa Spraw Wojskowych, Kasprzyckiego, poza tym dowódcę Okręgu Krakowskiego generała Łuczyńskiego, dowódcę 23 dywizji z Katowic generała Zająca i dowódcę 21 dywizji generała Przezdzieckiego''. Otrzymałem polecenie powiadomienia tych generałów o zarządzeniach Marszałka a także instrukcje i wytyczne dotyczące delegacji oficerskiej wojska oraz asysty oddziału honorowego z miejscowego 75 pułku piechoty. Miałem to wszystko zorganizować. Byłem wręcz zdziwiony, że Marszałek o wszystkim pamięta. Na zakończenie powiedział mi jeszcze, że muszę teraz załatwić także prezenty dla nowego biskupa polowego. ,,Co? To sobie pomyślcie, ale prezenty dać trzeba, wiem że nawet beczkę wina tradycyjnie się daje w takim wypadku'' — zakończył Marszałek.

4 marca 1933 roku pojechałem ponownie do Królewskiej Huty, by omówić z ks. Gawliną różne szczegóły związane z uroczystością. Przy tej okazji byłem u gen. Zająca i u płka Klaczyńskiego, dowódcy 75 pp i omawiałem z nimi ich udział w uroczystościach sakry ks. Gawliny. Prezenty miałem już zamówione: złoty krzyż biskupi z Matką Boską Ostrobramską wykonał znany zakład grawerski Gontarczyka; beczka wina węgierskiego także już została zamówiona. Były jeszcze inne prezenty, od Ministerstwa Spraw Wojskowych i od Sztabu Głównego.

Zreferowałem generałowi Sosnkowskiemu całość spraw związanych z udziałem wojska podczas sakry ks. Gawliny. Byłem także u gen. Berbeckiego, który w ostatniej chwili wymówił się chorobą od tej misji i na sakrę nie pojechał. Nagromadziło mi się sporo spraw, więc 17 marca zameldowałem się u Marszałka, którego na wstępie poinformowałem o sprawach związanych z sakrą ks. Gawliny. Marszałek przyjął moje informacje do wiadomości i nie wyraził żadnych zastrzeżeń co do mego wykonawstwa. Zreferowałem następnie szereg ustaw i rozporządzeń rządowych przygotowanych do podpisu, a także materiały do kolejnego wydania ,,Dziennika Rozkazów Ministerstwa Spraw Wojskowych'' i ,,Rozkazu Dziennego Ministra Spraw Wojskowych''. Marszałek zaakceptował i parafował wszystkie dokumenty z wyjątkiem jednego. Sprawa, którą Marszałek odrzucił, dotyczyła projektu zarządzenia z działu I wiceministra a mianowicie zakazu orkiestrom wojskowym koncertowania w uzdrowiskach, aby nie stwarzać konkurencji związkom muzyków. Marszałek powiedział, że byłby to zakaz niesłuszny i dodał: ,,niech sobie grają''. Projekt tego zakazu polecił mi skreślić i powiadomić o tym I wiceministra. Na zakończenie mojego referatu wręczyłem Marszałkowi, nadesłany na moje ręce, pięknie oprawiony i dedykowany Marszałkowi ,,Marsz'' skomponowany przez por. Waltera, kapelmistrza 31 Pułku Strzelców Kaniowskich. Marszałek oglądając ten ,,Marsz'' śmiał się i przy tej okazji opowiedział mi jak uczył się muzyki w dziecinnych latach:

,,Wiecie, patrzę na te zygzaki i hieroglify niezrozumiałe i śmiać mi się chce z tych łamańców. A przypominam sobie lata dziecinne, gdy ojciec mój, który był nadzwyczaj muzykalny i muzykę lubił, nuty czytał z nieprawdopodobną łatwością. Pamiętam, zawsze podziwiałem, jak mój ojciec mógł z zupełną swobodą grać w ciemnym pokoju z pamięci. Zawsze się dziwiłem, jak on mógł trafiać w klawisze nie widząc ich. Chciał on koniecznie, bym i ja nauczył się gry na fortepianie. Zacząłem więc naukę. Uczyła mnie kobieta, zresztą miła i lubiłem ją; ona też mnie lubiła. Dawałem się lubić, byłem pieszczotliwy i dawałem się pieścić, ale płatałem jej przy tym takie figle i sztuki, że nie mogła sobie ze mną poradzić. Byłem nieznośny i żadną miarą nie chciałem się przyłożyć do tej nauki. Skończyło się wreszcie tak, że wytłumaczyła ona mej matce, że z tej nauki nic nie będzie, należałoby więc jej zaniechać. Wtedy matka moja uzyskała zgodę ojca, bym przestał uczyć się muzyki. Tak oto skończyłem moją edukację z tymi hieroglifami i zygzakami. Starszy mój brat, Bronisław, nauczył się i grać umiał''.

Zapytałem Marszałka, czy pomimo tak niefortunnych wspomnień związanych z nauką muzyki mogę w imieniu Marszałka podziękować pisemnie por. Walterowi za ten dedykowany Marszałkowi ,,Marsz''. Otrzymałem na to pełną zgodę.

W związku ze swymi imieninami, 19 marca 1933 roku Marszałek wyjechał do Wilna. Tegoż dnia wyjechałem wraz z gen. Sosnkowskim, gen. Kasprzyckim, gen. Łuczyńskim i kilkunastoma delegatami korpusu oficerskiego nocnym pociągiem specjalnym do Katowic i Królewskiej Huty na uroczystości sakry ks. Gawliny. Dnia 19 marca o godzinie 10.30 przyjechaliśmy do kościoła św. Barbary w Królewskiej Hucie. Tłumy ludzi, duchowieństwa, m.in. biskupi Adamski i Tymieniecki. Ks. Gawlina wychodzi z plebanii, wita się z nami, po czym włącza się do procesji, która wychodzi na spotkanie kard. Hlonda. Bierzemy również udział w tej procesji z gen. Sosnkowskim na czele. Kardynał idzie pod baldachimem okryty dużym purpurowym płaszczem obszytym białym gronostajem. Tren płaszcza, długości kilku metrów, niesiony jest przez kilku ludzi. Biją dzwony, grają orkiestry górnicze. Przed kościołem stoi honorowy batalion 75 pułku piechoty. Uroczystości w kościele trwały około półtorej godziny. Po sakrze ks. bp Gawlina wyszedł przed kościół i tu przed frontem batalionu wojska gen. Sosnkowski zwraca się do bpa Gawliny w następujących słowach: ,,Ekscelencjo! Z polecenia Pana Marszałka Polski witam Cię w imieniu Wojska Polskiego jako biskupa polowego i Pasterza i zapewniając o gorących uczuciach proszę o błogosławieństwo dla wojska''. Bp Gawlina w towarzystwie gen. Sosnkowskiego przechodzi przed frontem oddziałów wojskowych, prezentujących broń i błogosławi je. Po tych uroczystościach udaliśmy się na plebanię na przygotowane proszone śniadanie. Na zakończenie gen. Sosnkowski uroczyście wręczył bp. Gawlinie złoty krzyż biskupi z wizerunkiem Matki Boskiej Ostrobramskiej jako dar od wojska. Bp Gawlina podziękował i zawiesił krzyż na piersiach.

Odjechałem razem z gen. Sosnkowskim do pociągu, by w wygodnej salonce trochę odpocząć. Wieczorem, o godzinie 19 byliśmy na oficjalnym obiedzie, wydanym przez bpa Adamskiego w jego pałacu. Było około dwudziestu osób, wśród nich kard. Hlond, kilku biskupów, wojewoda śląski Michał Grażyński, pięciu generałów i ja. W czasie obiadu zabrał głos bp Gawlina i skierował pierwsze słowa do Watykanu, deklarując się jako wierny syn Stolicy Apostolskiej. Następne słowa poświęcił Polsce i Prezydentowi Rzeczypospolitej, zapewniając także o swym oddaniu i wierności. Potem mówił dłużej o Marszałku Piłsudskim, wyrażając się o nim jako twórcy i organizatorze Wojska Polskiego i zapewniając, że jest dumny z tego że będzie pracował u boku Marszałka. Wojewoda Grażyński w swym przemówieniu żegnał bpa Gawlinę w imieniu Ziemi Śląskiej. Grażyński, który reprezentował państwo, wygłosił mowę nacechowaną godnością. Potem przemawiał gen. Sosnkowski, a po nim jako ostatni, kard. Hlond. Zwracając się do bpa Gawliny apelował o jak najlepszą współpracę ze wszystkimi biskupami. Wszyscy oni będą jego sąsiadami, gdyż jest on szczególnym biskupem, którego diecezja nie ma granic i którego owoce pracy będą obserwowali inni biskupi na swoich parafiach i odwrotnie, on będzie obserwował rezultaty ich działalności.

Nocą powróciliśmy do Warszawy dokąd Marszałek przybył z Wilna 22 marca. Oczekiwałem wraz z innymi na dworcu przyjazdu Marszałka. Już na dworcu poprosił na rozmowę min. Becka, który świeżo wrócił z obrad genewskich. Marszałek niestety wrócił z Wilna z ciężką grypą i wysoką temperaturą. Był z tego powodu bardzo rozdrażniony. Choroba ciągnęła się długo i podczas jej trwania bywały dni gdy nie chciał się nawet na noc rozbierać. Ponad dwa tygodnie nie załatwiałem u Marszałka żadnych spraw.

Otrzymałem wezwanie do stawienia się u Marszałka wraz z bp. Gawliną 11 kwietnia. O godzinie 12 byliśmy w gmachu Inspektoratu. Marszałek był w dobrym nastroju, ale po przebytej grypie wyglądał jeszcze niezbyt dobrze.

,,Bardzo mi przyjemnie powitać księdza biskupa na służbie'' powiedział Marszałek. Gdy zasiedliśmy przy stole konferencyjnym, Marszałek zagaił rozmowę o sprawach duchowieństwa, ale raczej ogólnie. ,,Trzeba iść twardo, że podatki idą na wojsko i trzeba baczyć, by ich nie zmarnować; wydawać trzeba mało i na to, co wojsko i dla wojska pracuje, a więc i w duchowieństwie przy wydatkowaniu mieć to na uwadze''.

W końcu Marszałek jeszcze raz podkreślił, że wszystkie sprawy duchowieństwa koncentrują się u jego szefa gabinetu i że ja mam być niejako tą pierwszą instancją, z którą biskup ma wszystko załatwiać. Na zakończenie Marszałek zażądał, abyśmy mu przygotowali obaj wnioski organizacyjno-personalne w sprawie duchowieństwa wojskowego, dając nam na to termin dwóch dni do 14 kwietnia. Biskup przyjął do wiadomości to zarządzenie, ale był zaskoczony tak krótkim terminem. Ja oczywiście zdawałem sobie sprawę z przyczyn narzucenia przez Marszałka nowemu biskupowi polowemu tak ostrego tempa pracy: chodziło o to, by bp Gawlina zabrał się szybko do roboty i nie miał czasu na zasięganie różnych niepożądanych rad w kołach wyższego duchowieństwa warszawskiego.

Początkowo przygotowanie tych wniosków przez samego biskupa Gawlinę szło niezbyt łatwo, tak jakby się nieco ociągał. Ponieważ w moim biurze miałem już dobrze opracowany materiał, więc z konieczności przygotowałem we własnym zakresie jedynie najważniejsze wnioski, aby je przedstawić ks. Gawlinie do uzgodnienia. Był on tym trochę zaskoczony. Wyjaśniłem, że ponieważ nie znajduje on jeszcze należytej pomocy w starej i niezbyt lojalnej kurii, więc pomyślałem, że mogę mu pomóc. Przystąpiliśmy więc do rozpatrywania poszczególnych wniosków. Dotyczyły one szeregu zwolnień kapelanów wojskowych i powołanie na ich miejsce nowych. Wnioski obejmowały również niektóre konieczne zmiany personalne w Polowej Kurii Biskupiej. Większość wniosków ostatecznie uzgodniliśmy i bp Gawlina podpisał je jako wnioskodawca. Na propozycję ks. Gawliny niektóre z przygotowanych przeze mnie wniosków odłożyliśmy na termin późniejszy. Najciężej i najoporniej było przeforsować zwolnienie ze stanowiska kanclerza Kurii ks. Jachimowskiego i mianowanie na jego miejsce ks. Mauersbergera. Tu ustąpić nie mogłem. Ks. Gawlinę nic nie wiązało z ks. Jachimowskim. Nie wątpiłem, że tym posunięciem może narazić się wyższym władzom kościelnym. Ks. Jachimowski, zaufany bpa Galla, był przez całe lata głównym sprawcą nielojalnego stosunku Kurii wobec najwyższych czynników wojskowych i państwowych, którym był niechętny a nawet wrogi. W końcu po długim oporze bp Gawlina ustąpił i złożył swe podpisy zarówno pod wnioskiem o zwolnienie ks. Jachimowskiego, jak i o nominacji ks. Mauersbergera. Wszystkie te wnioski przedstawiłem Marszałkowi, który bez zastrzeżeń je zatwierdził i podpisał.

Przekazałem je niezwłocznie do wykonania szefowi Biura Personalnego Ministerstwa Spraw Wojskowych. Na podstawie mego dokładnego opracowania osobowego składu rzymsko-katolickiego duszpasterstwa wojskowego musiałem niestety stwierdzić, że znaczna część kapelanów wojskowych, pozbawiona należytej opieki i kierownictwa za rządów bpa Galla pozostawiała wiele do życzenia pod względem moralno-etycznym; kapelani nie byli budującym przykładem dla wojska. Bp Gall właściwie duszparterstwem wojskowym się nie zajmował, albo prawie nie zajmował; wszystkim ,,kręcił'' ks. Jachimowski. Skład osobowy kapelanów rzeczywiście wymagał zmiany i dopływu księży młodszych, wartościowych i ideowych. Później duże zasługi w pracy dla odnowy duszpasterstwa wojskowego położył niewątpliwie kanclerz Kurii ks. Mauersberger, z czasem podniesiony do godności wikariusza generalnego w Kurii Biskupiej. Ten gorący patriota i entuzjasta miłujący wojsko, człowiek o ogromnej energii, odznaczający się dużą inteligencją i wysoką kulturą nie szczędził maksimum wysiłków dla dobra Polski i wojska. Kiedyś, przed laty, opowiadał mi o swej pracy na stanowisku kapelana Szkoły Podchorążych, której dowódcą był wtedy płk Paszkiewicz. Zdecydował się wówczas na opuszczenie Szkoły Podchorążych i wystąpienie z wojska, gdyż nie mógł współpracować z płk. Paszkiewiczem. Powiedział mi wtedy tak: ,, Bo wie Pan, Paszkiewicz to kozak, to człowiek o kulturze wschodniej i to nie za wysokiej, a ja jestem wychowany na kulturze zachodniej, to ja z nim pracować nie mogłem.''

ODPRAWA U MARSZAŁKA W SPRAWIE NASTĘPCY
PO ŚMIERCI MINISTRA IGNACEGO BOERNERA.

13 kwietnia 1933 roku zostałem wezwany przez Marszałka wraz z gen. Fabrycym, I wiceministrem i ppłk. inż. Emilem Kalińskim na odprawę do Belwederu. Marszałek przyjął nas w narożnym saloniku, zwanym pokojem Księżnej Łowickiej i powiedział:

,,Wezwałem Panów w związku ze śmiercią ministra Boernera. Był on jednym z naszych najserdeczniejszych przyjaciół. Gdy myślę o tym, płakać się chce, tak ciężką jest ta strata, cięższą tym więcej, że trzeba ją wytrzymać. Był on pułkownikiem wojska polskiego i z wojska był dany na Poczty i Telegrafy. Nie myślałem, że ciężka sytuacja z jego chorobą tak prędki koniec weźmie. Przyszło to tak nagle, że coś okropnego. Przechodzę teraz do następstwa po nim. Nie mogę zająć innego stanowiska jak to, że pułkownik Kaliński musi pójść na jego miejsce. Był jego pomocnikiem i automatycznie mi to wychodzi. Choć nie jest dostatecznie wypróbowany, musi pójść na to miejsce. Czy będzie z Pana dobry minister, nie wiem, ciężar okropny. Musi Pan stać się ministrem, niech to diabli wezmą. Boerner był nachał i majster niepospolity. Czy Pana tam wytrzymają to kwestia. Jest to moja jedyna kandydatura w zastąpieniu Boernera. Przed Panem stoi kwestia służby wojskowej, bo jest Pan podpułkownikiem w czynnej służbie. Być podpułkownikiem w służbie czynnej a zarazem ministrem, to punkt słaby. Musi to Pan wytrzymać tak jak ja wytrzymuję wiele. Czy da się ułożyć stosunek oficera służby czynnej ze stanowiskiem ministra, który jest kierownikiem przedsiębiorstwa? Ułożyć się da, ale tu właśnie będą ataki na Pana. Pułkownikiem my rozporządzamy, bo tu jest wojsko i obowiązuje rozkaz, a minister nie zawsze wszystko tak może. Ale to pewien czas tak musi iść. Pan musi pamiętać, że idąc na to stanowisko jest Pan oficerem służby czynnej, co formalnie się nie daje godzić. Pociągnąć to jednak w czasie, to już wygrana. Musi Pan to wytrzymać, trzeba wziąć za mordę i koniec. Musimy mieć z tym wolnych 4 do 5 tygodni. Potem można i przeprowadzić zwolnienie z czynnej służby i stworzyć inaczej zależność wojskową, taką jaka była z Boernerem''.

Po tym wstępie Marszałek zwrócił się do gen. Fabrycego i do mnie, byśmy poparli ppłka Kalińskiego i pomagali mu w jego pracy, by mógł on wykonać otrzymany rozkaz, i by łatwiej stawił czoła wszelkim trudnościom i atakom.

Ppłk Kaliński podziękował Marszałkowi za zaufanie i zadeklarował, że dołoży wszelkich wysiłków, by zadaniu podołać. Na zakończenie Marszałek dał mi odpowiednie polecenia oraz instrukcje. Mam więc pojechać do premiera Prystora i załatwić z nim nominację ppłka Kalińskiego na ministra Poczt i Telegrafów, z tym, że Marszałek żądał by już następnego dnia, tj. 14 kwietnia Kaliński objął urzędowanie. Miałem polecenie stawienia się również w tej sprawie u Prezydenta Rzeczpospolitej.Bez zwłoki pojechałem do Prezydium Rady Ministrów i przedstawiłem premierowi całość sprawy i żądanie Marszałka. Położyłem szczególny nacisk na konieczność szybkiego objęcia urzędowania przez Kalińskiego, już następnego dnia, co jak już podkreśliłem, jest warunkiem Marszałka. Prystor był tym wszystkim bardzo zaskoczony i nie ukrywał swej irytacji, i usiłował tę irytację wyładować na mnie. Rozmowa stała się trochę nieprzyjemna. Prystor początkowo się opierał, wysunął szereg zastrzeżeń przede wszystkim natury formalno-prawnej, a poza tym protestował wobec tak krótkiego terminu. Wobec wyraźnych instrukcji Marszałka ponowiłem żądanie już bardzo twardo. Ponieważ Prystor nadal upierał się przy swoich zastrzeżeniach, dodałem, że jestem upoważniony do oświadczenia, iż Marszałek absolutnie od swych żądań nie odstąpi, a więc nie mogą być wysuwane żadne przeszkody formalno-prawne; ewentualne ich pokonanie Marszałek pozostawił już premierowi. Premier nie chciał przeciągać struny i zakomunikował mi zgodę na wszystko i oświadczył, że następnego dnia, tj. w piątek rano o godz. 9.00 osobiście wprowadzi ppłka Kalińskiego na urząd i dokona wprowadzenia w formie — jak się wyraził — ,,ustnej'', a dekretowo załatwi sprawę do soboty. Powiedział mi, że przecież musi rozejrzeć się w ustawach, uprzedzić Prezydenta i wykonać inne jeszcze niezbędne poczynania. Ta trudna dość rozmowa trwała ponad godzinę. Bezpośrednio od premiera wróciłem do Belwederu i zdałem Marszałkowi sprawozdanie z przebiegu mej rozmowy z premierem, które Marszałek przyjął. Jednak po krótkim namyśle polecił mi ponownie pojechać do premiera i ponowić warunek, by do soboty w południe wszystko było definitywnie załatwione i włącznie z dekretem, w przeciwnym bowiem razie, nakazuje oświadczyć, że natychmiast wyjdzie z rządu Prystora. Jest to właśnie groźba, którą miałem operować w rozmowie. Ponadto, gdy dowiedział się z mojej relacji, że premier między innymi powiedział, iż musi mieć trochę czasu na uprzedzenie o wszystkim Prezydenta, Marszałek polecił, bym nie czekając na powrót Prezydenta do Warszawy, pojechał do Spały i niezależnie od premiera z ramienia Marszałka przedstawił osobiście Prezydentowi sprawę Kalińskiego. Marszałek polecił mi przy tym poinformowanie premiera o moim wyjeździe do Spały. Natychmiast udałem się ponownie do premiera by przeprowadzić z nim rozmowę zgodnie z instrukcją Marszałka. Prystor był bardzo zdenerwowany, ale zapewnił mnie, że zastosuje się całkowicie do żądań Marszałka. Wobec tego pojechałem do ppłka Kalińskiego, by poinformować go o toku załatwienia jego sprawy oraz uprzedzić, by oczekiwał następnego dnia rano w gmachu swego ministerstwa na przyjazd premiera, który wprowadzi go oficjalnie na urząd ministra.

14 kwietnia, po uprzednim telegraficznym porozumieniu się z adiutanturą w Spale, dostałem odpowiedź, że mogę już jechać i że Prezydent przyjmie mnie zaraz po przyjeździe. Byłem w Spale około godz. 13. Prezydent zaprosił mnie najpierw na wspólne śniadanie, do którego zasiadło około 12 osób. Śniadanie upłynęło w bardzo miłej atmosferze, którą stwarzał prof. Mościcki, zawsze uprzejmy i odznaczający się wielką osobistą kulturą. Po śniadaniu Prezydent zabrał mnie do swego gabinetu pracy, gdzie zreferowałem mu całość sprawy związanej z kandydaturą Kalińskiego na ministra Poczt i Telegrafów. Prezydent wysłuchał mnie i odpowiedział jednym słowem ,,zgoda''. Po chwili dodał: ,,Jeśli Marszałek stawia to jako święte, jutro, to jest w sobotę, jeszcze przed pogrzebem Boernera zrobię zaprzysiężenie Kalińskiego''. Na tym zakończyła się rozmowa służbowa, po czym Prezydent zatrzymał mnie jeszcze na chwilkę na rozmowę o tematach ogólnych, a także wypytywał z wielką troskliwością o zdrowie Marszałka. Odmeldowałem się i pożegnałem Prezydenta.

Jeszcze tegoż dnia wieczorem zameldowałem się u Marszałka i poinformowałem o przebiegu rozmowy z Prezydentem. Marszałek wyraźnie zadowolony powiedział do mnie: ,,A więc skończone i to tak szybko jak ostre tempo wziąłem, wycofać się więc już teraz z rządu nie mogę''. Tym powiedzeniem Marszałek potwierdził moje domysły, że zamierzał obalić rząd Prystora.

Marszałek polecił mi jeszcze, bym porozmawiał w jego imieniu z szefem Sztabu Głównego gen. Gąsiorowskim i ponownie z gen. Fabrycym. Miałem im z całą mocą podkreślić, że ,,muszą zrobić wszystko, by ułatwić zadanie i pracę Kalińskiemu; tego od nich wymagam''. Miałem polecenie udać się jeszcze do Kalińskiego, aby powiedzieć mu, że sprawa nominacji jest zakończona, ale że Marszałek ,,ma strach teraz czy on próbę wytrzyma''. Mam mu przekazać polecenie Marszałka, by się ostro zabrał do roboty i że wszelką pomoc otrzyma. Na zakończenie zameldowałem Marszałkowi, że premier Prystor prosił, bym przedstawił jego propozycję przesunięcia inż. Michała Butkiewicza ze stanowiska kierownika ministerstwa Komunikacji na stanowisko pełnego ministra. Prystor motywował to względami prestiżowymi. Zależało mu, by przesunięcie to nastąpiło równocześnie z nominacją Kalińskiego. Marszałek polecił odpowiedzieć Prystorowi, że się nie zgadza i dodał: ,,Niech poczeka, bo czy dobrze pracuje, to jeszcze trzy znaki zapytania. Mam czas; tego teraz łączyć ze sprawą Kalińskiego nie chcę''.

Gdy się już odmeldowałem, Marszałek powiedział do mnie trzymając w ręku dzisiejszą gazetę: ,, Ale co za ciekawa historia w Anglii, jak w Izbie Gmin uderzyli na Niemców, kontrując pakt czterech i grę w Rzymie, a podnosząc Polskę. Ale to jeszcze nie koniec, to początek; świetna historia''

Wszystkie dane mi polecenia Marszałka wykonałem ściśle. Później, zwłaszcza przez pierwszych kilka miesięcy, utrzymywałem stały kontakt z min. Kalińskim, na wypadek gdyby potrzebował pomocy ze strony wojskowej. Ale ppłk Kaliński radził sobie doskonale i pracował bardzo dobrze.

REWIA WOJSKOWA W WILNIE
RAUT W PAŁACU REPREZENTACYJNYM

Drugiego dnia świąt Wielkanocnych był ślub w rodzinie mojej żony w Pratulinie na Podlasiu, zapytałem więc Marszałka czy będę potrzebny i czy mógłbym wyjechać na święta. Marszałek wyraził zgodę. Pojechałem wraz z rodziną samochodem. Z uwagi na charakter mej pracy uważałem, że na wszelki wypadek lepiej się zaasekurować i mieć pod ręką niezależny środek lokomocji. W pierwszy dzień świąt wieczorem otrzymałem z najbliższej poczty telefonogram, bym niezwłocznie skomunikował się z adiutantem w Belwederze. Z Janowa Podlaskiego rozmawiałem telefonicznie z adiutantem ppłk. Buslerem, który przekazał mi rozkaz Marszałka, że mam się zameldować u Marszałka o godzinie 12 w Belwederze następnego dnia w bardzo pilnej sprawie. To wszystko. Żadnych bliższych wyjaśnień. Ano, nie ma co, świąt nie będzie, na ślubie też nie będę. Następnego dnia o godzinie 7 rano opuściłem pełen gości Pratulin i wróciłem do Warszawy. W żaden sposób nie mogłem się domyślić powodu odwołania mnie z urlopu.

O godzinie 12 dnia 17 kwietnia 1933 roku zameldowałem się u Marszałka, który powiedział mi, że zdecydował się urządzić defiladę wojskową w Wilnie, związaną z 14-tą rocznicą zdobycia miasta. Otrzymałem od Marszałka szereg rozkazów i instrukcji dotyczących organizacji rewii. Jak się zorientowałem, miałem wszystko zorganizować i to w niesłychanie krótkim czasie. Marszałek udzielił mi rzeczywiście dość dużych pełnomocnictw. Oprócz garnizonu wileńskiego miałem ściągać niektóre oddziały spoza Wilna, a więc pułki piechoty z Wilejki, 10 pułk ułanów z Białegostoku, a nawet z Warszawy 1 pułk szwoleżerów. ,,Szwoleżerowie muszą być, — powiedział Marszałek — oni przecież Wilno zdobywali''. Defiladę miał prowadzić gen. Stefan Dąb-Biernacki; na czele pułków kawalerii miał stanąć płk Belina, który był w rezerwie, ale którego miałem specjalnie wezwać. Marszałek polecił mi zawiadomić biskupa polowego, ks. Gawlinę. ,,Ma on być przy boku armii w tym dniu'' — powiedział Marszałek. Ponadto polecił, by przyjechali premier i gen. Gustaw Orlicz-Dreszer. Marszałek przestrzegał mnie, że poza tym nie mam wzywać innych dygnitarzy. Co do defilady, to chciał by była możliwie duża i imponująca. Marszałek powiedział mi, że ma wiadomość, iż Plac Łukiski w Wilnie ,,jest specjalnie izolowany, by wojsko nie mogło tam obchodzić swych uroczystości", i że ,,endecy szykują jakieś kontry na Placu Łukiskim. Musi to być wyrzucone, bo inaczej przycisnę tak mocno, że się armatami po pyskach przejadę. Plac Łukiski ma być oddany dla wojska i wyrzucone, co tam napakowane". Marszałek polecił mi porozumieć się w tej sprawie z min. Bronisławem Pierackim. Marszałek będzie przyjmował defiladę na Placu Łukiskim.

Pojechałem najpierw do min. Pierackiego, który był nieco zdziwiony skąd Marszałek ma takie wiadomości o Wilnie. Sądził, że sprawy tak źle nie wyglądają. W każdym razie dał mi pełną gwarancję, że ze strony administracji wszystko będzie zrobione. Wyśle specjalnego wyższego urzędnika, który będzie tam czuwał na wypadek jakichkolwiek trudności.

Pierwszemu pułkowi szwoleżerów przekazałem na razie ustnie zarządzenie przygotowania się do transportu kolejowego i wyjazdu do Wilna na rewię; rozkaz na piśmie otrzymają wkrótce w drodze służbowej. Wieczorem tegoż jeszcze dnia, zameldowałem Marszałkowi o wyniku mojej konferencji z min. Pierackim. Marszałek dał mi jeszcze dodatkowe wskazówki i instrukcje, szczególnie dotyczące jego przyjazdu i obecności na rewii. Polecił mi przygotować defiladę tak, by w przypadku niepogody przenieść ją na drugi lub trzeci dzień i móc zatrzymać w związku z tym oddziały w Wilnie. Na pierwszy termin Marszałek wyznaczył 21 kwietnia; sam miał przybyć do Wilna 20 kwietnia, pociągiem o godzinie 6-ej wieczorem. Marszałek ustalił wyjazd z Warszawy jako nieoficjalny, natomiast przyjazd do Wilna jako oficjalny. W związku z tym mam zarządzić w Wilnie wydanie odpowiednich rozkazów. Dostałem rozkaz wyjazdu do Wilna już nazajutrz; wszystko tam zorganizować, dopilnować na miejscu i oczekiwać Marszałka w Wilnie. Część zarządzeń zacząłem wprowadzać w życie jeszcze w Warszawie przed wyjazdem do Wilna. Już następnego dnia tj. 18 kwietnia, znalazłem się w Wilnie. Czasu miałem na wszystko niesłychanie mało, bo właściwie tylko dwa dni, toteż od razu wprowadziłem ostre tempo, by ze wszystkim zdążyć. Wieczorem 18 rozmawiałem telefonicznie z gen. Dąb-Biernackim, który wyznaczył mi spotkanie u siebie 19 kwietnia na godzinę dziewiątą. Byłem bardzo zmęczony i potrzebowałem wypoczynku, więc poszedłem spać, by wcześnie rano być na nogach i nadać tempo pracy różnym dowództwom w Wilnie. Z samego już rana byłem w Komendzie Garnizonu i Komendzie Miasta. Wydałem im polecenia, by przygotowali się do pierwszych czynności zanim otrzymają formalne rozkazy od gen. Dąb-Biernackiego. Komenda Miasta przydzieliła mi dwóch inteligentnych i sympatycznych oficerów w charakterze adiutantów i łączników, co bardzo ułatwiło mi dalsze czynności i całą pracę. Wilno było naturalnie zaskoczone i przy tym nieprzygotowane do takiego tempa. Nastroje były jeszcze świąteczne i wielu ludzi na urlopach. W oddziałach wojskowych normalna tura żołnierzy była zwolniona na urlop świąteczny. Wszystko omawiam z gen. Dąb-Biernackim, który obiecał wydać natychmiast uzgodnione ze mną rozkazy i zadeklarował swą pomoc, gdybym się natknął na jakieś trudności. Ponadto omówiłem i ustaliłem z generałem cały protokół i ceremoniał związany z przyjazdem Marszałka w charakterze „oficjalnym" do Wilna i prosiłem generała o wydanie potrzebnych zarządzeń. Mimo zaskoczenia i tempa napotykałem wszędzie gotowość do maksymalnego wysiłku, dobrą chęć i dowody dobrej woli. Atmosfera tego bliskiego sercu Marszałka miasta jest szczególna. Wszyscy chcieliby „wyjść ze skóry", żeby jak najlepiej przyjąć Marszałka w Wilnie. Wieść o defiladzie i przyjeździe Marszałka szybko rozeszła się po całym mieście. Na każdym kroku obserwowałem prawdziwą radość i dumę, że Marszałek przyjeżdża do swego ukochanego miasta, tak zawsze mu miłego Wilna.

Z powodu urlopów stany liczebne oddziałów wojskowych były mocno zmniejszone. Tak więc ilość oddziałów wojskowych ustalonych w Warszawie przez Marszałka w rozmowie ze mną okazała się na miejscu nieco inna i nie pokryła się z intencjami Marszałka co do rozmiarów defilady. Znając te intencje i myśl przewodnią Marszałka zdecydowałem na własną odpowiedzialność ściągnąć do Wilna dodatkowe jednostki piechoty z Grodna , Lidy i Suwałk. Na porozumienie się z Marszałkiem nie było już czasu i zresztą nie widziałem racji, by w ostatniej chwili z daleka zaprzątać Marszałkowi głowę. Mimo, że na ogół wszystko „grało", wszędzie ingerowałem i doglądałem wszystkiego. Przydzielony mi przez Komendę Miasta lokal z telefonami, łącznikami i maszynistką stał się w praktyce ośrodkiem dowodzenia na ten krótki czas. Kołowrotek miałem niesamowity, z wszelkimi wątpliwościami wszyscy zwracali się do mnie, musiałem rozstrzygać i brać na siebie odpowiedzialność w wielu posunięciach. Było to oczywiście spowodowane zbyt krótkim terminem i koniecznością nadania szybkiego tempa organizacji całej imprezy.

Udałem się również do wojewody Władysława Jaszczołta z wizytą, by poinformować go o wszystkim. Poinformowałem wojewodę, że Marszałek zamieszka u niego w pałacu reprezentacyjnym oraz ustaliłem, że wojewoda Jaszczołt będzie towarzyszył Marszałkowi w przejeździe z dworca przez miasto. Zarówno wszystkie władze wojskowe jak i administracyjne dokładały wszelkich starań, by wszystko wypadło jak najlepiej.

20 kwietnia o godzinie 9.45 wieczorem nastąpił przyjazd marszałka pociągiem specjalnym. Wraz z Marszałkiem przyjechała Marszałkowa Piłsudska, córki Wanda i Jadwiga oraz siostra, Zofia Kadenacy. Towarzyszyli Marszałkowi płk dr Marcin Woyczyński i dwaj adiutanci, ppłk Kazimierz Busler i kpt. Mieczysław Lepecki. Tymże samym pociągiem przyjechała i moja żona z naszym starszym synem Józefem, chrześniakiem Marszałka.

Marszałka bardzo uroczyście powitały miejskie władze cywilne i olbrzymie rzesze publiczności. Po krótkim powitaniu Marszałek odjechał z dworca do Pałacu Wojewódzkiego w towarzystwie wojewody Jaszczołta i w eskorcie honorowej 4 pułku ułanów. Przejazd przez

21 kwiecień 1933 — Marszałek odbiera defiladę w Wilnie
Na drugim planie od lewej stoi autor i ppłk Kazimierz Busler

15 grudzień 1930 rok — wyjazd Marszałka Józefa Piłsudskiego na Maderę
1. Walery Sławek 2. Tadeusz Hołówko 3. autor 4. mjr Kazimierz Glabisz

miasto był wielką manifestacją ludności, która niezwykle gorąco i spontanicznie wiwatowała na cześć Marszałka. Wkrótce meldując się u Marszałka wraz z gen. Dąb-Biernackim, w raporcie przedstawiamy mu stan przygotowań do defilady. Marszałek, po wysłuchaniu go, wszystko zaaprobował zwracając nam jedynie uwagę na konieczność dopilnowania porządku publicznego, gdyż pod tym względem Marszałek nie miał zaufania do miasta. Następnego dnia przyjechał premier Aleksander Prystor oraz biskup polowy Józef Gawlina. O godzinie 10 rano gen. Biernacki zrobił konno przegląd wojsk. Pogoda zaczęła się wyraźnie psuć. Podczas nabożeństwa odprawianego na Placu Łukiskim przez bpa Gawlinę i kazania księdza kapelana Nowaka mieliśmy śnieg, potem grad i deszcz, a na zakończenie błyskawice i grzmoty. Z uwagi na stan zdrowia Marszałka, niezbyt już dobry w tym czasie, uczestnictwo Marszałka w rewii pozostawało pod znakiem zapytania. Marszałek zdecydował jednak pojechać i przyjąć defiladę, mówiąc że ,,jestem tak ubrany i zapięty, że taki deszczyk mi nie zaszkodzi; on spływa po mnie''. Pojechaliśmy więc z Marszałkiem na Plac Łukiski. Ze specjalnie urządzonej trybuny Marszałek przyjmował defiladę, która wypadła bardzo dobrze. Widać było jak Marszałek bacznie obserwuje defilujące szeregi i radość w jego oczach gdy patrzy na swe ukochane wojsko. Po defiladzie Marszałek dość długo rozmawiał ze swą rodziną zamieszkałą w Wilnie oraz z premierem, biskupem polowym i innymi osobami, po czym z żoną i córkami odjechał na ulicę Montwiłłowską do swego brata Adama. Po godzinie Marszałek wrócił do Pałacu Wojewódzkiego i przyjął najpierw premiera, a po chwili wezwał także i mnie. Wydał dyspozycje w sprawie urządzenia w dniu następnym popołudniowego rautu w Pałacu Wojewódzkim. Ja miałem przygotować premierowi listę osobistości wojskowych i duchowieństwa, przy czym Marszałek polecił zaprosić wojskowych od dowódców pułków wzwyż.

22 kwietnia na raut przybyło bardzo wiele osób; liczni profesorowie Uniwersytetu im. Stefana Batorego, dużo duchowieństwa wszystkich wyznań, mnóstwo wojskowych. Wśród duchowieństwa był również obecny ks. abp Romuald Jałbrzykowski metropolita wileńsko-nowogródzki. Wiadomo było od lat, że ks. Jałbrzykowski jest wrogo usposobiony do Marszałka i uchodzi na terenie Wilna za źródło i ,,sprężynę'' różnych intryg przeciwko niemu. Był inteligentny, o bardzo silnym charakterze, twardy i nieustępliwy. Na rewii się nie pojawił, na raut przyszedł.

Gdy wielka sala Pałacu wypełniła się gośćmi, nadszedł Marszałek. Przywitał się z większością obecnych , zatrzymując się i rozmawiając z różnymi osobistościami. Idąc środkiem sali demonstracyjnie wyminął abpa Jałbrzykowskiego i przywitał się ze stojącym tuż za nim czołowym wileńskim rabinem. Naturalnie zwróciło to uwagę wszystkich obecnych i było żywo komentowane. Potem Marszałek przeszedł do bocznego saloniku wraz z szeregiem osób uprzednio przewidzianych. Był wśród nich bp Gawlina, premier Prystor, Walery Sławek, min. Beck, generałowie Skwarczyński i Stachiewicz, kilku profesorów Uniwersytetu Wileńskiego. Gen. Dąb-Biernacki był nieobecny na raucie, gdyż podczas defilady upadł z konia na jezdnię i nadwyrężył ścięgno. Wśród ludzi z otoczenia abpa Jałbrzykowskiego widać było ogromną konsternację. Próbowałem interweniować, by został on zaproszony do bocznego saloniku, co się jednak nie udało i ks. arcybiskup bardzo zdenerwowany opuścił raut, który przeciągnął się dość długo. Tak skończyły się uroczystości wileńskie. 23 kwietnia wróciliśmy do Warszawy.

30 październik 1933 — Wizyta głównodowodzącego wojsk fińskich gen. Oestermana w Belwederze (z lewej autor)

6 październik 1933 — Kraków, Święto Kawalerii. Od lewej płk Witold Wartha, szef Biura Inspekcji GISZ, Marszałek Józef Piłsudski, Wacław Kryński, oficer do zleceń Gabinetu Ministra Spraw Wojskowych, autor, płk Jan Karcz, szef Departamentu Kawalerii Ministerstwa Spraw Wojskowych

ROCZNICA ZWYCIĘSTWA SOBIESKIEGO
POD WIEDNIEM (1933)

Odprawa u Marszałka. Obecni: gen. Fabrycy, gen. Wieniawa-Długoszowski i ja. Marszałek wydał dyrektywy w sprawie obchodu rocznicy zwycięstwa Sobieskiego pod Wiedniem: ,,Będę mówił o święcie Sobieskiego. Muszę się tym zająć i nawet dość dużo, ze względów międzynarodowych. Musimy jako wojsko zrobić obchód u nas w Polsce i nadać mu charakter czysto wojskowy, nie jakikolwiek inny. Muszę nadać charakter także święta kawalerii wobec tego, że było to zwycięstwo odniesione tylko przez kawalerię i może być nazwane wielkim zwycięstwem kawalerii w znaczeniu światowym. Wybieram miejsce dla tego święta w Krakowie i związanie go z wystawą pamiątek z tego czasu. A więc zebrać w Krakowie pewną część jazdy, której ilość z góry ograniczyć do 12 pułków najwyżej i nie z daleka, by większość mogła przybyć marszem. Przygotować ten obchód historycznie, co jest główną tu rzeczą. Nie tyle bitwa, co sam domarsz do niej. Żmudzka jazda brała w tej bitwie udział, a to było więcej niż 700 wiorst dojścia do tej bitwy. Widziałem na Syberii Buriata pijanego, który jak stał to przewracał się, a jak siadł na konia to jechał i nawet się nie kiwał. Z Czarnieckim nasi kawalerzyści maszerowali do Danii. A wyprawa Olgierda Litewskiego, zawsze to podziwiam, szła z Wilna do Moskwy. Carzyk, Wielki Książę Moskiewski, gdy Olgierd stanął w Moskwie, musiał przyjść do niego i Olgierd po jego karku wsiadł na konia na placu w Moskwie, na Górze Pokłonnej. A Olgierd tam pojechał, by mieczem uderzyć w bramy Moskwy. Wziął na koniec okup i znowu z powrotem zrobił 800 wiorst. A więc parada kawalerii na Błoniach w Krakowie. Akademia z odczytem generała Wieniawy o bitwie. Udział wezmą wszyscy dowódcy brygad, generałowie obecni w Krakowie, ponadto generał Orlicz-Dreszer, generał Kasprzycki z pułkownikiem Karczem i generał Łuczyński. Defiladę rozpocznę przyjmować o godzinie 11-tej. Po defiladzie śniadanie pod namiotami na Błoniach. Potem oddanie honorów Sobieskiemu na Wawelu. Tam przed Katedrą stanie 12 szwadronów. Dalej obiad, zwiedzanie wystawy i odczyt. W końcu pożegnanie kawalerii, może być przez miasto Kraków, rautem z zimnym bufetem; wódki ile chcą.''

PROBLEMY WOJSKOWEGO DUCHOWIEŃSTWA
SPRAWY OBYWATELSKIE
DODATKI FUNKCYJNE DLA WOJSKA

24 kwietnia 1933 roku zostałem wezwany do Marszałka na godzinę 9 wieczorem do Belwederu. Zastałem Marszałka przy pasjansie w narożnym saloniku ,,Księżnej Łowickiej''. Marszałek mówi, że ma do mnie dwa polecenia: 1. Rozpocząć prace nad statutem wojskowego duchowieństwa rzymsko-katolickiego. W tym celu poleca mi powołać specjalną komisję. Na razie daje ogólne wytyczne. Będzie w tej sprawie rozmawiał z nuncjuszem, liczy się jednak z trudnościami; ,,tak prędko to nie pójdzie, bo są trudności ogólnej natury. Wszyscy mają trudności i czas jest ciężki, ale oni, Rzym i duchowieństwo, także mają trudności duże. Jak jednak to załatwię, to przestanę się duchowieństwem zajmować i zrzucę to całkowicie na Pana.'' 2. Druga sprawa dotyczy generałów. Marszałek uprzedza mnie, że będzie miał do mnie pewne sprawy związane z odejściem niektórych generałów w stan spoczynku. Teraz jednak załatwi inne sprawy wojskowe, które się opóźniły z powodu jego choroby, a po nich przystąpi do generałów i te sprawy chce załatwiać przeze mnie. ,,W ogóle, chcę sprawy generalskie przenieść do was, do szefa mego gabinetu.''

Przy tej okazji zreferowałem Marszałkowi możliwie krótko kilkanaście ustaw, wśród nich także pełnomocnictwa uchwalone przez Sejm dla Prezydenta Rzeczypospolitej. Na wszystkich uzyskałem podpisy Marszałka i odmeldowałem się.

25 kwietnia zostałem ponownie wezwany w sprawie statutu wojskowego duchowieństwa. Marszałek przedstawił mi kilka swoich uwag w tej sprawie, a mianowicie: 1. Trzeba, żeby statut przewidywał składanie na aktach podpisu Prezydenta Rzeczypospolitej. 2. Należy nagiąć statut do norm pragmatyki oficerskiej. 3. Podporządkować duchowieństwo wojskowe tak, by system służby był bardziej zależny od wojska aniżeli jest obecnie. W końcu Marszałek poinformował mnie, że zamierzona rozmowa z nuncjuszem ulegnie pewnej zwłoce, ,,bo teraz za ciężki to interes dla Watykanu''.

Po kilku dniach Marszałek dał mi instrukcje i zarządzenia dotyczące zwolnienia ze służby i przeniesienia w stan spoczynku gen. Dąbkowskiego dowodzącego dywizją w Częstochowie. Marszałek powiedział mi: ,,Generał Dąbkowski podlega zwolnieniu z powodu wieku. Ja już parę lat odciągałem tę chwilę, kiedy musiałby on odejść. Ja nie chcę mu robić przykrości i krzywdy. Mnie jest nawet przykro rozstać się z kolegą. Ja jednak muszę te rzeczy regulować. Musi być odchodzenie, szczególnie w dowodzeniu. Ja się obawiam takiego zatrzymania dla innych względów. Co do niego chcę, żeby się sam podał do dymisji. On musi wam powiedzieć, co by chciał robić, a ja bym chciał mu dopomóc. Może on już o tym myślał. Musicie się z nim o to wszystko porozumieć.''

Pojechałem do Częstochowy i odbyłem rozmowę z gen. Dąbkowskim. Przedstawiłem mu decyzję i życzenie Marszałka. Możliwie najściślej podałem mu słowa Marszałka o życzliwym do niego stosunku i to, że decyzję o zwolnieniu Marszałek podjął z dużą przykrością. Generał bardzo spokojnie przyjął decyzję Marszałka i natychmiast napisał odręcznie prośbę o dymisję z zajmowanego stanowiska i przeniesienie w stan spoczynku, którą mi wręczył. Po powrocie przedłożyłem podanie gen. Dąbkowskiego, a Marszałek bez słowa napisał na podaniu ,,zgoda'' i postawił swoją parafę. Podanie przekazałem do wykonania szefowi Biura Personalnego. Gen. Dąbkowski był jednym z dawnych, bardzo zasłużonych działaczy niepodległościowych, czynnym przy organizowaniu przez Piłsudskiego pierwszych zalążków wojskowych, a potem oficerem I Brygady Legionów.

*

W ciągu 1933 i 1934 roku wypadły mi jeszcze podobne misje: w sprawie generałów Dowoyno-Sołłohuba — dowódcy 12 dywizji, Wrzesińskiego — dowódcy dywizji w Przemyślu, Małachowskiego — dowódcy Okręgu Korpusu w Łodzi i gen. Rachmistruka — dowódcy dywizji w Grudziądzu. Pewne trudności napotkałem ze strony gen. Sołłohuba i gen. Wrzesińskiego. Bardzo ciężko było im się zdecydować; musiałem ich przekonywać, że Marszałek stosuje tu formę kurtuazyjną zamiast zwalniać z urzędu. Napisali w końcu prośby o dymisje i przeniesienie w stan spoczynku i wręczyli mi je.

Szczególnie byłem zaskoczony wizytą u gen. Rachmistruka. Przedtem nie znałem go osobiście. Był to dawny zawodowy oficer armii austriackiej; podobno z pochodzenia Rusin. W wojsku polskim, szczególnie w walkach 1920 roku, wykazał bardzo bojowe i wybitne zalety jako dowódca 7 Rezerwowej Brygady Piechoty. Był odznaczony przez Naczelnego Wodza Orderem Virtuti Militari V klasy. Gdy poinformowałem go o celu mojej misji i umotywowałem decyzję Marszałka koniecznością zmian na szczeblach dowodzenia, gen. Rachmistruk odpowiedział mi na to dosłownie: ,,Panie pułkowniku, ja doskonale rozumiem, że zaistniały i wobec mnie takie konieczności. Ja dziękuję Panu Marszałkowi za przysłanie do mnie swego oficera, by mnie uprzedzić o tej decyzji. Ja od Polski dostałem wszystko, o czym mogłem marzyć. Za moją pracę otrzymałem wysokie honory: wysokie bojowe odznaczenia, stopień generała i możliwości wyższego dowodzenia. Proszę zameldować o tym co powiedziałem i podziękować ode mnie Panu Marszałkowi i Panu Prezydentowi Rzeczypospolitej." Zaraz potem generał napisał i wręczył mi prośbę o dymisję i przeniesienie w stan spoczynku. Serdecznie pożegnałem generała i odmeldowałem się. Przedstawiając prośbę gen. Rachmistruka Marszałkowi, powtórzyłem dokładnie jego odpowiedź. W rozmowie ze mną gen. Rachmistruk delikatnie nadmienił, że byłby wdzięczny za otrzymanie na pamiątkę swej służby fotografii Marszałka. Załączyłem więc zdjęcie Marszałka, który napisał na nim dedykację dla generała, a także podpisał zaproponowany przeze mnie list z podziękowaniem za służbę.

W analogicznej misji pojechałem 13 czerwca 1934 roku do gen. Minkiewicza, który już od pewnego czasu nie pełnił żadnej funkcji w wojsku i przebywał w osadzie żołnierskiej pod Kobryniem. Przyjął mnie bardzo sztywno i chłodno. Napisał bez dyskusji krótkie podanie, które mi wręczył. Pożegnałem generała i odjechałem. Wkrótce gen. Minkiewicz został formalnie zwolniony.

24 kwietnia 1934 roku odbyła się u Marszałka w Generalnym Inspektoracie odprawa w sprawie dodatków funkcyjnych w wojsku. Obecni byli: gen. K. Fabrycy, gen. F. Sławoj-Składkowski, szef Departamentu Intendentury płk Masny, płk K. Glabisz, oficer do zleceń Generalnego Inspektora, i ja. Szefostwo administracji armii opracowało projekt zarządzenia o ,,Dodatkach funkcyjnych dla wojska" i przedłożyło do podpisu Marszałkowi. Odprawę zagaił Marszałek mówiąc, że studiując ten projekt doszedł do przekonania, że jego system jest niedobry i robi wrażenie jakby był opracowany przez kogoś, kto w wojsku nie służył. Potraktowano w nim to co jest na szczeblach dowodzenia — zwłaszcza u góry — jako coś gorszego. Marszałek skrytykował również podział na szesnaście kategorii. Błędy, na które się natknął, nazwał ,,nonsensownymi i przykrymi". Dla przykładu podał, że w projekcie dowódca piechoty dywizyjnej jest zaszeregowany niżej od kierownika jakiegoś zakładu i nazwał to ,,znegliżowaniem dowodzenia, a ten co to robił, nie należał do ludzi szanujących dowodzenie". Marszałek przytoczył drugi przykład, że dowódca pułku jest ustawiony niżej od szefa sztabu Dowództwa Obozu Warownego, które jest jednym z niższych w hierarchii wojskowej. Marszałek powiedział, że w tej sprawie musi powołać małą komisję, szefostwo administracji ma jeszcze raz to przepracować, a wtedy Marszałek odda komisji projekt do przestudiowania. Gdy gen. Składkowski zabrał głos, próbując bronić projektu, Marszałek, zirytowany, przerwał mu, nie pozwolił dalej mówić i zagroził: ,,bo zrzucę Pana ze schodów". Na tym odprawa się zakończyła. Po odprawie gen. Fabrycy zapytał Marszałka, czy może w następnym tygodniu wyjechać na dwa dni na polowanie z ambasadorem amerykańskim, któremu się rewanżuje. Marszałek wyraził swą zgodę, ale powiedział do Fabrycego: ,,To Pan więcej poluje niż pełni służbę". Gen. Fabrycy na to odpowiedział: ,,Teraz to już nie, Panie Marszałku".

Gdy 13 kwietnia 1934 roku byłem u Marszałka z moim normalnym raportem o sprawach bieżących, zreferowałem na końcu kilka różnych spraw skierowanych za moim pośrednictwem do Marszałka. Min. Pieracki prosił o zgodę na mianowanie płka Erwina Więckowskiego p.o. wojewody białostockiego, podając przy tym, że Kościałkowski tam już nie wróci i że Więckowski ma ukończone studia prawnicze. Marszałek odpowiedział: ,,Wolałbym nie Więckowskiego a Pasławskiego, mogę jednak oddać tak tego jak i tego. Pasławski jest bomba. Nadaje się on do nonsensownego naszego społeczeństwa, bo on sam jest jednym nonsensem. Więckowski to żaden oficer, to kancelaryjnik.''

Przedstawiłem prośbę płka Rayskiego o zgodę na lot do Turcji i Grecji, na co Marszałek dał swą zgodę. W końcu prośba gen. Skotnickiego o zgodę na rajd konny do Mińska Litewskiego; Marszałek prośbę odrzucił.

Na zarządzenie Marszałka odbyło się 14 czerwca 1934 roku w gmachu Generalnego Inspektoratu zebranie, na którym byli obecni inspektorzy armii, szef Sztabu Generalnego, obaj wiceministrowie i gen. Wieniawa-Długoszowski. Na zebranie przybył Prezydent Rzeczypospolitej. Na porządku dziennym zebrania stała jedna tylko sprawa: wybór kandydata na stanowisko wiceministra wakujące po przejściu gen. Fabrycego na inspektora armii. Marszałek zarządził tajne głosowanie kartkami. Gen. Wieniawa zebrał od wszystkich kartki i wręczył je Marszałkowi, po czym Marszałek zamknął zebranie i opuścił salę wraz z Prezydentem. Gdy obaj przeszli do gabinetu Marszałka, zostałem wezwany i Marszałek oświadczył, że generałowie-inspektorowie wybrali w głosowaniu gen. Tadeusza Kasprzyckiego. Po tym oświadczeniu Marszałek wręczył mi garść zmiętych kartek do głosowania polecając mi spalić je w kominku; rzuciłem kartki do kominka, gdzie się spaliły. Potem Marszałek dał mi zarządzenie przygotowania dekretu nominacyjnego dla gen. Kasprzyckiego. Prezydent powiedział, że gdy tylko będę miał przygotowany dekret, mogę w każdej chwili przyjechać do niego na Zamek, to natychmiast da mi swój podpis. Marszałek polecił mi także, bym powiadomił o nominacji gen. Kasprzyckiego. W ciągu dwóch godzin miałem dekret gotowy i podpisany. Nadałem mu dalszy tok i podałem komunikat do prasy.

Z polecenia Marszałka, 27 sierpnia 1934 roku przygotowałem zarządzenie o nominacji gen. Władysława Langnera, dotychczasowego zastępcy szefa administracji armii, na dowódcę Okręgu Korpusu IV-Łódź, a na jego miejsce mianowanie płka dypl. Juliusza Ulrycha.

Ze swej strony przedstawiłem Marszałkowi propozycje min. Mariana Kościałkowskiego, zgłoszone mi na razie ustnie, z prośbą o zgodę Marszałka na mianowanie płka Ludwika Bociańskiego na wojewodę poznańskiego, ponownie płka Więckowskiego, ale już nie na wojewodę, a na prezydenta miasta Poznania oraz gen. Pasławskiego na wojewodę białostockiego. Na nominację gen. Pasławskiego i płka Więckowskiego Marszałek dał mi swą zgodę; co do płka Bociańskiego, zgody swej odmówił.

Miałem jeszcze jedną dość kłopotliwą prośbę gen. Janusza Głuchowskiego. Premier Leon Kozłowski, będąc wcześniej u Marszałka, uzyskał zgodę na mianowanie gen. Głuchowskiego wojewodą białostockim. Premier już przygotował dekret nominacyjny, gdy w międzyczasie nagle gen. Głuchowski zdecydował, że nie chce wyjść z wojska i prosi załatwić u Marszałka odwołanie nominacyjne, Marszałek nie lubił takiego niezdecydowania i ,,kręcenia''. Premier Kozłowski, aczkolwiek od bardzo dawna zaprzyjaźniony z gen. Głuchowskim, nie zdecydował się zgłosić osobiście z tą sprawą u Marszałka. Gen. Głuchowski, dawny mój dowódca szwadronu z 1 Pułku Ułanów Beliny, jeszcze z czasów legionowych, przyszedł do mnie prosząc usilnie, bym zechciał przedstawić Marszałkowi prośbę celem pozostawienia go w służbie wojskowej. Uważałem, że to premier zaczął i niech teraz skończy, więc początkowo starałem się uchylić od załatwienia jego prośby, bo po jakie licho miałem się narażać na ewentualne przykre słowa Marszałka. W końcu jednak przez stary sentyment uległem naleganiom gen. Głuchowskiego i przyrzekłem sprawę zreferować. Dla zachowania porządku, połączyłem się telefonicznie z premierem i zapytałem go czy zgadza się na przedstawienie tej sprawy Marszałkowi przeze mnie. Zgodził się oczywiście i był zadowolony, że ten kłopot spada mu z głowy. Byłem co prawda zły na to całe ,,krętactwo'', ale przedstawiłem Marszałkowi prośbę gen. Głuchowskiego. Marszałek na to ze złością odpowiedział: ,,No, jak nie chce, to niech nie idzie''. Na tym się skończyło. Zakomunikowałem o tej decyzji premierowi i gen. Głuchowskiemu.

11 listopad 1933 — Marszałek udaje się na trybunę honorową na Polach Mokotowskich w Warszawie. Od lewej autor, Marszałek Józef Piłsudski, ppłk Kazimierz Busler

Czerwiec 1934 — międzynarodowe zawody konne w Łazienkach. Od lewej: drugi płk Lewiński, szósty płk Jan Karcz, za Marszałkiem autor, gen. Bolesław Wieniawa-Długoszowski, książę Janusz Radziwiłł, gen. Janusz Gąsiorowski

ZAMORDOWANIE MINISTRA SPRAW WEWNĘTRZNYCH BRONISŁAWA PIERACKIEGO

15 czerwca 1934 roku w letniej siedzibie Prezydenta Rzeczypospolitej w Spale odbyło się specjalne przyjęcie dla korpusu dyplomatycznego, którego członkowie zjechali do Spały w komplecie. Zaproszeni byli również przedstawiciele rządu oraz wiele osób ze świata naukowego, artystycznego i wojskowego. Zostałem również zaproszony wraz z żoną. Dzień był piękny i upalny. Program przyjęcia w Spale przewidywał przyjazd gości już przed południem na śniadanie, potem ,,party" popołudniowe i różne imprezy na powietrzu. Ruch samochodowy na szosie do Spały był bardzo duży. Śniadanie rozpoczęło się przy stołach rozstawionych na trawnikach obok spalskiego pałacyku i upłynęło w bardzo pogodnym i swobodnym nastroju. Zjechali chyba wszyscy z korpusu dyplomatycznego wraz z attaché wojskowymi. Byli członkowie rządu, komisarz rządu miasta Warszawy, nawet Komendant Główny Policji Państwowej, płk Maleszewski. Marszałek Piłsudski nie był obecny; przebywał na krótkim odpoczynku w Sulejówku. Z rządu pozostał w stolicy tylko minister Spraw Wewnętrznych Bronisław Pieracki.

Po śniadaniu wszyscy goście przeszli dalej do lasu, do tak zwanego ,,grzyba", gdzie odbył się podwieczorek z atrakcjami takimi jak strzelanie do celu, popisy tańców ludowych i inne. Zaledwie rozpoczęły się imprezy, gdy wszystkich zelektryzowała piorunująca wiadomość, że w Warszawie na ulicy Foksal został zabity min. Pieracki. Pierwsze wiadomości mówiły o zabójstwie strzałami rewolwerowymi przez jakichś bojowców. Krążyły wersje o bojowcach endeckiego ONR, to znowu o bojowcach ukraińskich. Prezydent udał się do swego pałacyku i więcej już nie pokazał się wśród gości. Wrażenie spowodowane tą wiadomością było rzeczywiście ogromne. Wśród wielu gości można było zaobserwować zdenerwowanie. Stopniowo całe towarzystwo opuściło Spałę, by wrócić do stolicy.

Następnego dnia byłem u Marszałka, który ogólnie poruszył ze mną sprawę zabójstwa min. Pierackiego. Marszałek był pozornie bardzo spokojny i opanowany, ale wyraźnie mocno wzburzony. Dał mi zlecenie przygotowania dekretu nominacyjnego na pośmiertny awans płka Pierackiego na stopień generała brygady. Polecił mi również zredagowanie i przedstawienie do podpisu specjalnego ,,Rozkazu

115

Dziennego''* do wojska z oddaniem hołdu zmarłemu. Tegoż jeszcze dnia uzyskałem podpis Marszałka na ,,Rozkazie Dziennym'' Nr 5 z 16 czerwca 1934 roku. Przeprowadzone śledztwo stwierdziło, że zabójcami byli bojowcy ukraińscy.

---

* Patrz: Aneks

MARSZAŁEK PIŁSUDSKI W MOSZCZENICY POD ŻYWCEM „ZAWRACA" MNIE SPOD ZAWRATU

Po kilku dniach spędzonych w Pikieliszkach (w dniach od 20 do 25 czerwca 1934 roku) Marszałek wrócił do Warszawy. Gdy zameldowałem się z różnymi sprawami służbowymi, Marszałek zakomunikował mi, że część swego urlopu spędzi w okolicy Żywca i na czas swego tam pobytu daje mi urlop. Mam się jednak liczyć z ewentualnością wezwania mnie w międzyczasie, gdyby mnie potrzebował. Muszę więc tak zorganizować sobie ten krótki urlop, bym mógł szybko stawić się na wezwanie Marszałka.

Marszałek wyjechał do wynajętego dworu w Moszczenicy pod Żywcem 7 września 1934 roku. Jak się zorientowałem później, gdy zostałem tam wezwany, pobyt Marszałka w Moszczenicy był tylko częściowo odpoczynkiem, gdyż przeprowadzał w tym czasie „gry wojenne" i egzaminy z wezwanymi przez siebie oficerami wyższych stopni, którzy byli kandydatami na dowodzenie większymi jednostkami (dowódcy dywizji, dowódcy brygad). Korzystając z urlopu wyjechałem do Zakopanego, gdzie umówiłem się z jednym z moich przyjaciół na wycieczkę w góry. Powędrowaliśmy na Halę Gąsienicową, a po spędzeniu nocy w tamtejszym schronisku wyruszyliśmy w kierunku na Zawrat z zamiarem dalszego marszu do Morskiego Oka. Pogoda była znakomita, słoneczna. Po odpoczynku zdecydowani maszerować dalej spakowaliśmy plecaki, gdy zatrzymał nas biegnący i zziajany młody góral, z dala już wykrzykując moje nazwisko. Był to goniec ze schroniska na Hali Gąsienicowej, który wręczył mi telefonogram z Warszawy, bym w bardzo pilnej sprawie zatelefonował do domu. Naturalnie wszystko było dla mnie jasne; mam się zameldować w Moszczenicy. Trzeba było więc szybko wracać do schroniska i telefonować do Warszawy do mojej żony. Nocnym pociągiem wróciłem do Warszawy, gdzie przebrałem się w mundur i wyjechałem najbliższym pociągiem do Żywca. Na stacji w Żywcu czekał już na mnie przysłany z Moszczenicy samochód. Gdy tak jechałem wśród pięknego krajobrazu ziemi żywieckiej, rozmyślając o nieudanej wycieczce do Morskiego Oka przez Zawrat, to aczkolwiek nie jestem zbyt przesądny, postanowiłem nie dać się już w przyszłości namówić na żadną podobną górską wycieczkę, skoro sam Marszałek „zawrócił" mnie spod Zawratu. Najwidoczniej nie sądzone mi było uprawiać nawet tak skromnej wspinaczki z moją ciężko ranną przed laty nogą, ciągle przecież jeszcze nie w pełni sprawną. Koniec więc z Zawratem. Nie mogłem wówczas przewidzieć, że po wielu latach, w czasie drugiej wojny światowej, będę się jednak przeprawiał przez inne góry, tak odległe od naszych i nie tak piękne jak nasze Tatry — przez Pireneje.

18 września zameldowałem się u Marszałka w Moszczenicy. Marszałek wyglądał nieźle, jakby już trochę wypoczęty; był w dobrym humorze i mówił mi, że czuje się zupełnie dobrze. Marszałek omówił ze mną szereg spraw służbowych i zatrzymał mnie w Moszczenicy do następnego dnia, w którym ponownie się zameldowałem i otrzymałem dodatkowe zarządzenia i instrukcje. Dwór był ładny i wygodny, murowany, jednopiętrowy, otoczony parkiem o bogatym i różnorodnym drzewostanie, starannie utrzymany. Marszałek miał sypialnię i gabinet pracy na piętrze. W Moszczenicy przebywało także pięciu oficerów dyplomowanych z Biura Inspekcji Generalnego Inspektoratu Sił Zbrojnych wraz z ówczesnym szefem Biura, płk. dypl. Leonem Strzeleckim, moim dawnym kolegą pułkowym i przyjacielem. Nocnym pociągiem wróciłem do Warszawy, ale 28 września byłem ponownie wezwany do Moszczenicy.

KANDYDATURA PUŁKOWNIKA LUDWIKA BOCIAŃSKIEGO NA WOJEWODĘ

Po powrocie z Moszczenicy Marszałek wezwał mnie do siebie 4 października i obarczył dość delikatną misją przeprowadzenia rozmowy z płk. dypl. Ludwikiem Bociańskim w związku z jego aspiracjami objęcia posady w administracji państwowej. Marszałek na wstępie oświadczył mi, że zdecydował nie przenosić go z wojska do administracji, że zamierzał w tej sprawie sam z nim porozmawiać, ale się rozmyślił i obarcza tym mnie. Otrzymałem od Marszałka następującą dość oryginalną instrukcję wraz z motywacją: ,,Wy musicie za mnie z nim rozmawiać. On jest wychowany na pruskiej szkole. On się nie nadaje na wojewodę, nie jest elastyczny. Ja na pewno wyznaczę go na brygadiera. Wojewodą na pewno nie byłby dobrym. On mi bardzo dobrze wyszedł na grze wojskowej. Rozmówcie się więc z nim i powiedzcie, że ja mu daję prawo wyboru. Was jednak informuję, że ja go nie chcę na wojewodę. Wasza rzecz tak z nim przeprowadzić rozmowę, by on sam zrzekł się swej kandydatury na wojewodę i wybrał pozostanie w wojsku. Podkreślcie mu jednak, że ja mu nie narzucam, czy chce iść czy zostać w wojsku."

Po telefonicznym porozumieniu się z płk. Bociańskim, komendantem Szkoły Podchorążych w Ostrowiu-Komorowie, pojechałem tam do niego samochodem. W drodze obmyślałem sposób jak z nim rozmawiać. Naturalnie wiedziałem czego chciał Marszałek, znałem również marzenie płka Bociańskiego o objęciu stanowiska wojewody, na co przecież już miał nieoficjalną zgodę ministra Spraw Wewnętrznych.

Przebieg mojej misji wydał mi się zarówno interesujący jak i nieco zabawny. Płka Bociańskiego znałem osobiście dość dobrze od kilku lat. Był to świetny żołnierz, doskonale wyszkolony dowódca, a przy tym energiczny, sprężysty i solidny człowiek. Był bardzo popularny wśród podchorążych i na pewno dobrze kierował szkołą. Na początku wizyty spotkała mnie ogromnie miła niespodzianka, oczywiście zaaranżowana przez płka Bociańskiego. Delegacja kilku podchorążych wraz z pułkownikiem wręczyła mi uroczyście dyplom i odznakę honorową Szkoły Podchorążych. Była to dla mnie miła pamiątka, toteż serdecznie za nią podziękowałem. Niemniej swoją misję musiałem wykonać zgodnie z życzeniem Marszałka. Pułkownik oprowadził mnie po szkole i jej najbliższym otoczeniu. Wszędzie rzucał się w oczy wzorowy porządek i ład. Młodzież wojskowa sprawiała wrażenie bardzo miłe. Wróciliśmy wreszcie do gabinetu służbowego komendanta szkoły i rozpoczęliśmy konferencję. Wyłuszczyłem pułkownikowi sprawę, z którą przyjechałem z ramienia Marszałka. Była to długa, trudna i męcząca rozmowa. Dawałem mu wyraźnie do zrozumienia, że Marszałek mu swej decyzji nie narzuca, że sam ma wybrać, że jednak Marszałek chciałby go mieć w wojsku, bo ocenia wysoko jego przydatność na szczeblu wyższego dowodzenia. Po tym wszystkim Bociański wyraził pełną zgodę na pozostanie w wojsku. Niestety, po chwili znowu się wycofał; najwyraźniej żal mu było drugiej możliwości i nie mógł się zdecydować ostatecznie. Ponieważ jednak miałem doprowadzić do tego, by wybrał pozostanie w służbie wojskowej, wobec jego wahań, by sprawę zakończyć, dyplomatycznie go ,,nakręciłem'', aż wreszcie Bociański poprosił mnie o przekazanie Marszałkowi podziękowania za ten wielce zaszczytny dla niego dowód zaufania. Pożegnałem się serdecznie z pułkownikiem i wróciłem do Warszawy. Kiedy zrelacjonowałem Marszałkowi moją rozmowę z Bociańskim i to ,,kołowanie'' z nim, zanim osiągnąłem cel, Marszałek śmiał się, no i był naturalnie zadowolony z wyniku mojej misji. Zapowiedział mi, że w najbliższych dniach zadecyduje o nominacji płka Bociańskiego. Gdy byłem u Marszałka 11 października otrzymałem decyzję i zarządzenie dla szefa Biura Personalnego Ministerstwa Spraw Wojskowych o wyznaczeniu gen. Mieczysława Boruty-Spiechowicza, dotychczasowego dowódcy piechoty dywizyjnej 20 dywizji piechoty, na dowódcę 22 dywizji piechoty, oraz płka Bociańskiego na dowódcę piechoty dywizyjnej 20 dywizji piechoty.

OSTATNIA DEFILADA WOJSKOWA Z UDZIAŁEM
MARSZAŁKA JÓZEFA PIŁSUDSKIEGO

Marszałek był na ogół dość skłonny do przeziębień, na które często zapadał w okresie wiosny i jesieni. Bywał wtedy nieraz zirytowany i rozdrażniony. Mimo podniesionej temperatury niechętnie ulegał zaleceniom przybocznego lekarza, by chorobę przebyć w łóżku. Gdy mijała temperatura nie pozwalał się zatrzymać w łóżku, wstawał i pracował, co osłabiało jego siły. W 1934 roku, a zwłaszcza od początku 1935, gdy przychodziłem do Marszałka z moimi sprawami służbowymi zdarzało mi się zastać go z głową opartą o blat biurka. Powiedział do mnie pewnego razu: ,,Jaki ja jestem zmęczony, nic mi się robić nie chce''. Było dla mnie czymś bardzo przykrym, usłyszeć takie słowa z ust człowieka, który nie był skory do użalania się. I rzeczywiście, obserwowałem od pewnego czasu, że stopniowo ale stale zdrowie i siły Marszałka słabną. Wtrącałem w takich okolicznościach uwagi, że Marszałek niewątpliwie pracuje zbyt intensywnie, że stanowczo powinien robić dłuższe przerwy w pracy i udawać się na częstsze wypoczynki. Zwykle dostawałem na to odpowiedź, że to niemożliwe, gdyż jest ciągle wiele spraw, których nie może pozostawić czy odłożyć. Gdy widziałem te częste okresy zmęczenia Marszałka, który jakby walczył ze swym słabnącym zdrowiem i opuszczającymi go siłami, ogarniał mnie smutek i żal, że nic mu przecież pomóc nie mogę. W rzeczywistości jednak Marszałek w ostatnich latach przed śmiercią zmniejszył działalność; w zasadzie ograniczył się do prac wojskowych i polityki zagranicznej. Mówił: ,,niech sobie sami radzą''. Ustalił, że będzie przyjmował premiera i konferował z nim raz w miesiącu.

Któregoś razu Marszałek poinformował mnie, że z okazji takiej miesięcznej wizyty premier Kozłowski przyniósł kilka dekretów, prosząc Marszałka, jako resortowego ministra, o złożenie pod nimi swych podpisów. ,,Nie podpisałem i powiedziałem mu, że dekrety muszą iść do mnie przez mego szefa gabinetu; on musi mi je zreferować i wtedy podpiszę''. Marszałek był czuły na to, by nie przemycano do niego jakichkolwiek spraw z pominięciem właściwej drogi służbowej. Przecież na tym szczeblu pracy państwowej nie był w stanie sam czytać i studiować różnorodnych ustaw, dekretów itp. Od tego miał właściwych pracowników, którym ufał i na których polegał. Przestrzegał tej metody i nie dopuszczał, by trafiały do niego „bokiem'' do podpisu różne sprawy.

Dla ilustracji metody pracy Marszałka przytoczę tu następujący jeszcze przykład. Marszałek poinformował mnie kiedyś, że w czasie obiadu w Belwederze Marszałkowa wystąpiła z prośbą o audiencję dla znanego działacza politycznego, adwokata Paschalskiego, który ją o to prosił. Nie chcąc wdawać się w bliższą rozmowę na ten temat, Marszałek odpowiedział swej małżonce, że „dobrze, ale niech on się z tym zwróci do mego szefa gabinetu''. Po tym wstępie Marszałek powiedział do mnie: „bo widzicie, jak on się do was zwróci, to wy go łatwo możecie odwalić we własnym zakresie z takich czy innych względów, a ja nie mam do niego żadnych interesów''. Sprawa była dla mnie jasna.

W każdą rocznicę 11 listopada Marszałek osobiście przyjmował defiladę wojska w Warszawie. W defiladzie brały również udział paramilitarne organizacje młodzieżowe. Pogoda w tym dniu rzadko kiedy dopisywała i Marszałek nieraz wracał po defiladzie przeziębiony. Rocznicę tę uważał za szczególnie bliską, bo związana była z jego powrotem z więzienia w Magdeburgu i początkiem niepodległości Polski.

7 listopada 1934 r. odbyła się odprawa w gabinecie Marszałka w gmachu Generalnego Inspektoratu. Na odprawę zostali wezwani gen. Rydz-Śmigły, gen. Kasprzycki i ja. Stawiliśmy się wszyscy punktualnie na godzinę 6 wieczorem. Marszałek zagaił, że wobec zbliżającego się 11 listopada chce dać rozkazy co do tego dnia. Podaję tu dosłowny przebieg tej odprawy, który odręcznie wówczas zanotowałem:

„Mój udział jest fakultatywny. Deszcz, śnieg, wiatr wyklucza mnie zupełnie od wzięcia udziału. Gdy nie będzie ani śniegu, deszczu ani wiatru, wtedy ja będę. W przeciwnym wypadku będzie generał Śmigły. Dzień ten należy do tych, którzy dowodzili wojskiem przed mym przyjazdem z Magdeburga. (Po krótkiej pauzie Marszałek mówi dalej.) Na szczęście Prezes Gabinetu Ministrów Leon Kozłowski nie będzie defilował, więc nie będzie Panu psuł defilady. On nie może chodzić w nogę, on zaplącze się we własnych nogach. Do defilady jest na nic. Gdy przyszedł do mnie meldować się jako Prezes Gabinetu Ministrów, powiedziałem mu, że nie umie maszerować, nie wiem więc, czy będzie dobrym szefem rządu. Wtedy stanął mi na „baczność'' dobrze i z trzaskiem. Czas dojścia defilady trzeba skrócić. Ja nie objeżdżam i nie robię przeglądu, a przyjeżdżam wprost na samą defiladę. Nie tak jak w Krakowie, gdzie musiałem czekać, bo rozwijano jeszcze pułki. Jak ja przyjeżdżam wszystko musi być gotowe. Wandzia, moja córka, musi defilować. Ja w wieku Wandzi byłem w 8 klasie. Ja się teraz zastanawiam, czy ja wówczas, czy Wandzia rozsądniejsza; chyba ja. Ja takich projektów jak ona nie ośmieliłbym się wówczas robić. Wandzia uczy Jagodę, że nie trzeba być pierwszą uczennicą. Po co, mówi do Jagody. Ty taka głupia jesteś. A znają wszystko, nawet gazy znają doskonale i co to jest uszczelnianie pomieszczenia. Egzaminują się nawzajem o te rzeczy w samochodzie. Ja znam kilka dziewcząt, które nie chcą za mąż wychodzić, specjalnie takie, które dobrze postawiły się w zarobkowaniu. Nie chcą zmienić swego bytowania; mówią, że niech

Marszałek przybywa na defiladę. Pierwszy z prawej autor

W DNIU 11 LISTOPADA 1934

Warszawa, Pola Mokotowskie — Marszałek Piłsudski i autor

URJER PORANNY
TYGODNIOWY DODATEK ILUSTROWANY DO № 320

PAN MARSZAŁEK PIŁSUDSKI PRZYJMUJE DEFILADĘ ODDZIAŁÓW WOJSKOWYCH NA POLU MOKOTOWSKIEM
W DNIU 11 LISTOPADA, W SZESNASTĄ ROCZNICĘ ODZYSKANIA NIEPODLEGŁOŚCI. WGŁĘBI NA TRYBUNIE
ZA PANEM MARSZAŁKIEM STOI PŁK. SOKOŁOWSKI

Zakończenie defilady 11 listopada 1934 r. Autor podtrzymuje schodzącego z trybuny Marszałka

on zmieni. Jedną znałem taką dziewczynę w Druskienikach, która chciała mieć dziecko, a jego potem wygoniła. One umieją dokładnie rachować; ona uważała, że jej wystarczy i dla siebie i dla dziecka. Wandzia odpowiada Matce, że cóż z tego, że Ty masz doświadczenie, ja chcę sama doświadczać."

Wracając do defilady listopadowej Marszałek polecił mi dopilnowanie ,,zgrania całości" i przyjazdu Prezydenta Rzeczypospolitej, tak by Marszałek nie czekał z rozpoczęciem defilady. Ponadto miałem zorganizować wszystko tak, by być przygotowanym na każdą ewentualność, nawet na to, że Marszałek 11 listopada rano zadecyduje, czy pojedzie na rewię czy też w zastępstwie pojedzie gen. Śmigły. Ja miałem asystować Marszałkowi; jeśli będzie gen. Śmigły, będę przy nim. Gdy po tej odprawie znalazłem się u Marszałka, postawił mi jeszcze dodatkowy warunek, że po przybyciu Prezydenta nie będzie do niego podchodził, tylko ze swej trybuny zasalutuje; tak samo i przy odjeździe Prezydenta. W związku z tym zameldowałem się u Prezydenta i przedstawiłem życzenie Marszałka, które z pełnym zrozumieniem zostało zaakceptowane. Zameldowałem się także u gen. Śmigłego i przedstawiłem mu do zaakceptowania wszystkie szczegóły organizacyjne na wypadek, gdyby on przyjmował defiladę.

11 listopada od wczesnego rana miałem zorganizowaną łączność z Polem Mokotowskim, miejscem rewii i defilady. Utrzymywałem również stałą łączność telefoniczną z Gabinetem Wojskowym Prezydenta na Zamku. Pogoda była ciągle niepewna. Oczekiwałem w Belwederze na dyspozycje Marszałka. Przewidywałem, że z powodu niepewnej pogody Marszałek na defiladę się nie uda. Jednak w ostatniej dosłownie chwili Marszałek dał mi dyspozycję, że pojedzie. Natychmiast telefonicznie powiadomiłem o tym gen. Śmigłego, oczekującego w swym mieszkaniu na wiadomość. Przyjechaliśmy na Plac Mokotowski pod samą wysuniętą naprzód trybunę, z której Marszałek miał przyjmować defiladę. Prawie natychmiast po naszym przyjeździe przybył Prezydent powitany hymnem narodowym. Marszałek zasalutował na odległość. Trybuny rządu, dyplomacji i publiczności były wypełnione po brzegi. Defilada ruszyła. Stałem na tej małej trybunie, tuż przy Marszałku, nieco w tyle za nim. Na propozycję postawienia krzesła (na wszelki wypadek) Marszałek się nie zgodził. Defilada była długa, z dużą ilością wojska, z licznymi organizacjami paramilitarnymi, przysposobienia wojskowego itp. Marszałek stał cały czas, salutował oddziały i sztandary, bacznie obserwował defilujące wojsko. W pewnej chwili, już pod koniec defilady, Marszałek nerwowym półgłosem wezwał mnie, żebym stanął bliżej, tak by mógł się o mnie oprzeć, bo czuje się słabo. Stanąłem mocno i Marszałek dosłownie oparł się plecami o mnie. Jednocześnie już nie pytając o zgodę dałem znak adiutantowi kpt. Miładowskiemu by przyniesiono krzesło. Twarz Marszałka była spocona; był bardzo zmęczony. Miałem pod ręką czystą chusteczkę i Marszałek wytarł nią sobie całą twarz. Był to niewątpliwie jakiś atak. Marszałek powoli przyszedł trochę do siebie, usiadł i koniec defilady przyjmował siedząc w fotelu. Atak przeszedł, ale Marszałek wyglądał źle i wyraźnie

był bardzo zmęczony. Po skończonej defiladzie w obawie, żeby atak się nie powtórzył, bez pytania wziąłem Marszałka silnie pod rękę i tak podtrzymując sprowadziłem go z trybuny do oczekującego samochodu. Działo się to wszystko na oczach tysięcznych tłumów, na ogół jednak, jak mogłem ocenić, nie zorientowano się jak dramatyczne chwile miały miejsce. Po kilku dniach odpoczynku Marszałek wrócił do normalnej pracy. Jednak od tego wydarzenia zaobserwowałem, że stan zdrowia Marszałka coraz bardziej się pogarszał, zmęczenie potęgowało się i bywało coraz częstsze. Pomimo to Marszałek pracował ciągle dużo i to zarówno w sprawach wojska jak i zagadnień polityki zagranicznej.

ZGON ZOFII KADENACY

3 lutego 1935 roku po dłuższej chorobie zmarła w Warszawie w Wojskowym Szpitalu Okręgowym Zofia Kadenacy, siostra Marszałka Piłsudskiego. Marszałek był szczególnie do niej przywiązany i darzył ją zawsze wielkim i serdecznym uczuciem. W latach dzieciństwa, a nawet późniejszych, po śmierci matki, Zofia Kadenacy, starsza siostra, zastępowała Marszałkowi zmarłą matkę, toteż jej śmierć była wielkim ciosem dla Marszałka i na pewno w znacznym stopniu wpłynęła na pogorszenie jego stanu zdrowia. Eksportacja zwłok odbyła się 6 lutego ze szpitala na Dworzec Główny. Bardzo duży kondukt pogrzebowy prowadził biskup polowy ks. Józef Gawlina. Marszałek przyjechał wprost na dworzec pod rampę kolejową i tam pożegnał zwłoki siostry, po czym tegoż dnia wyjechał wraz z rodziną specjalnym pociągiem do Wilna na uroczystości pogrzebowe. Marszałek wyglądał mizernie; był wyraźnie przybity i przygnębiony. W uroczystościach pogrzebowych w Wilnie brał udział również premier Kozłowski, marszałek Senatu Raczkiewicz i wiele innych osób. Nabożeństwo odbyło się w kościele oo. Bernardynów; kościół wypełniony był po brzegi, przed kościołem tłumy, moc duchowieństwa, liczni przedstawiciele różnych zakonów; podczas nabożeństwa piękna muzyka i śpiewy. Sformował się olbrzymi kondukt; Marszałek asystował przy wyprowadzeniu zwłok z kościoła, po czym gdy kondukt ruszył, wrócił do Pałacu Wojewódzkiego na krótki odpoczynek. Przyjechał potem na cmentarz i pozostał tam do końca pogrzebu. Stał cały czas oparty na szabli, przygarbiony, mizerny i bardzo zmęczony. Po pogrzebie Marszałek pozostał w Wilnie jeszcze przez kilka dni.

KŁOPOTY Z GENERAŁEM MACKIEWICZEM
PRZY ZWALNIANIU GO Z WOJSKA

13 lutego 1935 roku zostałem wezwany przez Marszałka do Inspektoratu Generalnego na godzinę 3 po południu. Odnotowałem dosłownie to, co mi powiedział: ,,Wezwałem Was w sprawie, w której sam rozmawiać nie chcę. Zdecydowałem, że Wy musicie za mnie rozmawiać. Chodzi mi o generała Mackiewicza. Generał Mackiewicz należy do cenionych przeze mnie. Żeby on był *modern* tego nie powiem. Znacie rosyjski język, a więc powiem o nim *samyj otczajannyj klauźnik*. Ja jednak nie znoszę złego stosunku do niego. To uważam za świństwo w stosunku do człowieka, który ma za sobą rzeczy najładniejsze i najpiękniejsze. Jest on jednak *klauźnik* i *jadnik* i to taki, że żyć z nim nie można. Powiecie mu, że ja Was wysyłam do niego, bo ja z nim nie jestem już w stanie rozmawiać. Że wtedy, gdy szła jego sprawa zabagniona z pułkownikiem Kamskim i wysyłałem komisję, to jednak ona skonstatowała, że sam Mackiewicz tyle gada rzeczy niepotrzebnych o innych, że tym upoważnia i tych innych do gadania na niego. Wtedy też musiałem z wielkim wysiłkiem przejść nad tym do porządku. Nie mogę się ciągle zajmować sprawami związanymi z panem generałem Mackiewiczem i to wszystko dla jego *jadniczestwa*. Ja od pewnego czasu niczem innem się nie zajmuję, jak tylko tym jedynie. Znosić więc już dalej tego nie mogę, choć go lubię i cenię. On z wieku nadaje się do zwolnienia. Ja go mogę zwolnić w każdej chwili, ale nie chcę go krzywdzić. W sprawie z pułkownikiem Kamskim nie wykorzystałem tego momentu. W sprawie tej tyle on nagadał, że ma skutki. Niech się więc nie dziwi. Teraz zdecydowałem go ostatecznie zwolnić. Niech on sam odpowie kiedy. Jemu zostawiam formę zwolnienia na własną prośbę, jak i czas kiedy by chciał odejść''.

Gdy zapytałem jak mam rozumieć ten czas, dostałem odpowiedź, że z pewnością musi to nastąpić przed tegorocznymi letnimi ćwiczeniami. ,,Na ćwiczenia on już iść nie może. Termin w dekrecie przejścia w stan spoczynku może być podany i późniejszy''. Powołując się na dotychczasową praktykę w analogicznych sprawach, zapytałem czy mam sobie zastrzec w rozmowie z gen. Mackiewiczem poufność do czasu ukazania się zarządzenia o zwolnieniu, by przez zbyt wczesne podanie sprawy do wiadomości nie ucierpiało na tym dowodzenie w dywizji.

Marszałek potwierdził słuszność mej uwagi, od siebie jednak dodał, że sam tę poufność może zachować, ale nie wierzy, by gen. Mackiewicz wytrzymał; raczej na pewno będzie ,,gadał''.

Następnego dnia pojechałem do Skierniewic, nie umawiając się przedtem telefonicznie, by nie wywołać przedwcześnie jakiegoś poruszenia w sztabie dywizji. No i pech, bo generała nie zastałem; wyjechał na polowanie. Następnego dnia rozmawiałem z generałem telefonicznie, chcąc uzgodnić ponowny mój przyjazd do Skierniewic. Generał wyraził życzenie, by mógł sam przyjechać do Warszawy i odwiedzić mnie w ministerstwie.

18 lutego gen. Mackiewicz znalazł się u mnie w gabinecie, gdzie przeprowadziliśmy dłuższą rozmowę. Zgodnie z instrukcją Marszałka przedstawiłem mu całą sprawę i motywy jakimi kieruje się Marszałek. Ze swojej strony usiłowałem zachować się jak najbardziej taktownie, by go nie urazić i żeby decyzję Marszałka przyjął ze spokojem i zrozumieniem. Mackiewicz okazał się jednak tak uparty i nierozsądny, że ciężko było się z nim dogadać. Zrobił na mnie, niestety, wrażenie ,,zakutej'' głowy. Oczywiste argumenty o konieczności zmian personalnych na szczeblach dowodzenia nie trafiały do niego. Podejrzewałem go o odgrywanie komedii, gdy oświadczył mi, że zawsze nosi przy sobie rewolwer i gdyby nie żona i dzieci, to zaraz by ze sobą skończył, ,,bo życia nie ceni'' i tym podobne brednie. Powiedziałem mu, że on, zasłużony żołnierz z tak piękną i chlubną kartą służby wykazuje taką słabość i brak panowania nad sobą. Trochę go to otrzeźwiło i w końcu udało mi się go nieco uspokoić, ale były momenty, że obawiałem się, iż może niespodziewanie strzelić sobie w łeb w moim gabinecie w Ministerstwie Spraw Wojskowych i wywołać tym skandal. Jakoś się uspokoił i oświadczył, że na razie podania o zwolnienie nie napisze, bo jak się wyraził, ,,nie potrafiłbym, bo ze zdenerwowania ręka mi się trzęsie''; obiecał przesłać mi podanie 20 lutego, a więc za dwa dni. Rozstaliśmy się we względnej pogodzie ducha. Uważałem takie zakończenie za dobre i pożegnałem generała serdecznie życząc mu hartu ducha.

W każdym razie dobrze, że nie strzelał ani do mnie ani do siebie. Słowa rzeczywiście dotrzymał i dokładnie 20 lutego otrzymałem od niego uprzejmy list i w załączeniu odręczne podanie do Marszałka o zwolnienie go z obowiązków służbowych i przeniesienie w stan spoczynku.

Tegoż samego dnia, 20 lutego, zostałem wezwany do Marszałka w różnych sprawach służbowych. Zreferowałem również przebieg mojej misji w sprawie gen. Mackiewicza i przedstawiłem jego podanie. Marszałek uważnie wysłuchał, po czym szybko zrobił na podaniu adnotację ,,decyzja przyjęta''. Terminu na razie mi nie wyznaczył i polecił, bym podanie przechował u siebie a termin poda mi później. W tym czasie Marszałek wyjechał na kilka dni do Wilna. Po jego powrocie zostałem wezwany 6 marca i wtedy dał mi ostateczną decyzję co do gen. Mackiewicza. Zmiana na stanowisku dowódcy dywizji miała nastąpić już teraz, w marcu. Na miejsce Mackiewicza wyznaczył płka Kozickiego z 8 dywizji piechoty z Modlina, dotychczasowego dowódcę piechoty dywizyjnej. Polecił mi ich obu niezwłocznie o tym zawiadomić.

Szefa Biura Personalnego Ministerstwa Spraw Wojskowych miałem zawiadomić by zameldował się u Marszałka z gotowym dekretem nominacyjnym do podpisu. Otrzymałem również polecenie, bym przygotował list od Marszałka do gen. Mackiewicza z podziękowaniem za służbę. W najbliższych dniach list taki przedłożyłem Marszałkowi do podpisu i wysłałem przez specjalnego oficera do generała.

Początek 1935 r. — autor rozmawiający z Marszałkiem
przed wejściem do gmachu Ministerstwa Spraw Wojskowych

Kraków, 18 maj 1935 — pogrzeb Marszałka Józefa Piłsudskiego. Drugi od prawej autor

ŚMIERĆ PIERWSZEGO MARSZAŁKA POLSKI JÓZEFA PIŁSUDSKIEGO

W marcu 1935 roku jeszcze kilkakrotnie byłem u Marszałka ze sprawami służbowymi. Marszałek wyglądał coraz gorzej i coraz bardziej zmęczony. Starałem się w miarę możliwości nie obciążać Marszałka zbytnią ilością spraw, referowałem mu tylko sprawy konieczne i pilne, wymagające decyzji i podpisu. Do końca naszej współpracy umysł Marszałka był jasny, żywy i rzeczowy, a jego pamięć znakomita. Słabły tylko jego siły fizyczne.

W ciągu kwietnia Marszałek już nie załatwiał ze mną żadnych spraw służbowych. Z jego zdrowiem było coraz gorzej. Miałem stały kontakt z adiutanturą i byłem informowany o przebiegu choroby Marszałka. W kwietniu Marszałek definitywnie przeniósł się z Generalnego Inspektoratu do Belwederu. Przyjmował jeszcze ministra Spraw Zagranicznych Józefa Becka oraz lekarzy. Zachodziło podejrzenie choroby raka. Generał dr Stanisław Rouppert, po konsultacji z lekarzami pod których opieką był Marszałek, zorganizował sprowadzenie z Wiednia wybitnego specjalisty prof. dra Wenckenbacha. Przyjechał on 25 kwietnia i zbadał Marszałka w obecności dra Roupperta i dra Mozołowskiego. Rozpoznał raka wątroby w stadium nie pozwalającym na operację. Przypuszczał, że był to dodatkowo rak żołądka z przerzutami do wątroby. Następnego dnia profesor Wenckenbach przeprowadził badania, po których potwierdził poprzednie swoje orzeczenie. Był to właściwie już wyrok śmierci. Jeszcze raz decyduje się Marszałek przyjechać do Generalnego Inspektoratu, ale 4 maja powraca do Belwederu samochodem sanitarnym, z którego od strony parku belwederskiego zostaje wniesiony do Belwederu i tam korzysta z przygotowanego wózka szpitalnego.

7 maja raz jeszcze przyjechał prof. dr Wenckebach. Żadna poprawa nie nastąpiła; potwierdził tylko swoją poprzednią diagnozę. Marszałek w tym czasie bardzo cierpiał, miał krwotoki i inne dolegliwości. 11 maja nastąpił ciężki krwotok, a następnego dnia w niedzielę 12 maja wieczorem, o godzinie 20 minut 45, Marszałek zmarł w Belwederze. Tę smutną wiadomość otrzymałem w domu przez telefon. Pod tym okropnym i bolesnym wrażeniem pojechałem natychmiast do Belwederu. Marszałek leżał na łóżku w narożnym pokoju, zwanym ,,Księżnej Ło-

wickiej''. Smutek i żal trudny do wypowiedzenia. Zmarł wielki Polak, twórca odrodzonego państwa polskiego, organizator wojska polskiego i jego zwycięski Wódz, człowiek niezwykłej szlachetności, prawości i dobroci, ukochany przez wojsko i naród. Już na drugi dzień ta smutna wiadomość rozniosła się lotem błyskawicy. Przed Belwederem gromadziły się wielkie tłumy ludzi, chcących oddać hołd Zmarłemu.

Automatycznie objąłem organizację i kierownictwo w Belwederze. Adiutantura we wszystkich sprawach zwracała się do mnie o instrukcje i pomoc. Dzieliłem swój czas między Belweder i Gabinet Ministra. Marszałkowa Piłsudska następnego dnia po śmierci Marszałka wręczyła mi ,,Ostatnią wolę'' napisaną odręcznie przez Marszałka na dużym blankiecie papieru z nagłówkiem ,,Generalny Inspektor Sił Zbrojnych''. W porozumieniu z panią Aleksandrą Piłsudską pojechałem do premiera Walerego Sławka, by mu podać do wiadomości ,,Ostatnią wolę''. (Sławek objął ster rządu po Leonie Kozłowskim w ostatnich dniach marca.) W uzgodnieniu ze mną Sławek wezwał szefa Biura Prasowego rządu Tadeusza Święcickiego i polecił mu natychmiastowe wykonanie odbitek fotograficznych ,,Ostatniej woli'' Marszałka. Premier omówił ze mną wstępnie i na razie bardzo ogólnie sprawy związane z zorganizowaniem uroczystości pogrzebowych, by je przedstawić Radzie Ministrów. Prosił mnie i upoważnił do utrzymywania z nim stałej łączności. Oryginał ,,Ostatniej woli'' zabrałem i oddałem Marszałkowej, informując ją jednocześnie o wykonaniu zdjęć fotograficznych w gabinecie premiera przez zaprzysiężonego fotografa oraz o tym, że klisze i odbitki Sławek przechowa u siebie w urzędzie w kasie ogniotrwałej. ,,Ostatnia wola'', jak już wspomniałem, została napisana na dużego formatu blankiecie z nadrukiem ,,Generalny Inspektor Sił Zbrojnych'', pismem raczej dość niestarannym, tak jakby Marszałek się spieszył. Na drugiej stronie napisał ukośnie przez pół arkusza ,,Na wypadek nagłej śmierci''. A oto dokładne brzmienie ,,Ostatniej woli'':

Nie wiem czy nie zechcą mnie pochować na Wawelu. Niech! Niech tylko moje serce wtedy zamknięte schowają w Wilnie gdzie leżą moi żołnierze co w kwietniu 1919 roku mnie jako wodzowi Wilno jako prezent pod nogi rzucili. Na kamieniu czy nagrobku wyryć motto wybrane przeze mnie dla życia:

> *Gdy mogąc wybrać, wybrał zamiast domu*
> *Gniazdo na skałach orła, niechaj umie*
> *Spać, gdy źrenice czerwone od gromu*
> *I słychać jęk szatanów w sosen zadumie.*
> *Tak żyłem.*

A zaklinam wszystkich co mnie kochali sprowadzić zwłoki mojej matki z Sugint Wiłkomirskiego powiatu do Wilna i pochować matkę największego rycerza Polski nade mną.

Niech dumne serce u stóp dumnej matki spoczywa. Matkę pochować z wojskowymi honorami ciało na lawecie i niech wszystkie armaty zagrzmią salwą pożegnalną i powitalną tak by szyby w Wilnie się trzęsły. Matka mnie do tej roli jaka mnie wypadła chowała. Na kamieniu czy nagrobku Mamy wyryć wiersz z ,,Wacława'' Słowackiego zaczynający się od słów:

Dumni nieszczęściem nie mogą
Przed śmiercią Mama mi kazała to po kilka razy dla niej czytać.

*

Zgodnie z wolą Marszałka, dnia 13 maja 1935 r. dokonano wyjęcia serca przez lekarzy: mjra dra Wiktora Kalicińskiego i dra Józefa Laskowskiego w obecności Tadeusza Kamińskiego, prezesa Sądu Okręgowego w Warszawie, gen. dra Bolesława Wieniawy-Długoszowskiego, dowódcy 2 dywizji kawalerii i gen. dra Jakuba Krzemieńskiego, prezesa Najwyższej Izby Kontroli Państwa, i złożono na razie w prowizorycznej szklanej urnie w obecności powyżej wymienionych osób oraz gen. dra Stanisława Roupperta, szefa Departamentu Zdrowia Ministerstwa Spraw Wojskowych, ppłka dypl. Adama Ludwika Sokołowskiego, szefa gabinetu Ministra Spraw Wojskowych i rtma Aleksandra Hrynkiewicza, adiutanta przybocznego Ministra Spraw Wojskowych.

Rząd zwlekał z podjęciem decyzji, gdyż były rozważane różne koncepcje uroczystości w stolicy, m.in. by początkowo wystawić zwłoki na widok publiczny na Placu Piłsudskiego. Nie czekając więc na te ostateczne decyzje postanowiłem na własną odpowiedzialność przenieść ciało Marszałka do Sali Pompejańskiej i umieścić je na prowizorycznym katafalku. Uczyniłem to oczywiście po uzyskaniu zgody Marszałkowej. Zmobilizowałem profesora Szkoły Sztuk Pięknych, dawnego legionistę, Wojciecha Jastrzębowskiego i poprosiłem go o urządzenie i dekorację według jego uznania całości wraz z wnętrzem sali. Oddałem do jego dyspozycji personel pomocniczy, pieniądze na zakup potrzebnych do dekoracji materiałów i w ogóle pokrycie wszelkich kosztów. Służyłem mu również środkami lokomocji, wydając odpowiednie dyspozycje adiutanturze.

W ciągu jednej nocy prof. Jastrzębowski urządził wszystko znakomicie i na wysokim poziomie artystycznym. Zawiadomiłem premiera Sławka, że zanim zapadną decyzje rządu, wejście do Belwederu zostanie otwarte dla wszystkich chcących złożyć pierwszy hołd zmarłemu Marszałkowi. Było to tym bardziej wskazane, że coraz większe tłumy gromadziły się przed Belwederem domagając się wpuszczenia; chwilami zachodziła nawet obawa, że napierające tłumy mogą rozwalić bramę. Gdy zaalarmował mnie jeden z adiutantów, wyszedłem na dziedziniec i oświadczyłem przez megafon, że wkrótce wszyscy będą wpuszczeni do środka, a do tego czasu proszę o spokój i cierpliwość. Apel ten podziałał.

Zorganizowałem przy pomocy adiutantury i reszty personelu belwederskiego służbę porządkową przy bramie, wewnątrz na dziedzińcu i w salach Belwederu.

14 maja tłumy ludzi w wielkim porządku i spokoju przepływały przez Salę Pompejańską oddając w skupieniu hołd Wielkiemu Zmarłemu. Przybył również rząd, przedstawiciele Sejmu i Senatu, liczni przedstawiciele różnych stronnictw, pojedynczy ludzie ze wszystkich warstw społecznych. Widok tych mas ludzkich przesuwających się w głębokim

smutku obok wysokiego katafalku, na którym leżał zmarły Marszałek w mundurze marszałkowskim, przepasany Wielką Wstęgą Orderu Virtuti Militari, pozostawił mi do dziś niezatarte wrażenie. Nie obeszło się jednak bez kłopotów i różnych trudności, które trzeba mi było nieraz pokonywać. M. in. Marszałkowa początkowo nie chciała słyszeć o wpuszczeniu do Belwederu gromadzących się ludzi, motywując to tym, że ,,Ziuk nie lubił warszawskiego tłumu'' itp. Przekonywałem ją, że teraz Zmarły należy już do całego narodu i mamy obowiązek w tym wypadku umożliwić mieszkańcom Warszawy złożenie hołdu. W końcu udało mi się przekonać Marszałkową i uzyskać jej zgodę.

Zatelefonował do mnie nagle podsekretarz stanu w Prezydium Rady Ministrów, Siedlecki, zarzucając mi, że wyprzedzam decyzje rządu i organizuję wszystko na własną rękę w Belwederze. Zirytował mnie tym i odpowiedziałem mu szorstko i niezbyt grzecznie, że to o czym mówi ma miejsce w Belwederze i że jego wtrącanie się jest niewłaściwe. Ponadto to, co czynię niczego nie wyprzedza i nic nie stoi na przeszkodzie wykonania w każdej chwili decyzji rządu jeśli jaka zapadnie.

Już następnego dnia Siedlecki w imieniu premiera i swoim gratulował mi i dziękował, że tak doskonale i tak szybko zorganizowałem oddanie w Belwederze hołdu zmarłemu Marszałkowi. Czekała mnie jeszcze jedna przeprawa. Premier Sławek powołał specjalną komisję doradczą do spraw związanych z uroczystościami pogrzebowymi; komisji tej przewodniczył b. premier Aleksander Prystor. Na zaproszenie Sławka wszedłem w skład komisji. Zebranie odbyło się w Urzędzie Rady Ministrów. Prystor wysunął plan, by kondukt pogrzebowy udał się do Krakowa konnym zaprzęgiem z trumną na lawecie, w asyście licznych oddziałów honorowych wojska. Powinien się przy tym posuwać wolno umożliwiając okolicznej ludności składanie hołdu. Uzasadniając swój zamysł Prystor powołał się na pogrzeb Barbary Radziwiłłówny, który tak właśnie się odbył z woli Zygmunta Augusta. Projekt taki w naszych czasach uważałem po prostu za niedorzeczny. Prystor cieszył się dużym autorytetem, toteż nikt z obecnych nie zabrał głosu, by przeciwstawić się jego koncepcji. Obawiając się, że w ten sposób projekt zostanie zaakceptowany, zabrałem głos i wyraziłem zdecydowany sprzeciw. Umotywowałem go tym, że nie są to czasy Zygmunta Augusta, że w XX wieku żyjemy w zupełnie innych warunkach, inne jest tempo życia, ruch na drogach itd. Wbrew pięknej intencji Prystora, takie żółwie tempo marszu nie pozwoli osiągnąć zamierzonego propagandowego celu. Tylko wielka manifestacja, zakrojona na szeroką skalę ale obliczona na stosunkowo krótki czas, przykuje odpowiednio uwagę społeczeństwa i pogłębi jego przeżycia w tych ciężkich i smutnych dniach jakie spotkały Polskę. Wleczenie się marszem pieszym przez dłuższy czas przy zmiennej i kapryśnej pogodzie może osłabić zamierzoną wielką manifestację narodu. Prystor, człowiek twardy i bardzo apodyktyczny, upierał się przy swoim projekcie, ale zbijałem równie twardo jego argumenty. Na szczęście przyszedł Sławek i po przysłuchaniu się toczonej dyskusji przychylił się całkowicie do mego punktu widzenia. I tak projekt Prystora został przez komisję odrzucony.

13 lub 14 maja byłem umówiony z premierem Sławkiem w godzinach przedwieczornych. Zgłosiłem się w sekretariacie. Odbywało się właśnie posiedzenie Rady Ministrów, więc czekałem. Po chwili do sekretariatu wszedł Sławek, wziął mnie na bok i powiedział, że jedzie w tej chwili na Zamek. Wkrótce wróci i prosi, bym na niego czekał. Gdy wrócił, powiedział mi, że Prezydent zdecydował mianować gen. Rydza-Śmigłego Generalnym Inspektorem Sił Zbrojnych i że oświadczył mu, iż taką wolę Marszałek wyraził w czasie rozmów z nim. Z tonu i formy w jakiej mi to podał Sławek wyczułem wyraźnie, że decyzja Prezydenta nie była po jego myśli. Sławek stawiał raczej na kandydaturę gen. Kazimierza Sosnkowskiego.

UROCZYSTOŚCI POGRZEBOWE
W WARSZAWIE I W KRAKOWIE

Zgodnie z ustalonym przez rząd programem uroczystości pogrzebowe rozpoczęły się dnia 17 maja nabożeństwem żałobnym w Katedrze Św. Jana w Warszawie przy udziale bardzo licznego duchowieństwa. Oprócz rodziny obecni byli Prezydent Rzeczypospolitej, członkowie rządu, Sejmu, Senatu, korpus dyplomatyczny, przedstawiciele nauki i świata artystycznego, wojsko i inni. Trumna ze zwłokami Marszałka, nakryta sztandarem Rzeczypospolitej, tonęła w kwiatach. Katedra była wypełniona po brzegi, a na zewnątrz zebrały się nieprzebrane tłumy. Płomienne kazanie wygłosił biskup polowy ks. Józef Gawlina.

Po nabożeństwie olbrzymi kondukt pogrzebowy przeszedł przez miasto na Pole Mokotowskie. Tam, przed trumną ustawioną wysoko na lawecie armatniej, defilowały oddziały wojska garnizonu warszawskiego. Wokół Pola Mokotowskiego zgromadziły się dziesiątki tysięcy mieszkańców Warszawy składając ostatni hołd Marszałkowi w stolicy Polski. O godzinie 15.45, przy pomocy długich lin przyczepionych do lawety, generałowie pociągnęli trumnę do bocznicy kolejowej. Trumna wraz z lawetą została wtoczona na otwarty wagon i tam umocowana. W momencie tych ostatnich czynności zupełnie nieoczekiwanie pogoda nagle się zmieniła; pojawiły się błyskawice i rozległy grzmoty, które jako akompaniament przyłączyły się do ogólnej żałoby. Wagon, przeprowadzony do stacji Okęcie, wszedł w skład nadzwyczajnego pociągu żałobnego. Pociągiem tym pojechała rodzina z Marszałkową Aleksandrą Piłsudską, córkami Wandą i Jadwigą oraz kilka osób z rządu, osoby z otoczenia wojskowego Marszałka i honorowy oddział wartowniczy wojska.

Wagon z trumną był umieszczony w środku liczącego kilka wagonów składu pociągu. Poczwórna warta przy trumnie pełniła swą straż honorową przez całą drogę do samego Krakowa. Trumna pokryta sztandarem i kwiatami była oświetlona reflektorami ustawionymi w rogach wagonu. Pociąg żałobny wyruszył z Warszawy dnia 17 maja o godz. 19.30, a do Krakowa przybył 18 maja o godzinie 8 rano; jazda pociągu była celowo powolna. Trasa pociągu: Warszawa Okęcie, Piaseczno, Warka, Radom, Skarżysko, Kielce, Tunel, Miechów, Słomniki, Kraków. Pociąg w drodze zatrzymywał się 10 razy. Na wszystkich postojach, jak również na stacjach przez które przejeżdżał powoli nie zatrzymując się, zbierały się ogromne tłumy ludzi. Tak samo działo się na całej trasie pomimo nocnej pory. Na skrzyżowaniach dróg z torem kolejowym zgromadzone były furmanki, a wzdłuż toru tłumy ludności wiejskiej, klęczące i płaczące. Te spontaniczne manifestacje pozostały mi do dziś w pamięci i w oczach jako niezapomniane, głęboko wzruszające przeżycie.

Na krakowskim dworcu oczekiwali przedstawiciele miasta, wojska i duchowieństwa, a przed dworcem niezliczone tłumy. Trumnę wynieśli przed dworzec generałowie, umieszczając ją na przygotowanej lawecie armatniej. Po obu stronach trumny maszerowała z obnażonymi szablami straż honorowa oficerów z najbliższego otoczenia Marszałka. Miałem zaszczyt brać w niej udział. Między innymi w skład jej wchodzili: płk dypl. Kazimierz Glabisz, płk dypl. Leon Strzelecki, ppłk Kazimierz Busler, gen. Janusz Gąsiorowski, gen. Wacław Stachiewicz, gen. Jan Kruszewski, gen. Stanisław Kwaśniewski, płk dypl. Wenda, płk dypl. Wartha, gen. dr Stanisław Rouppert, gen. Bolesław Wieniawa-Długoszowski.

Olbrzymi kondukt pogrzebowy wyruszył przez Kraków w kierunku Wawelu wśród szpalerów wojska i nieprzebranych tłumów ludności i przy ciągłym odgłosie werbli. Przybyła masa ludności wiejskiej w ludowych strojach krakowskich, żywieckich, góralskich i wielu innych. Trumna na lawecie zatrzymała się przed samym wejściem do Katedry Wawelskiej. Tu pożegnał zmarłego Marszałka świetnym przemówieniem Prezydent Rzeczypospolitej prof. Ignacy Mościcki, poczym generałowie wnieśli trumnę do katedry i umieścili ją na katafalku. Po uroczystym nabożeństwie żałobnym zniesiono trumnę do podziemi, do Grobów Królewskich, gdzie zwłoki Marszałka zostały przeniesione do srebrnej trumny. Poprzednia trumna metalowa została po pogrzebie zawieziona na Litwę Kowieńską przez siostrzeńca Marszałka Czesława Kadenacy i w niej zostały złożone ekshumowane prochy Matki Marszałka, Marii z Billewiczów Piłsudskiej, przewiezione potem do Wilna i pochowane na cmentarzu na Rossie.

30 maja 1935 roku o godzinie 18 w Belwederze, na I piętrze, w dawnym sypialnym pokoju Marszałka, odbyło się uroczyste złożenie Jego serca do srebrnej urny wraz z aktem opatrzonym pieczęcią Prezydenta Rzeczypospolitej.

Wykonano fotokopie tego aktu; jedną z nich otrzymałem wówczas na pamiątkę jako jeden z podpisanych. Podaję tu pełny i dokładny tekst aktu:

...„Niech tylko moje serce wtedy zamknięte schowają w Wilnie gdzie leżą moi żołnierze co w kwietniu 1919 roku mnie jako wodzowi Wilno jako prezent pod nogi rzucili... Niech dumne serce u stóp dumnej Matki spoczywa''.

Zgodnie z ostatnią wolą Marszałka Polski Józefa Piłsudskiego powyżej dosłownie przytoczoną w wyjątkach tyczących się Jego Serca, dnia 13 maja 1935 roku, nazajutrz po śmierci, Serce to wyjęte zostało przez lekarzy: mjr dr Wiktora Kalicińskiego i dr Józefa Laskowskiego

w obecności gen. bryg. dr Jakóba Krzemieńskiego, Prezesa Najwyż-
szej Izby Kontroli Państwa, gen. bryg. dr Bolesława Wieniawy-Dłu-
goszowskiego, Dowódcy 2 Dywizji Kawalerii i Tadeusza Kamińskie-
go, Prezesa Sądu Okręgowego w Warszawie.

W dniu 30 maja 1935 roku o godzinie 18-tej w obecności żony Mar-
szałka Polski Aleksandry Piłsudskiej, córek Wandy i Jadwigi oraz brata
Kazimierza, Serce Marszałka Polski zostało złożone w tej urnie dla po-
chowania Go zgodnie z wolą Zmarłego Wodza.

W czynności złożenia Serca uczestniczył Prezydent Rzeczypospo-
litej Profesor Ignacy Mościcki w towarzystwie Prezesa Rządu Rzeczy-
pospolitej Walerego Sławka.

Ponadto świadkami byli: gen. dyw. Edward Rydz-Śmigły, General-
ny Inspektor Sił Zbrojnych, gen. bryg. dr Jakób Krzemieński, Prezes
Najwyższej Izby Kontroli Państwa, gen. bryg. dr Bolesław Wieniawa-
Długoszowski, Dowódca 2 Dywizji Kawalerii, gen. bryg. dr Stanisław
Rouppert, Szef Departamentu Zdrowia Ministerstwa Spraw Wojsko-
wych, ppłk dypl. Adam Ludwik Sokołowski, Szef Gabinetu Ministra
Spraw Wojskowych, Tadeusz Kamiński, Prezes Sądu Okręgowego w
Warszawie, mjr dr Wiktor Kaliciński, dr Józef Laskowski, profesor
Wojciech Jastrzębowski i rotmistrz Aleksander Hrynkiewicz, Adiutant
Przyboczny Ministra Spraw Wojskowych. Akt niniejszy podpisany
przez obecnych opieczętowny został pieczęcią Prezydenta Rzeczypo-
spolitej.

Warszawa-Belweder, 30 maja 1935 roku

Akt powyższy podpisany został przez obecnych tylko na oryginale
włożonym do urny. Oddziały honorowe wojska, ustawione na dziedzińcu belwederskim, przy ulicy Bagatela i w Alejach Ujazdowskich, oddały honory wojskowe, gdy żona zmarłego Marszałka wraz z córkami
wynosiła z Belwederu srebrną urnę z sercem Marszałka do samochodu,
którym w asyście wojskowej eskorty honorowej odjechały na Dworzec
Wileński, a stamtąd pociągiem do Wilna. Rodzinie Marszałka wiozącej
urnę towarzyszyło liczne grono osób wojskowych z najbliższego otoczenia. W Wilnie nastąpiło bardzo uroczyste powitanie z udziałem honorowych oddziałów wojska. Później odbyły się wielkie uroczystości w Wilnie związane z pochowaniem matki Marszałka wraz z sercem Syna.

*

Śmierć Józefa Piłsudskiego okryła naród głęboką żałobą. Nawet
opozycja polityczna odczuła jego zgon jako ciężką stratę dla kraju.
Przypisywano nieraz Piłsudskiemu tendencje dyktatorskie; sąd jak najbardziej błędny. Piłsudski był stanowczym przeciwnikiem systemu rządów dyktatorskich. Uczył i torował drogę do rządnego i demokratycznego systemu. Wydarzenia historyczne wysunęły Piłsudskiego na czoło życia odrodzonego niepodległego państwa, którego był pierwszym
Naczelnikiem i Naczelnym Wodzem. Jako budowniczy państwa swoją
wolą ustanowił prawa i podstawy demokratycznego ustroju. Był twórcą
i organizatorem wojska, a następnie zwycięskim Naczelnym Wodzem.

Swoją pracą i działalnością zdobył najwyższy autorytet w kraju. Posiadał tak wielki autorytet moralny, że gdyby tylko chciał, mógł z łatwością uchwycić w swe ręce pełną i nieograniczoną władzę dyktatorską w Polsce. Nie skorzystał w tym celu z żadnej sposobności. Tak było przy budowie pierwszych zrębów państwowości, kiedy to swą wolą i niepodzielną władzą Naczelnika Państwa zadekretował demokratyczne powszechne wybory do pierwszego Sejmu Rzeczypospolitej Polskiej i złożył mu swą nieograniczoną dotychczas władzę Naczelnika Państwa. Tak też było po wypadkach majowych w 1926 roku. Sejmu nie rozpędził. Zgodnie z konstytucją do momentu wyboru nowego prezydenta władzę zwierzchnią sprawował marszałek Sejmu Maciej Rataj. W pierwszych wyborach Sejm wybrał na prezydenta, bynajmniej nie pod presją, właśnie Józefa Piłsudskiego. Piłsudski nie przyjął najwyższego urzędu w państwie i uczynił wszystko, by po tym bolesnym i nieuniknionym wstrząsie nastąpił szybki powrót do zasad demokracji i praworządności. Swój osobisty udział ograniczył do współpracy z rządami pomajowymi i do kierownictwa pracami wojska. Dążąc do utrwalenia w Polsce mądrej i rządnej demokracji opartej na poszanowaniu prawa, walczył z rozpanoszonym warcholstwem i swawolą. Obok Sejmu pragnął utrwalić silną władzę wykonawczą i wzmocnić władzę Prezydenta Rzeczypospolitej.

Piłsudski był inicjatorem i inspiratorem głównych i podstawowych założeń konstytucji kwietniowej. Przy wybitnej współpracy Walerego Sławka, jednego z najstarszych i najbliższych towarzyszy walk o niepodległość, konstytucja kwietniowa została opracowana i uchwalona przez sejm w 1935 roku. Józef Piłsudski, jako członek rządu Walerego Sławka położył pod tą konstytucją podpis, jeden z ostatnich przed śmiercią.

Piłsudski był człowiekiem niezwykle skromnym, mało wymagającym dla siebie. Obojętne były mu zawsze jakiekolwiek korzyści materialne. Chęć służenia Polsce cechowała jego życie i wszystkie poczynania. W życiu prywatnym, towarzyskim, zwłaszcza gdy dopisywało mu zdrowie, był miły, uprzejmy, bardzo naturalny i bezpośredni. Był człowiekiem o ogromnej wrodzonej kulturze osobistej. Ludzie, którzy się z nim zetknęli choćby raz, pozostawali pod wielkim jego urokiem.

W mojej pracy z Marszałkiem podziwiałem nie tylko jego olbrzymie zdolności i rozległą wiedzę, ale i rzadko spotykaną nadzwyczajną pamięć. Marszałek w swych pracach był realistą, nie znosił fikcji. Od swych współpracowników wymagał pracy dokładnej, sumiennej i rzetelnej. Umysł miał niezwykle wnikliwy, spostrzegawczy i przewidujący. W ocenie ludzi i wydarzeń mylił się chyba rzadko.

W ciężkich chwilach naród polski będzie z pewnością niejednokrotnie wracał myślą do wielkiej postaci Józefa Piłsudskiego i sięgał do jego wskazań i pouczeń.

SŁUŻBA CYWILNA — WOJEWODA NOWOGRÓDZKI

Po śmierci Marszałka zdecydowałem się opuścić służbę wojskową i przejść do życia cywilnego. Na moją decyzję wpływ miały zarówno względy natury osobistej jak i ogólnej. W obozie rządowym zachodziły niekorzystne zmiany; dotyczyło to także środowiska wojskowego. Zaczęło się wyraźnie rysować rozbicie. Atmosfera była napięta, tworzyły się sytuacje konfliktowe, a kierunek politycznych działań wydawał mi się sprzeczny zarówno ze wskazaniami Marszałka jak i duchem niedawno uchwalonej konstytucji.

Nowy kurs polityczny wprowadzali ludzie z otoczenia nowego Generalnego Inspektora Sił Zbrojnych — gen. Edwarda Rydza-Śmigłego. Ten doskonały żołnierz i znakomity dowódca sięgał powoli po władzę dyktatorską. Był człowiekiem wielkiej szlachetności, ale stwierdzić muszę, że wprowadzane przez niego metody sprawowania władzy dawały impuls zakulisowym rozgrywkom i intrygom. Przez wiele lat pracowałem u boku Marszałka i dobrze wiedziałem, że nie takich metod i nie takiego porządku życzył Polsce po swej śmierci.

Doszedłem więc do wniosku, że nie będzie mi łatwo dostosować do nowej sytuacji pozostając w mundurze, który z natury rzeczy zobowiązuje do specyficznej dyscypliny. Zdawałem sobie też sprawę, że Marszałek obarczał mnie — zwłaszcza w ostatnich latach — bardzo delikatnymi nieraz misjami, które nie zawsze przysparzały mi przyjaciół. Co prawda nowy minister Spraw Wojskowych, gen. Tadeusz Kasprzycki kurtuazyjnie zaproponował mi bym pozostał na swym dotychczasowym stanowisku, ale, podziękowawszy za zaufanie, poprosiłem o przeniesienie w stan spoczynku. ·

W tym samym czasie otrzymałem propozycję premiera Walerego Sławka, który chciał bym przeszedł do administracji państwowej na stanowisko wojewody. Sławek nie zdążył jednak przeprowadzić mojej nominacji, gdyż wkrótce został zmuszony do złożenia dymisji.

Niedługo po uroczystościach pogrzebowych Walery Sławek w jednym ze swoich oświadczeń stwierdził, że krajem powinno rządzić prawo i ludzie przez to prawo powołani. Deklaracja ta pozostawała w sprzeczności z wyraźnie już lansowaną koncepcją ,,wodzostwa'' gen. Śmigłego. Rząd Sławka zdecydowany był wprowadzać w życie zasady nowej

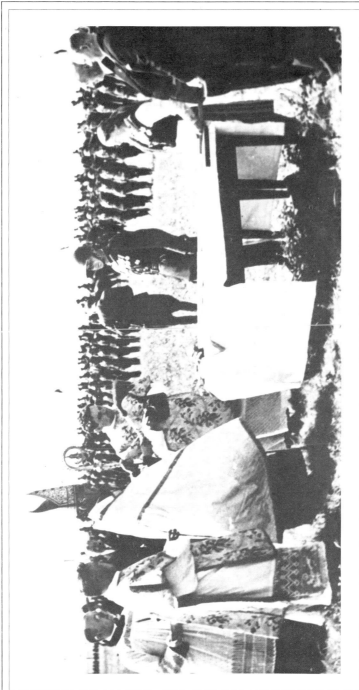

Rok 1938 — poświęcenie sztandaru przez bp polowego Wojska Polskiego Józefa Gawlinę. Pierwszy z prawej autor

Adam Ludwik Korwin-Sokołowski — wojewoda nowogródzki

konstytucji. Przewidywano przy tym nowe wybory prezydenckie; kandydatem na miejsce dotychczasowego prezydenta był Walery Sławek. Prezydent Mościcki nie zamierzał jednak rezygnować ze swego urzędu i poparł gen. Śmigłego w jego dążeniach dyktatorskich, by tym samym umocnić swoją pozycję. Wkrótce też Prezydent wręczył uroczyście Śmigłemu buławę marszałkowską. Walery Sławek w październiku 1935 roku podał się do dymisji, a nowy rząd utworzył Marian Zyndram-Kościałkowski.

Na początku grudnia 1935 roku premier Kościałkowski zaproponował mi stanowisko wiceministra w swoim rządzie. Kościałkowskiego znałem od dawna, lubiłem go i wiedziałem, że ma do mnie zaufanie. Przewidując jednak dalsze pogłębianie się rozdźwięków w sferach rządowych doszedłem do przekonania, że nie nadaję się do prowadzenia rozgrywek personalnych i nie chcę się w nie mieszać. Odmówiłem więc przyjęcia proponowanego stanowiska. Kościałkowski nie przyjął mojej odmowy i dał mi tydzień czasu na definitywną odpowiedź. Po upływie tygodnia odmówiłem ponownie. W rezultacie premier, w porozumieniu z ministrem Spraw Wewnętrznych, przedstawił Prezydentowi wniosek o mianowanie mnie wojewodą nowogródzkim.

*

Dnia 17 grudnia 1935 roku otrzymałem dekret nominacyjny podpisany przez Prezydenta Rzeczypospolitej, premiera Kościałkowskiego i ministra Raczkiewicza. Opuszczałem Warszawę bez żalu. Przed wyjazdem zgłosiłem się jeszcze do min. Raczkiewicza; spodziewałem się otrzymać choćby ogólne wytyczne i instrukcje. Raczkiewicz ograniczył się jednak do udzielenia mi — jak to zaznaczył — na podstawie swego doświadczenia — rady bym nie poświęcał zbyt wiele czasu na pracę codzienną, lecz pełnił raczej rolę reprezentanta władz państwowych. Miałem nieco inne zapatrywania na swoje obowiązki wobec kraju i nie chciałem, by płacono mi za nieróbstwo. Na pożegnanie Raczkiewicz wyraził życzenie, bym noworoczne życzenia dla Prezydenta i rządu przyjmował już w Nowogródku. Szybko więc zlikwidowałem swoje sprawy w Warszawie i wyjechałem z rodziną do Nowogródka.

Urząd Wojewódzki mieścił się w dość obszernym gmachu specjalnie na ten cel zbudowanym przed niewielu laty. W bezpośrednim sąsiedztwie stał dom mieszkalny wojewody; była to niezbyt duża, ładna willa z niewielkim ogrodem. Nowogródek był niewielkim miastem liczącym około 10 tysięcy mieszkańców. Zabytkowy charakter nadawały mu starannie zakonserwowane ruiny potężnego ongiś obronnego zamku księcia litewskiego Mendoga, skąd roztaczał się wspaniały widok na wijącą się wstęgę Niemna. Z dawnych zabytkowych budowli zachowało się kilka pięknych kościołów i cerkiew. Stary klasztor był siedzibą starostwa powiatowego. W rynku miasta stało kilka zabytkowych domów mieszkalnych.

Województwo obejmowało osiem powiatów: nowogródzki, baranowicki, słonimski, szczuczyński, lidzki, wołożyński, stołpecki i nieświeski. Powiaty wołożyński, stołpecki i nieświeski graniczyły ze Związkiem Sowieckim. Ogółem we wszystkich powiatach obszar województwa obejmował 86 gmin.

Struktura narodowościowa województwa była złożona. Na wsi połowę mieszkańców stanowili Białorusini; w miastach i miasteczkach bywało nierzadko więcej Żydów niż Polaków. W powiecie lidzkim, głównie w gminie Ejszyszki, było kilka wiosek czysto litewskich. Gdzieniegdzie zachowały się jeszcze resztki spolszczonych Tatarów. Ci ostatni zajmowali się futrzarstwem i dostarczali na rynek znakomite futra baranie. Wśród ludności polskiej było trochę zaściankowej szlachty, przeważnie biednej i często schłopiałej. W Nalibokach i Rudnej — w Puszczy Nalibockiej — przechowywano skrzętnie stare dokumenty królewskich nadań szlacheckich. Ludność białoruska posługiwała się na codzień swoim rodzimym językiem, ale znaczny jej procent znał dobrze język polski.

Pod względem wyznaniowym najliczniejszą grupę stanowili katolicy. Zaliczała się do niej — prócz oczywiście ludności polskiej — także część Białorusinów. Południowa część województwa należała do diecezji pińskiej, północna zaś do wileńskiej. Wizytowali ten teren abp Jałbrzykowski z Wilna i bp Bukraba z Pińska. Ludność prawosławną wizytował prawosławny władyka Sawa rezydujący w Grodnie, który odwiedzał mnie zawsze ilekroć bywał w Nowogródku. Rewizytowałem go oficjalnie w Grodnie, podobnie zresztą jak i biskupów katolickich. Niejednokrotnie przy okazji różnych uroczystości bywałem w kościołach i cerkwiach prawosławnych. Jako wojewoda byłem też życzliwie przyjmowany przez gminę mahometańską w meczecie.

Duchowieństwo katolickie stało zazwyczaj na znacznie wyższym poziomie intelektualnym i etycznym niż prawosławne. Pewna jednak jego część, zwłaszcza starszego pokolenia, wdawała się często w konflikty z przedstawicielami innych wyznań a także z władzami administracyjnymi województwa; były to najczęściej błahe, ambicjonalne sprawy. Niekiedy wina leżała także po stronie starostów.

Takie same konflikty zdarzały się między starostami a dowódcami miejscowych garnizonów wojskowych. Te niepoważne i często szkodliwe dla prowadzonych prac administracyjnych i gospodarczych stosunki udało mi się szybko zmienić. Na jednej z pierwszych odpraw ze starostami kategorycznie zapowiedziałem, że nie będę tolerował tego rodzaju zatargów zarówno z duchowieństwem jak i wojskowymi. Starostów, jako właściwych gospodarzy terenu, uczyniłem odpowiedzialnymi za położenie kresu wzajemnym ,,ansom'' i sprawa się skończyła.

Trochę więcej kłopotów miałem z istniejącym od dłuższego czasu zatargiem między starostą Winczewskim w Nieświeżu a tamtejszym dowódcą garnizonu. Przy okazji inspekcji powiatu odbyłem konferencję z obydwoma panami i doprowadziłem do zgody między nimi. Starostę Winczewskiego bardzo ceniłem; był to dobry gospodarz, dbały, pracowity i sumienny, nie byłem więc skłonny pozbywać się dobrego współpracownika. (Znałem go jeszcze z Legionów i wojny 1919-1920 roku).

Starałem się unikać większych zmian personalnych w administracji, niestety jednak musiałem zmienić starostów w trzech powiatach. W samym Nowogródku zastałem urzędującego od wielu już lat starostę o nazwisku Siellawo. Był to starszy mężczyzna o niepospolitej tuszy, dawniej ziemianin z okolic Mińska, dobry znajomy mego poprzednika Władysława Raczkiewicza, który załatwił mu ten urząd. Rządził metodami folwarcznego ekonoma i był wręcz trudny do wytrzymania we wzajemnych kontaktach. Z uwagi na swą tuszę nie był oczywiście ruchliwy; zaledwie mieścił się w służbowym samochodzie. Odszedł na emeryturę na mój wniosek, a jego stanowisko zajął Kazimierz Milewicz, poprzednio inspektor starostw w urzędzie wojewódzkim, który okazał się bardzo dobrym organizatorem. 17 września 1939 roku na moje polecenie przekroczył granicę litewską, a następnie udało mu się przedostać do Francji gdzie wstąpił do wojska. Ponieważ przedtem nie miał żadnego stopnia wojskowego zaciągnął się ochotniczo, jako zwykły szeregowy. Przeszedł później kurs podchorążych i został mianowany — w starszym już przecież wieku — podporucznikiem. Podziwiałem jego hart ducha i samozaparcie.

Zaszła również konieczność zmiany na stanowisku starosty w Słonimie. W sąsiednim województwie wileńskim starostą w Mołodecznie był dawny mój kolega z czasów wojny, Mirosław Olszewski, któremu obrzydzał życie jego przełożony, wojewoda Ludwik Bociański. Bociański, wychowany w pruskiej szkole, nie rozumiał i nie doceniał zdolności organizacyjnych Olszewskiego. Słowem, nie pasowali do siebie zupełnie. Uzgodniłem więc z wojewodą Bociańskim przeniesienie Olszewskiego do województwa nowogródzkiego i uzyskawszy zgodę ministra Spraw Wewnętrznych mianowałem go starostą w Słonimiu.

Podkreślając niewątpliwe walory duchowieństwa katolickiego, nie mogę pominąć niestety faktu, że niektórzy duchowni odznaczali się nielojalnością wobec władz. Było to tym bardziej rażące, że pamiętano ich służalczość wobec rosyjskiego zaborcy. Duchowieństwo prawosławne podkreślało na ogół swoją lojalność wobec państwa polskiego. Ze strony starszych wiekiem duchownych pochodzenia rosyjskiego lojalność ta nie była chyba nazbyt szczera. Znacznie wartościowsza była młodsza generacja duchowieństwa prawosławnego wychowana i wykształcona już w niepodległej Polsce.

W większości powiatów ludność wiejska, tak polska jak i białoruska, żyła biednie. Państwo polskie objęło te tereny po półtorawiekowym zaborze w stanie całkowitego zaniedbania gospodarczego. Grunty były nie meliorowane i rozdrobnione, a przeważająca część karłowatych gospodarstw niezdolna do większej wydajności. Nie było prawie żadnego przemysłu, co automatycznie powodowało przeludnienie wsi. Sieć kolejowa była słaba, brakowało szos i choćby jako tako bitych dróg. Jedynie w pasie ziem lepszej klasy, żyźniejszych, w powiatach nieświeskim i nowogródzkim, (a po części w lidzkim i szczuczyńskim) ludność była zamożniejsza. Pomimo skromnych możliwości inwestycyjnych władze polskie dokonały olbrzymiego wysiłku, by podnieść poziom gospodarczy i kulturalny tych ziem i tym samym poprawić byt ludności. Przez całe dwudziestolecie międzywojenne prowadzono intensywne prace w dziedzinie komasacji i melioracji gruntów. Wysoko wykwalifikowani rolnicy, inżynierowie i geometrzy, zarówno na szczeblu województwa jak i powiatu, pracowali nad tymi sprawami bardzo ofiarnie. Powoli ale systematycznie porządkowano i podnoszono poziom gospodarczy tych ziem. Rozbudowywano sieć dróg. Budowano drogi tzw. ,,państwowe'', za pieniądze otrzymywane z centralnego budżetu państwa oraz drogi ,,samorządowe'' z funduszów samorządów powiatowych i gminnych.

Trudniejszy problem przedstawiało powiększanie gospodarstw małorolnych. Szeroka reforma rolna uchwalona przez sejm w 1919-1920 roku była torpedowana przez elementy konserwatywne. W latach mojej pracy w województwie nowogródzkim na rzecz reformy rolnej przeznaczono niewystarczające ilości gruntów wykrawane z majątków obszarniczych. Zarządzenia parcelacyjne otrzymywane od ministra Rolnictwa i Reform Rolnych dotyczyły niewielkiego tylko procentu całości areału. Ziemię tę wykorzystywano bądź na tworzenie nowych, pełnowartościowych gospodarstw, bądź na uzupełnianie gospodarstw małorolnych. Właściciele majątków próbowali bronić się przed parcelacją i interweniowali u mnie w tej sprawie.

Chciałbym wspomnieć tu sprawę majątku Mir. Gdy zmarł jego właściciel, książę Mirski, majątek zaczęto parcelować. Zjechał wtedy do Nowogródka jego spadkobierca (bodaj bratanek), który był obywatelem rumuńskim i wcale w Polsce nie mieszkał. Przyjąłem go uprzejmie, ale odprawiłem z kwitkiem wyrażając z sarkazmem żal, że nie możemy niestety przejąć więcej gruntów z Miru.

Mimo skromnego budżetu państwowego i samorządowego wybudowano na terenie województwa setki szkół gminnych. Podejmowano też liczne inwestycje gospodarcze. Ta planowa i systematyczna praca trwała nieprzerwanie aż do września 1939 roku. Powstawały w tym czasie liczne spółdzielnie mleczarskie, wytwórnie serów, suszarnie lnu itp. Prowadzono długofalowe prace nad poprawą rasy bydła.

Nie mogę pominąć tu także sprawy ożywienia ruchu turystycznego i związanego z tym rozwoju sieci komunikacyjnej, zwłaszcza autobusowej. Szczególną troską władz otoczono tzw. ,,szlak mickiewiczowski''. Dobrze prosperowały schroniska turystyczne, zwłaszcza nad jeziorem Świteź. W samym Nowogródku, tuż przed wojną, ukończono budowę ładnego i dużego domu turystycznego.

W Nowogródku stał dworek w którym urodził się i mieszkał Adam Mickiewicz. Od I wojny światowej był on prywatną własnością pań Wierzbowskich, które były ukrytymi zakonnicami. Stan dworku był fatalny, groził ruiną. Wszelkie próby wysiedlenia mieszkanek zabytkowego budynku nie dawały rezultatu. Panie Wierzbowskie miały ogromny autorytet wśród miejscowej społeczności katolickiej, a ich domek nazywano ,,nowogródzkim Watykanem''. Władze miejscowe nie były więc skłonne do wywierania na nie nacisku, nie chcąc narażać się sferom klerykalnym. W pierwszym roku po moim przybyciu do Nowogródka, gdy zapoznałem się ze stanem sprawy, uznałem, że przejęcie dworku przez komitet organizacyjny Muzeum Mickiewiczowskiego jest niezbędne. By uniknąć ewentualnych zadrażnień postanowiłem nie angażować bezpośrednio władz administracyjnych i przeprowadzić całą sprawę przez Kościół. Dziekanem dekanatu nowogródzkiego był ks. Dalecki, niezwykle gorliwy i rozumny duszpasterz; byłem z nim zaprzyjaźniony. Na moją dyskretną prośbę podjął się sprawę załatwić. Nie wiem jakich użył argumentów, ale już wkrótce dworek przeszedł niepodzielnie w ręce Komitetu Mickiewiczowskiego, co dało wreszcie możliwość stworzenia muzeum.

Zwrócono się do mnie, bym objął przewodnictwo Komitetu Mickiewiczowskiego. Byłem w zasadzie przeciwny obejmowaniu przez przedstawicieli władz tego rodzaju funkcji, jednak gdy naciski i nalegania nie ustawały, wyraziłem w końcu zgodę. Zastrzegłem sobie, że funkcję tę będę sprawował tylko przez okres niezbędny do ,,rozkręcenia'' działalności. Wciągnąłem do pracy w Komitecie wszystkich chętnych inżynierów i architektów z Urzędu Wojewódzkiego; zdobyto skąd tylko się dało niezbędne fundusze i szybko rozpoczęto prace. Architekci wydobyli stare sztychy i plany na podstawie których przy okazji remontu odtworzono pierwotny wygląd dworku. W zgodzie z dawnymi ilustracjami posadzono nawet przed dworkiem młode topole. Wewnątrz, po remoncie ustawione zostały specjalne szafy i gabloty, w których eksponowano niewielkie jeszcze zbiory; pamiętam, że był wśród nich szal Maryli Wereszczakówny. Komitet zwrócił się z apelem do wszystkich środowisk muzealnych w kraju o pomoc w gromadzeniu dalszych eksponatów. Zatrudniono dozorcę i muzeum zostało otwarte dla publiczności, której ilość stale wzrastała.

*

W ciągu dwudziestolecia międzywojennego dokonano w Nowogródczyźnie bardzo wiele. Stwierdzić jednak muszę, że zrobionoby jeszcze więcej, gdyby nie prawie zupełnie bierny stosunek polskiego ziemiaństwa do zachodzących przemian. Ziemianie nie rozumieli, a właściwie nie chcieli zrozumieć, znaczenia nowej misji Polski na Kresach. Zdarzało się, że na sejmikach powiatowych byli aktywni i wnosili pozytywny wkład do prac samorządowych, ale nie było to regułą. Wielu ziemian miało też ambicje polityczne, realizowało je jednak przede wszystkim w obronie własnych interesów. Stosunek ziemiaństwa do ludności żyjącej w otaczających dwory wsiach był najczęściej nieprzyjazny, względnie obojętny.

Do największych majątków ziemskich na terenie województwa zaliczała się potężna ordynacja Radziwiłłów — Nieśwież, a także — należący do Czetwertyńskich — Żołudek. Właściciele i administratorzy Nieświeża wyróżniali się korzystnie przyzwoitym — wręcz opiekuńczym — stosunkiem do wieśniaków. Natomiast sprężyście gospodarowany Żołudek wyzyskiwał bezwzględnie okoliczną ludność, która pracując w żołudkowskich lasach była odeń uzależniona gospodarczo. Na porządku dziennym były więc najróżniejsze konflikty, w których administracja państwowa była zmuszona bronić interesów ludności wiejskiej.

Utkwiła mi w pamięci jedna z takich sytuacji, w której biedny chłop nazwiskiem (o ile dobrze pamiętam) — Kozak, wygrał sprawę z księciem Czetwertyńskim. Kozak część swoich gruntów położoną miał wśród żołudkowskich lasów. W 1938 roku zabroniono mu korzystać z jedynej prowadzącej tam drogi, której rodzina jego używała z dziada pradziada. Wszystkie prośby i interwencje Kozaka zostały przez administrację Żołudka odrzucone i bezsilny chłop pojechał ze skargą do władz powiatowych. Starosta w Szczuczynie — Kowalski, wziął sobie bardzo do serca wyrządzoną Kozakowi krzywdę. Próbował najpierw załatwić sprawę polubownie, potem kategorycznie żądał, a wreszcie gdy nic nie skutkowało, zwrócił się ze sprawą do województwa. Poleciłem mu bezwzględne usunięcie zagrody na drodze przy użyciu policji. Tymczasem ks. Czetwertyński, wykorzystując swoje osobiste znajomości we władzach wojskowych w Grodnie, uzyskał dokument stwierdzający, że istniejąca w tym miejscu droga szkodzi interesom obronności i kazał natychmiast obsadzić drogę młodymi sadzonkami drzew. Ochrona lasu z punktu widzenia interesów wojskowych stanowiła pewnego rodzaju ,,tabu'', w tym jednak wypadku był to oczywisty nonsens. Uznałem to posunięcie Czetwertyńskiego za nieprzyzwoity wybieg i nakazałem staroście otworzenie drogi siłą. Starosta udał się na miejsce w asyście policji, drogę otworzył i sadzonki usunął. Upoważniłem go również, aby w razie najmniejszego oporu, winnych aresztował i przekazał w ręce prokuratora za naruszenie porządku publicznego. Zarządzenie moje zostało ściśle wykonane. Czetwertyński nie próbował już dalszych wybiegów, tylko przyjechał do mnie z interwencją. Przyjąłem go chłodno i ostrzegłem, by na przyszłość w jego dobrach nie stosowano podobnych praktyk, gdyż władze nie będą tego tolerować.

Właścicielem kilku większych majątków w Nowogródczyźnie był znany profesor Uniwersytetu Poznańskiego, ożeniony z Puttkamerówną, Adam Żółtowski. Mieszkający w Koroliczach państwo Żółtowscy na początku lat dwudziestych przeciwstawiali się gwałtownie akcji osadnictwa wojskowego na tym terenie. Nieco później jednak okazali się znacznie hojniejsi; sprowadzili z Niemiec i obdarowali gruntami żeński zakon Pallotynek. Widocznie uznali, że siostry — Niemki najlepiej nadają się do prowadzenia religijnej i kulturalnej pracy misyjnej na naszych Kresach. Zdziwiony takim stanem rzeczy zbadałem całą sprawę i stwierdziłem, że od początku były poważne opory ze strony władz polskich w sprawie sprowadzenia Pallotynek. Jednak przy pomocy wpływowych czynników siostry te właściwie ,,przemycono''. Ich przyjazd odbywał się na podstawie przepustek wydawanych tylko czasowo, które przedłużano co pewien czas. Z upływem lat część sióstr uzyskała obywatelstwo polskie, ale nawet w latach bezpośrednio poprzedzających II wojnę światową wiele z nich — także przełożona — było obywatelkami Rzeszy Niemieckiej. Po ustaleniu stanu faktycznego wydałem w 1938 roku nakaz wysiedlenia tych sióstr, które nie miały obywatelstwa polskiego. Mimo, że decyzja moja była oparta na przysługujących mi w pełni uprawnieniach, spotkałem się z licznymi interwencjami czynionymi między innymi przez księdza biskupa Bukraba z Pińska.

Ukoronowaniem tych interwencji była wizyta obojga państwa Żółtowskich. Prosili mnie o cofnięcie nakazu wysiedlenia, motywując to stwierdzeniem, że Pallotynki wypełniają tylko misję religijną. Przypomniałem na to profesorowi nie tak bardzo dawne dzieje ,,Ober-Ostu''. Zwróciłem mu też uwagę na fakt, że siostry utrzymują stały kontakt ze swą centralą w Niemczech, wyjeżdżają tam na urlopy, a w obecnej sytuacji politycznej trudno wątpić, by nie próbowano wyciągać od nich wiadomości natury zgoła nie religijnej. Nie mogłem niestety poinformować Żółtowskich, że sytuacji takiej nie mogę tolerować tym bardziej, że w bliskim sąsiedztwie Pallotynek przeprowadzane były od pewnego czasu poważne roboty fortyfikacyjne. Oświadczyłem więc im grzecznie ale zdecydowanie, że do sióstr zaufania mieć nie mogę i decyzji wysiedlenia absolutnie nie zmienię. Nie ukrywali swojego niezadowolenia i pretensji. Na koniec — chcąc jakby przekonać mnie, że i tak postawią na swoim — wspomnieli, że właśnie zamierzają osadzić w majątku Korolicze zakon o.o. Pallotynów, sprowadzając ich również z Niemiec. Ostrzegłem w formie kategorycznej prof. Żółtowskiego, aby takich prób nie czynił, gdyż zastosuję wszelkie możliwe środki by do tego nie dopuścić. Rozstaliśmy się bardzo chłodno.

*

W maju 1936 roku ustąpił rząd Kościałkowskiego i nowym szefem rządu został mianowany gen. Felicjan Sławoj-Składkowski. Składkowski, inteligentny i zdolny, znany był jako wyjątkowo lojalny wykonawca zleceń swoich mocodawców. Potrafił przy tym zachować samodzielność i inicjatywę. Wprowadził też wiele cennych innowacji i usprawnień w funkcjonowaniu administracji kraju. Często spotykało się to z niezrozumieniem a nawet próbami ośmieszenia. Składkowski, człowiek szybkiej decyzji, miał jednak i swoje ,,szusy''. Nieraz podejmował, zwłaszcza przy swych lotnych inspekcjach, decyzje zbyt pochopne. Na jego korzyść przemawiało to, że słuchał kontrargumentów i na ogół, gdy nie miał racji, dawał się przekonać; uparty więc nie był. Sam miałem z nim przeprawę, gdy przyszło mi bronić przed usunięciem jednego z moich doskonałych starostów czy przy okazji innych jeszcze decyzji personalnych.

W tym czasie nadal pogłębiał się konflikt między spadkobiercami politycznymi Marszałka. Pamiętam, że dużym zaskoczeniem był dla mnie podpisany przez Sławoja-Składkowskiego tzw. ,,Okólnik 15 lipca'' (1936), w którym przeczytać można było że: ,,gen. Rydz-Śmigły jako pierwszy obrońca Ojczyzny i pierwszy współpracownik Pana Prezydenta w rządzeniu państwem, ma być uważany i szanowany jako pierwsza w Polsce osoba po Panu Prezydencie Rzeczypospolitej''. Składkowski zalecił odczytanie okólnika na specjalnie zwołanych zebraniach w Urzędach Wojewódzkich. Ponieważ jego treść pozostawała w rażącej sprzeczności z obowiązującą konstytucją i odbiegała od przyjętych politycznych obyczajów, zdecydowałem się — mimo protestów wicewojewody — nie organizować żadnego zebrania i okólnika nie czytać. Kontaktowałem się w tym czasie dość często z Walerym Sławkiem, który zdecydowanie krytycznie oceniał zachodzące zmiany. W miarę rozwoju sytuacji, z którą trudno było mi się godzić, byłem nawet zdecydowany ustąpić z zajmowanego stanowiska wojewody. Gdy poinformowałem o tym Sławka, powstrzymał mnie od złożenia dymisji, nalegając bym wytrzymał, gdyż mogę mu być potrzebny w jego dalszej akcji politycznej. Sławek jednak pomylił się mocno w swych rachubach i planach. Został dość szybko odsunięty od wszystkiego i ,,rozegrany''. Doprowadziło to w końcu tego nieskazitelnie prawego człowieka do samobójczej śmierci.

*

Rad byłem, że jestem z daleka od Warszawy i od prowadzonej tu niezbyt czystej gry. Jeździłem tam rzadko, na ogół przy okazji tzw. ,,spowiedzi wojewodów'', którą organizował Składkowski zwłaszcza w okresie przedwyborczym. W Nowogródku miałem pracę, którą lubiłem i z której miałem satysfakcję. Nadal wiele czasu poświęcałem urzędowi rolnemu, szczególnie zaś pracom nad komasacją i melioracją gruntów. Przez cały czas mojego nowogródzkiego urzędowania przeprowadzaliśmy akcję komasacji ziemi. Pierwszym etapem było zawsze przygotowanie szczegółowego planu nowego usytuowania nadziałów. Była to bardzo trudna praca, która musiała z jednej strony uczynić zadość skomplikowanej procedurze komasacyjnej, a z drugiej zaś uwzględnić interesy wszystkich zainteresowanych stron. Mimo, że ustawy przewidywały taką możliwość, nigdy nie spotkałem się z anulowaniem opracowanego już planu, za to często dostawałem skargi i zażalenia niezadowolonych z zamiany ziemi chłopów. Jakkolwiek miałem duże zaufanie do całego zatrudnionego w wydziale rolnym personelu nasunęły mi się obawy, że ludzie ci chcą oszczędzić sobie podwójnego wysiłku i bronią się przed weryfikowaniem ustalonego raz z góry planu.

Postanowiłem więc wziąć osobisty udział w końcowej rozprawie komasacyjnej, jaka miała się odbyć w jednej z gmin powiatu lidzkiego. Uprzedziłem żartobliwie naczelnika, by jego personel gruntownie się przygotował, bo będę skrupulatnie ,,szukał dziury w całym'' z intencją obalenia im całego planu. Na rozprawę zjechało się wielu gospodarzy. W wielkiej izbie rozłożono mapy i szkice, pomiary starych i nowych gospodarstw, rejestry itd. Każdy z zainteresowanych zabierał głos i wypowiadał swoje życzenia i pretensje. Najwięcej zainteresowania budziły sprawy nowego przydziału łąk i pastwisk. Urzędnicy rolni z województwa i powiatu udzielali każdemu wyczerpujących informacji. Dochodziło czasami do gorących dyskusji z niełatwo dającymi się przekonać gospodarzami. Pilnowałem, by mieli oni pełną swobodę wypowiedzi. Mimo starań z mojej strony nie udało mi się ,,znaleźć dziury w całym'' i plan komasacyjny przeszedł; poczyniono w nim jedynie niewielkie poprawki. Robota personelu rolnego, tak na szczeblu powiatowym jak i wojewódzkim, była więc dobra i rzetelna.

Niemniej ciekawe prace prowadzone były na odcinku gospodarki leśnej, gdzie obejmując urząd zastałem wiele nieporządków i niedociągnięć.

Polityka gospodarcza na terenie obszarów leśnych, tak państwowych jak i prywatnych, była od dłuższego czasu uregulowana w całym kraju przez ustawy i zarządzenia wykonawcze rządu. Miały one na celu ochronę lasów i niedopuszczenie do gospodarki rabunkowej. Stan lasów państwowych był na ogół bardzo dobry i gospodarzono dobrze. Organizacja służby leśnej — od nadleśniczych do gajowych włącznie — funkcjonowała sprawnie i fachowo. Personel leśny był dobrze przygotowany, a wszyscy funkcjonariusze od leśniczych w górę mieli wyższe, specjalistyczne wykształcenie. Nadzór nad lasami pozostającymi w rękach prywatnych sprawowali powołani w każdym powiecie, podlegający starostom inspektorzy leśni. W kwestiach merytorycznych podlegali wojewódzkiemu inspektoratowi leśnemu. Właściciel terenu leśnego zobowiązany był przedstawić do zatwierdzenia władzom województwa dziesięcioletni plan gospodarczy i na tej podstawie otrzymywał prawo do wycięcia 10 tzw. etatów w ciągu trwania planu, z tym, że każdego roku mógł wyciąć jeden tylko etat i powinien był taki sam obszar obsadzić młodymi sadzonkami. Poza wyrębem przewidzianym w zatwierdzonym planie, właściciel mógł uzyskać dodatkowy wyrąb jedynie w wyjątkowych okolicznościach (klęski żywiołowe, pożar itp.).

Wyrąb lasu był dla prywatnych właścicieli bardzo łakomym kąskiem, bowiem drewno można było sprzedać bardzo łatwo ze sporym zyskiem. Na terenie województwa nowogródzkiego, bogatego w obszary leśne, sprawa dotyczyła większości ziemian, którzy byli posiadaczami mieszanych majątków rolno-leśnych, a niekiedy prawie wyłącznie leśnych. Bardzo wielu z nich starało się więc ominąć obowiązujące przepisy i wycinać to, co się dało, uciekając się do prawnych wybiegów lub osobistych stosunków z przedstawicielami władz administracyjnych. Była to gospodarka rabunkowa, której postanowiłem stanowczo położyć kres. Wszystkie niedostatecznie uzasadnione podania i interwencje dotyczące wyrębu ponad normę z reguły załatwiałem odmownie. Podległe mi inspektoraty leśne mocno ,,przycisnąłem'', by kontrolowały i nie dopuszczały do żadnych wyjątków w tej sprawie.

*

W 1938 roku przyjechał na inspekcję województwa nowogródzkiego premier Składkowski. Przyjechał jedynie w towarzystwie osobistego sekretarza i kierowcy; samochód prowadził sam. Był kierowcą doświadczonym, ale za szybkim i za ostrym, w związku z tym zdarzały mu się nierzadko poważne wypadki. Oczekiwałem go na granicy województwa. Przesiadłem się do jego wozu i mogliśmy w czasie jazdy swobodnie porozmawiać. Premier wypytał mnie o stan prowadzonych na terenie województwa prac i interesował się różnymi problemami. W drodze do urzędów powiatowych odwiedził parę urzędów gminnych, interesując się ich samorządem. Pilotowałem go do poszczególnych gmin, które sam wybrał do wizytacji. Był zaskoczony, że znam drogę niemalże do każdej z nich i jestem dobrze zorientowany w ich ogólnej sytuacji gospodarczej. Uważałem to za rzecz normalną; w ciągu kilkuletniej pracy odwiedziłem chyba wszystkie 86 gmin leżących na moim terenie. Oczywiście inspekcja premiera była bardzo ,,lotna''. Przejechaliśmy tylko powiaty południowe (powiaty słonimski, baranowicki, nieświeżski, stołpecki i trochę nowogródzki). Z rozmów, które prowadziliśmy w czasie jazdy okazało się, że premier otrzymał ,,donosy'' na kilku miejscowych urzędników. Donosicielami musieli być oczywiście jacyś ziemianie, niezbyt zadowoleni z mojej polityki wyrębów. Składkowski miał jednak do mnie zaufanie i nie było mi trudno przekonać go o bezpodstawności zarzutów. Gdy wyjaśniłem mu, że chodzi tu tylko o prywatę, więcej do sprawy nie wracał. W urzędzie powiatowym w Nieświeżu wydarzył się drobny incydent. Przy inspekcji referatu wojskowego Składkowski wynalazł jakiś karteluszek w koszu na śmieci i uczynił z tego poważny zarzut pracującemu tu referentowi, tak że zanosiło się na jego zwolnienie. Obejrzawszy dokładnie znaleziony w koszu papier i stwierdziwszy, że sprawa jest błaha i bynajmniej nie dotyczy złamania tajemnicy wojskowej, poprosiłem Składkowskiego o zmianę decyzji. Robiłem to z tym większym przekonaniem, że pechowy referent był dotąd pracownikiem o wzorowej opinii. Składkowski po wysłuchaniu moich racji nie tylko dał się przekonać, ale kazał swojemu sekretarzowi wypłacić od ręki niedawnemu ,,winowajcy'' 50 złotych nagrody.

Gen. Składkowski w swych objazdach nie przyjmował żadnych zaproszeń, o czym starostowie dobrze wiedzieli. Po inspekcji w Nieświeżu, premier w roli gospodarza zaprosił wszystkich asystujących mu przy inspekcji na obiad do miejscowej restauracji, a jego sekretarz uregulował rachunek. Powiat stołpecki i nowogródzki wizytowaliśmy już w późnych godzinach popołudniowych. Wieczorem zajechaliśmy na stację kolejową w Baranowiczach, gdzie oczekiwała salonka, którą dołączono wkrótce do składu pociągu jadącego do Warszawy.

Składkowski miał zwyczaj notować swoje poinspekcyjne uwagi i wyciągać z nich konsekwencje. Przy okazji jakiegoś pobytu w Warszawie jeden z moich znajomych pracujących w Prezydium Rady Ministrów poinformował mnie, że w poinspekcyjnym formularzu premier pochwalił moją pracę. Przy okazji święta 11 Listopada 1938 roku zostałem mile zaskoczony nadaniem mi komandorii Orderu Polonia Restituta.

Nadchodził rok 1939.

WRZESIEŃ 1939

Wobec coraz poważniejszej sytuacji politycznej, wiosną 1939 roku przeprowadzono w Polsce tzw. mobilizację ,,kolorową''. Stacjonujące na moim terenie jednostki wojskowe zostały skierowane na zachód. Wyruszyły na przewidywany front zachodni nawet oddziały KOP-u, pozostawiając na granicy polsko-sowieckiej tylko bardzo słabą ochronę. W garnizonach Lidy, Baranowicz i Słonimia pozostały jedynie oddziały kadrowe, komendy placu i uzupełnień. W ostatnich dniach sierpnia została ogłoszona mobilizacja powszechna. Oczywiście miałem pełne ręce roboty; jako wojewoda nadzorowałem przebieg mobilizacji personalnej, a później materiałowej, na terenie województwa. Wszystko odbywało się sprawnie choć wymagało ogromnego wysiłku organizacyjnego. Dużo jeździłem w teren, wracając w późnych godzinach nocnych do domu jedynie po to, by umyć się i przespać.

W trakcie takiej pracy zastał mnie początek wojny. Już po kilku dniach straciłem jakikolwiek kontakt z rządem w Warszawie. Nie otrzymywałem żadnych instrukcji, czy nawet informacji o ogólnej sytuacji w kraju. Ostatnią wiadomością jaka dotarła do mnie z Warszawy w pierwszych dniach września była informacja ministra Handlu i Przemysłu o mającym nastąpić przejeździe przez mój teren delegacji udającej się do Związku Sowieckiego w sprawach pomocy materiałowej dla Polski. Najwidoczniej jednak delegacja nie wyjechała ze stolicy, bo nie miałem później żadnych meldunków o takim fakcie. Nie wiedziałem nawet czy i dokąd rząd przeniósł się ze stolicy.

Wobec takiego stanu rzeczy nawiązałem ścisłą łączność z moim sąsiadem z Wilna, wojewodą Maruszewskim, który był w podobnej jak ja sytuacji. Byliśmy ze sobą w stałym kontakcie telefonicznym i konsultowaliśmy się w wielu sprawach. Maruszewski prosił mnie o przyjazd do Wilna na naradę, uznałem jednak, że nie mogę ryzykować opuszczenia podlegającego mi terenu i zaproponowałem mu spotkanie na granicy województw w stacji doświadczalnej profesora Łastowskiego w powiecie lidzkim. Zjechaliśmy się więc tam i odbyliśmy dłuższą konferencję. Ostatni raz rozmawiałem z Maruszewskim przez telefon 17 września. Następnym razem spotkaliśmy się dopiero na dziedzińcu koszar Bessière w Paryżu, które zostały oddane polskim władzom wojskowym na stację zborną dla przybywających do Francji polskich oficerów.

Już po kilku dniach wojny zaczęły przenikać na teren województwa informacje o sukcesach armii niemieckiej i naszych porażkach. Wkrótce potem na terenie powiatu baranowickiego pojawili się pierwsi żołnierze z rozbitych w walce oddziałów; niektórzy wędrowali aż spod Sulejowa. Pojawiało się również coraz więcej różnego rodzaju uciekinierów, jadących przeważnie własnymi samochodami poprzez Baranowicze i Nowogródek na Wilno. Nieco później zaczęła napływać ludność wiejska z całym swym dobytkiem. Wszyscy ci ludzie przynosili złe, przesadzone, katastroficzne wieści. Sprzyjało to różnego rodzaju niepokojom; groziło wybuchem paniki. Starałem się do tego nie dopuścić. Zarządziłem więc, by ten napływ, zwłaszcza ludności cywilnej, ująć w jakieś ramy organizacyjne i już od granicy województwa porządkować i rozmieszczać po okolicznych wsiach. Uważałem za swój obowiązek utrzymać w województwie porządek i nie dopuścić do paniki bez względu na rozgrywające się wypadki wojenne. Każdą próbę wprowadzenia zamętu czy siania niepokoju zdecydowałem się tłumić w zarodku. Nie zawsze było to łatwe. Na przykład około 10 września zameldowali mi starostowie słonimski i baranowicki, że z garnizonów na ich terenie wymaszerowały resztki batalionów zapasowych oraz komendy placu i komendy uzupełnień zostawiając koszary i pozostały tam dobytek na łasce boskiej. Kierunek marszu — Polesie. Przed wyjściem jeden z dowódców, zaprzyjaźniony ze starostą słonimskim, poufnie poinformował go, że mają rozkazy niszczenia po drodze mostów. Poleciłem staroście, by obstawił mosty policją i nie dopuścił do ich zniszczenia. Gdy tegoż jeszcze dnia pojechałem do Słonima, na dziedzińcu koszar zastałem dopalające się jeszcze papiery i różne akta. W magazynach pozostawiono trochę ręcznej broni i umundurowanie. Po naradzie ze mną, starosta Olszewski przeprowadził szybko ochotniczy zaciąg starszej młodzieży, przede wszystkim szkolnej, i zorganizował z nich kompanię ochrony koszar, wykorzystując mundury i broń z magazynów. Podobną sytuację zastałem w Baranowiczach. Tu na stacji kolejowej wałęsało się sporo żołnierzy z rozbitych oddziałów, którymi nie miał kto się zająć. Przypadkowo spotkałem jakiegoś kapitana, którego niemalże zmusiłem do tymczasowego objęcia funkcji komendanta placu i opieki nad tymi żołnierzami w zorganizowanej stacji zbornej. Poleciłem staroście Wańkowiczowi, by udzielił mu wszelkiej pomocy. Nie ingerowałem w posunięcia władz wojskowych, ale uważałem za niedopuszczalne, aby opuszczano teren i komendy uzupełnień bez uprzedzenia o tym władz administracyjnych. Miało to przecież wszelkie cechy całkowitego opuszczenia terytorium województwa i zostawienia go bez jakiejkolwiek obrony. Gdy powróciłem wieczorem do Nowogródka, postanowiłem porozmawiać z generałem Franciszkiem Kleebergiem, wiedziałem bowiem, że ma kwaterę gdzieś w rejonie Pińska. Z pewnymi trudnościami udało mi się połączyć z nim telefonicznie. Wyłuszczyłem mu moje pretensje i zastrzeżenia w formie taktownej, ale stanowczej. Generał przyznał mi rację i usprawiedliwiał te posunięcia jako nieporozumienia oraz zapewnił mnie, że niezwłocznie wyda rozkazy powrotu komend uzupełnień i komend placu. Zakończyliśmy rozmowę pełni zrozumienia dla swoich wzajemnych racji. Słowa dotrzymał.

Nad terytorium województwa pojawiać się zaczęły samoloty niemieckie, rozpoznawcze i bombardujące. Dwukrotnie zrzucono bomby na radiostację w Baranowiczach, jednak uszkodzenia nie były poważne i nadal mogła ona nadawać przewidziany program. Ponieważ dyrektor radiostacji nie miał kontaktu ze swymi władzami, zarządziłem podporządkowanie go staroście powiatowemu. Radiostacja baranowicka była — jak mi się wydaje — jedną z najdłużej pracujących radiostacji we wrześniu 1939 roku.

Lotnisko i hangary w Lidzie były również dwukrotnie bombardowane. 6 pułk lotniczy dawno — jeszcze przed wrześniem — opuścił to lotnisko i przeniósł się na zapasowe lotniska polowe. Niemieckie bomby zryły jedynie pas startowy i zniszczyły hangary. Z reguły po meldunkach o bombardowaniu jechałem bez zwłoki na miejsce, aby zobaczyć straty oraz sprawdzić i wzmocnić miejscowe władze administracyjne, które — jak stwierdzałem za każdym razem — trzymały się twardo i nie ulegały panice. Nad Nowogródkiem przez szereg dni krążyły codziennie tylko samoloty zwiadowcze.

12 względnie 13 września zostałem powiadomiony przez starostę słonimskiego, że wieczorem tego dnia zapowiedziano przyjazd z Wołkowyska specjalnego kuriera na motocyklu z ważnym listem, który mam odebrać osobiście z jego rąk w Słonimiu. Pojechałem więc do Słonimia, gdzie istotnie zjawił się kurier i doręczył mi list. List był pisany odręcznie przez mjra Józefa Olędzkiego, mojego kolegę z tego samego rocznika Wyższej Szkoły Wojennej, oficera sztabu grupy operacyjnej działającej na zachód od mojego województwa. Utrzymany był w tonie koleżeńskim, ale dotyczył spraw zgoła nie towarzyskich. Uznano widocznie, że w ten sposób bardziej zaufam jego treści. Ponieważ Olędzki prosił mnie bym list niezwłocznie po przeczytaniu zniszczył, uczyniłem to jeszcze tego wieczoru. Pamiętam jednak dokładnie najważniejsze jego fragmenty. Olędzki pisał: ,,teren Twój będzie przejściowo zajęty przez Niemców. (...) Nie zdążono na Twoim terenie zorganizować siatki organizacji dywersyjnej. (...) Jesteś proszony jako wojewoda, a równocześnie jako były oficer Sztabu Generalnego, o zorganizowanie takiej siatki w każdym powiecie i — w miarę możliwości — w niektórych chociaż gminach.''

Mając pełne zaufanie do energii, rozumu i doświadczenia starosty Olszewskiego wtajemniczyłem go w całą sprawę i pozostawiłem mu pełną swobodę w zorganizowaniu takiej siatki w jego powiecie. Zrobił to bardzo sprawnie i szybko. W ciągu następnych dwóch dni objechałem wszystkie pozostałe powiaty i wszędzie — gdzie było to tylko możliwe w tak krótkim czasie — komórki organizacji dywersyjnej zostały założone. Poleciłem ponadto, by starostowie z zasobów powiatowych wydziałów wojskowych zaopatrzyli te komórki w pieniądze, a także by z zapasów policyjnych przekazano im trochę broni i materiałów wybuchowych.

*

Pakt Ribbentrop-Mołotow dowiódł jeszcze przed 1 września 1939, że do naszego wschodniego sąsiada nie można było mieć zaufania. Słuszność więc mieli ci, którzy wątpili w sowieckie gwarancje nieagresji. Trzeba jednak stwierdzić, że panowała powszechna opinia, że Sowieci w wypadku konfliktu polsko-niemieckiego zachowają neutralność. Nigdy nie byłem o tym w pełni przekonany.

Przed 1939 rokiem na terenie mego województwa od kilku lat trwały prace nad umocnieniami obronnymi w powiatach baranowickim i stołpeckim . W pracach tych, prowadzonych przez wojskowych, współdziałały również podległe mi władze administracyjne.

Wczesnym rankiem 17 września obudził mnie dzwonek telefonu zainstalowanego przy moim łóżku. Telefonował starosta z Nieświeża — Winczewski. Połączenie ze mną uzyskał już po opuszczeniu Nieświeża, z jakiejś gminnej miejscowości. Zameldował mi, że wojska sowieckie przeszły naszą granicę o godzinie 4 minut 45 i czołówką pancerną zajęły Nieśwież. Sytuacja była jasna. Nie miałem złudzeń, że jest to tylko jakaś lokalna akcja; wiedziałem, że zaatakowano Polskę od tyłu na całej wschodniej granicy. Staroście Winczewskiemu nakazałem więc, by wraz ze wszystkimi urzędami i policją wycofał się w kierunku Wilna. Innego wyjścia nie widziałem. Bezpośrednio po tej rozmowie połączyłem się ze starostą Stefanem Ejchlerem w Stołpcach, które leżały nieco dalej od granicy niż Nieśwież. Ejchler był jeszcze na miejscu. Otrzymał już wiadomości z nadgranicznej miejscowości Rubieżewicze o wkroczeniu Sowietów i mógł mi przedstawić sytuację. Była identyczna jak w Nieświeżu. Wydałem mu podobne zarządzenia co Winczewskiemu. Z kolei połączyłem się ze starostą Weze w Wołożynie — trzecim powiecie przygranicznym. Ponieważ objął on stanowisko dość niedawno i nie zdążyłem go dostatecznie poznać, więc nieco się obawiałem czy w krytycznej sytuacji wytrzyma nerwowo i nie straci głowy. Zameldował się jednak szybko przy telefonie. Rozpocząłem z nim rozmowę takim tonem, jakby nie zaszło nic szczególnego. ,,Dzień dobry panie starosto, co u pana słychać?'' Odpowiedział: ,,Wszystko w porządku, panie wojewodo.'' Na to ja: ,,Cieszę się bardzo, a przede wszystkim jednak z tego, że jest pan w dobrej formie. Proszę słuchać uważnie: dziś o świcie Sowieci przekroczyli naszą granicę w powiatach nieświeskim i stołpeckim. Niewątpliwie podobna sytuacja jest u pana. Proszę więc natychmiast nawiązać łączność z Wołmą i Iwieńcem, do których zapewne Sowieci już wkroczyli albo właśnie wkraczają i o wyniku proszę mi szybko zameldować. Równocześnie proszę przygotować ewakuację policji do Wilna.''

Powiadomiłem też wszystkich pozostałych starostów o sytuacji jaka się wytworzyła i wydałem im zarządzenia ewakuacyjne. Upoważniłem też wszystkich starostów do wypłacenia wszystkim funkcjonariuszom państwowym i samorządowym kilkumiesięcznych pensji, by nie pozostawić ich bez pieniędzy. Zarządzenia te wydawałem oczywiście z własnej inicjatywy i na własną odpowiedzialność, bo nie miałem już od dawna żadnej łączności z rządem. O przeprowadzeniu szerokiej ewakuacji nawet marzyć nie można było. Województwo nie posiadało na taką ewentualność dosłownie żadnych środków ani możliwości. W pierwszych dniach wojny, na żądanie władz wojskowych, teren został ogołocony nawet z wielu prywatnych samochodów.

Licząc się z szybkim wkroczeniem wojsk sowieckich również do Nowogródka zarządziłem likwidację Urzędu Wojewódzkiego. Wielu funkcjonariuszy wyjechało więc do Wilna. Około godziny 13 opuściłem Nowogródek nie chcąc wpaść w ręce sowieckie. Początkowo jechałem również w kierunku Wilna, jednak w drodze, po telefonicznej rozmowie i wymianie wiadomości z wojewodą Maruszewskim, udałem się w kierunku granicy łotewskiej. Moja żona z dwoma synami przebywała w tym czasie w rejonie Rymszan na Wileńszczyźnie. Udało mi się z nią spotkać, co było połączone z ryzykiem natknięcia się na posuwające się już oddziały sowieckie. Żona była całkowicie zorientowana w sytuacji i również rozmawiała telefonicznie z wojewodą Maruszewskim, który ze swej strony poinformował ją o zaszłych wydarzeniach. Była nastawiona na przekroczenie granicy polsko-łotewskiej w Zemgale. Ponieważ krążyły pogłoski, że Wilno ma się bronić, opierałem się jeszcze myśli o przekroczeniu granicy, traktując to jako ostateczność. Pojechaliśmy na razie do Święcian, skąd znów zatelefonowałem do Wilna. Wojewoda Maruszewski, który był jeszcze u siebie zdementował kategorycznie pogłoskę o obronie Wilna. Poinformował mnie także, że Litwini nie chcą otworzyć swej granicy dla polskich uchodźców i wciąż toczą się w tej sprawie trudne pertraktacje, których wyników nie można obecnie przewidzieć. Radził mi więc stanowczo przejść w Zemgale do Łotwy, gdyż według posiadanych przez niego informacji Łotysze wpuszczają polskich uchodźców.

Winien jestem w tym miejscu wspomnieć ofiarną pracę telefonistek na terenie województwa, szczególnie w tak bardzo krytycznym dniu 17 września 1939 roku. Do ostatniej chwili pracowały one niezwykle sumiennie i sprawnie na swych posterunkach. W związku z tym ostatni mój telefon skierowałem do centrali telefonicznej z podziękowaniem za pełną poświęcenia pracę w ciągu wojny i 17 września.

Wobec zaistniałych okoliczności przestałem się wahać i ruszyliśmy w drogę. Do Zemgale dotarliśmy późno w nocy. Na granicy przedstawiłem się i wylegitymowałem. Uprzejmy oficer łotewski oświadczył mi, że muszę niestety poczekać jakiś czas, gdyż z uwagi na moje stanowisko musi zawiadomić rząd w Rydze i uzyskać dla mnie zezwolenie na przekroczenie granicy.

Na zawsze utkwiła mi w pamięci rozmowa z moim starszym synem Józefem, chrześniakiem Marszałka Piłsudskiego, uczniem I Korpusu Kadetów we Lwowie, którą wtedy przeprowadziłem. Syn oświadczył mi, że przekroczy granicę pod warunkiem, że pozwolę mu — jako niepełnoletniemu — kontynuować walkę gdy tylko będzie to możliwe. Dałem mu oczywiście takie zapewnienie. Zdjął wtedy z głowy kadecką czapkę, zerwał z niej tzw. ,,słońce kadeckie" i schował do kieszeni a czapką rąbnął o słup graniczny i rozpłakał się. W kilka lat później zginął śmiercią lotnika, jako żołnierz polskiego 300 Dywizjonu Bombowego.

Oczekiwaliśmy do późnej nocy przy granicznym słupie. W końcu przekroczyliśmy granicę zapewniani przez oficera łotewskiego o pełnej swobodzie przejazdu do Rygi. Stało się jednak inaczej. Polski konsul z Dźwińska, który czekał na nas po drugiej stronie granicy, kierowany najlepszymi intencjami zatrzymał nas w miejscowym hotelu by przygotować nam paszporty konsularne i załatwić jakieś formalności mające ułatwić przejazd a później wyjazd z Łotwy. Tymczasem miejscowe władze zarządziły internowanie nas. Jak się wkrótce okazało, uczyniły to w wyniku nacisków przedstawicielstwa sowieckiego, które dowiedziało się jakoś o moim pobycie w Dźwińsku. Interwencje naszego konsula nie wpłynęły na zmianę decyzji. Postawiono wartę przed hotelem, ograniczając nam wszelką swobodę ruchu. Wkrótce wywieziono nas pociągiem do miasta Sigulda, gdzie założono obóz dla internowanych Polaków. Dwa moje służbowe samochody Łotysze skonfiskowali.

W Siguldzie zastałem już sporą grupę Polaków. Wojskowych było niewielu; przeważali cywile, mężczyźni, kobiety i dzieci. Obóz otoczony był drutem kolczastym i przy bramie postawiono uzbrojonego wartownika. Warunki mieszkaniowe były nędzne a wyżywienie marne. Jako najstarszy funkcją państwową interweniowałem ostro w sprawie warunków bytowych w obozie, składając protesty na piśmie do władz łotewskich. Trochę to pomogło i z czasem sytuacja nieco się poprawiła. Poseł polski w Rydze (mój dobry znajomy) Kłopotowski przez swoją agentkę nawiązał ze mną łączność. Przyjeżdżała parokrotnie i spacerując wzdłuż ogrodzenia wywoływała mnie. Przywoziła mi od niego wiadomości, a także drobne przesyłki. Wiedzieliśmy więc o formującym się we Francji naszym wojsku z Sikorskim na czele.

Wśród internowanych większość stanowiła inteligencja: urzędnicy z urzędów powiatowych i wojewódzkich, sędziowie, prokuratorzy, lekarze. Wśród nich zdarzali się jednak ludzie, którzy nie potrafili zachować godności i płaszczyli się przed byle łotewskim funkcjonariuszem. Uznałem więc za konieczne zorganizować w obozie tajną radę, która we wspólnym interesie czuwałaby i kierowała postawą rodaków w obozie. Wytypowałem sześciu poważnych i solidnych ludzi, z którymi odbyliśmy pierwsze zakonspirowane zebranie w gabinecie lekarskim. Zawiązaliśmy tajny Komitet Obozowy do Walki o Polskę. Na przewodniczącego wybrano mnie, a na mego zastępcę znanego wileńskiego lekarza dra Dobaczewskiego. Do Komitetu wchodził też Tadeusz Runge, naczelnik wydziału społeczno-politycznego Urzędu Wojewódzkiego w Nowogródku, jakiś sędzia z Wilna, którego nazwiska już dziś nie pamiętam i jeszcze dwie poważane w obozie osoby. Przed Komitetem postawiliśmy dwa zadania: — po pierwsze — ułatwienie wyjazdów do Francji uchodźcom zdolnym do służby wojskowej; po drugie — strzeżenie godności i honoru polskiego wśród uchodźców.

Złożyłem protest do prezydenta Łotwy Ulmanisa w związku z moim bezprawnym internowaniem. Napisałem list, który jakaś Polka zamieszkała w Siguldzie od wielu lat, przetłumaczyła na język łotewski. List ten złożyłem u komendanta rejonu, któremu obóz podlegał i zażądałem przekazania do Rygi.

154

W tym okresie wszyscy przebywający na Litwie starostowie z mojego województwa wraz z wicewojewodą Radolińskim uzyskali zezwolenie na wyjazd do Szwecji. Wyjeżdżając nawiązali ze mną kontakt, prosząc bym spotkał się z nimi gdy będą przejeżdżać przez Rygę, chcieli bowiem przekazać mi niezbędną przy podróży do Francji kwotę pieniędzy w zagranicznej walucie.

Muszę tu wspomnieć o przykrym konflikcie jaki miał miejsce w Sigulidzie. Łotysze zezwolili na oddanie spraw gospodarczych obozu w ręce Polaków. W tym celu utworzony został pewnego rodzaju samorząd wewnętrzny, na którego czele stanął b. naczelnik Urzędu Wojewódzkiego w Białymstoku Keller. Była to postać nieprzyjemna, podejrzewana nawet o sympatie prosowieckie. Nawiązał bliskie stosunki z funkcjonariuszami łotewskimi i miał z nimi jakieś konszachty. Pewnego dnia dowiedziałem się, że szereg osób posiadających pokwitowania na zarekwirowane służbowe samochody sprzedaje je za gotówkę. Po naradzie naszego tajnego Komitetu uznaliśmy postępowanie takie nie tylko za bezprawne, ale i za wysoce nieetyczne. Wywołaliśmy w obozie ostry protest i zasugerowaliśmy obozowej opinii publicznej, że jeżeli już takie transakcje są przeprowadzane, to uzyskane pieniądze w żadnym wypadku nie mogą iść do prywatnych kieszeni, lecz powinny być użyte na wyższe cele, przede wszystkim na wyjazdy młodszych ludzi do wojska we Francji. Wywołało to wściekłość Kellera i jego popleczników. Trafnie wyczuwali, ze to Dobaczewski i ja pokrzyżowaliśmy ich plany. Próbowali więc z zemsty podkopywać mój autorytet, nie gardząc intrygami, zresztą bez powodzenia.

Wskutek mego listu do prezydenta Ulmanisa, nieustannych interwencji posła Kłopotowskiego i moich łotewskich przyjaciół, otrzymaliśmy w końcu zezwolenie na opuszczenie obozu i wyjazd do Rygi. W dawnym gmachu naszego ryskiego poselstwa spotkaliśmy jedynie p. Szembeka — szefa wydziału prasowego naszego przedstawicielstwa. Na gmachu widniała tablica świadcząca o przynależności budynku do Wielkiej Brytanii. Państwo Szembekowie przyjęli nas życzliwie i gościnnie. Dowiedziałem się, że moi koledzy dawno już odlecieli z Rygi do Szwecji. Zostałem jednak mile zaskoczony, bo Szembek wręczył mi pozostawione przez nich dla mnie pieniądze przeznaczone na drogę. Ta pamięć i koleżeńska troska z ich strony były naprawdę wzruszające.

Ryga zrobiła na mnie przygnębiające wrażenie. Mieszkańcy w obawie przed okupacją sowiecką wykupywali walizki, buty i wszystko co się dało. Na ulicach spotkać można było już oficerów i żołnierzy sowieckich. Strach przed Sowietami był tak wielki, że wielu Łotyszów — nawet tych, którzy nie czuli żadnych związków z niemieckością — deklarowało chęć wyjazdu do Rzeszy; zabierały ich stojące w ryskim porcie niemieckie statki. Wielu łotewskich ,,Niemców'' było osiedlanych na zdobytych ziemiach polskich.

Miałem w Rydze kilku znajomych Łotyszów, wśród nich pułkownika sztabu generalnego Wintersa. Przez wiele lat był on attaché wojskowym i dziekanem korpusu attaché wojskowych w Warszawie. Władał dobrze językiem polskim, a jego żona, kurlandzka Niemka, mówiła kilkoma językami, a polskim władała wręcz znakomicie. Byliśmy bardzo zaprzyjaźnieni. Dowiedziawszy się o naszym internowaniu w Siguldzie, p. Wintersowa bez zwłoki przyjechała do nas do obozu. Gdy byliśmy już w Rydze szybko nawiązaliśmy kontakt. Robili wszystko, wykorzystując swoje stosunki w łotewskich sferach rządowych, by dano nam zezwolenie na wyjazd z Łotwy.

Władze łotewskie były bardzo ostrożne w angażowaniu się w pomoc takim uchodźcom jak ja. Zawdzięczam więc tylko obojgu Wintersom, że wypuszczono nas w końcu do Szwecji. Wizy (szwedzką, francuską i inne) otrzymaliśmy bez najmniejszych trudności bezpłatnie i na poczekaniu. Wylecieliśmy do Sztokholmu nie otrzymawszy od władz łotewskich najmniejszego nawet papierka z pieczątką. Kiedy na dzień przed odlotem skierowano mnie do wiceministra spraw wewnętrznych dla załatwienia ostatecznych formalności, ten załatwiał mi wszystko telefonując do różnych władz i instytucji. Kiedy zdziwiony poprosiłem go, by dał mi coś na piśmie, zapytał dlaczego jest mi to potrzebne. Odpowiedziałem, że choćby dla policji na lotnisku. ,,O jaką policję chodzi — mówił dalej — bo jeśli o naszą, to zaraz do niej zatelefonujemy i wydamy odpowiednie zarządzenie.'' Zupełnie tak samo odbywało się załatwienie innych spraw, na przykład kupno biletów lotniczych, których nie sprzedawano bez specjalnych zezwoleń. Słowem załatwiono mi wszystko, ale ,,na gębę''. Toteż do ostatniej chwili nie dowierzałem i wietrzyłem jakiś podstęp.

Gdy byliśmy już na lotnisku okazało się, że oczywiście nikt niczego o nas nie wiedział. Byłem tym bardzo zaniepokojony. Dopiero po moich stanowczych naleganiach jakiś policjant grzebiąc w swym notesie odnalazł moje nazwisko z właściwą adnotacją. Przeprowadzono nas do samolotu i odlecieliśmy. Wszystko więc było załatwione uczciwie, ale najwidoczniej starano się, by w urzędach nie został najmniejszy ślad świadczący o tym, że władze łotewskie udzieliły nam pomocy.

W przeddzień odlotu zatelefonowałem do płka Wintersa. Nie było go w domu; telefon odebrała żona. Powiedziałem jej o terminie naszego wyjazdu i spytałem, czy możemy przyjść do nich się pożegnać. Pani Winters przerwała stwierdzając, że najpierw musi mi zakomunikować ważną, ale przykrą wiadomość, po usłyszeniu której zapewne już nie będziemy chcieli zobaczyć się z nimi. Oświadczyła z płaczem, że wraz z mężem zdecydowali się na wyjazd do Niemiec. Zaskoczony sytuacją odpowiedziałem, że mimo wszystko bardzo chcemy być u nich i pożegnać się. W trakcie tej pożegnalnej wizyty oświadczyli nam szczerze, że nie widzą dla siebie innego wyjścia, choć zdają sobie sprawę z tragizmu takiej decyzji.

Dom Wintersów pełen był robotników zajętych pakowaniem rzeczy. Wyjeżdżali w smutku i bez żadnej wiary w lepszą przyszłość; my jechaliśmy dalej z nadzieją, że będziemy walczyć o wolność naszego kraju. Podziękowaliśmy im serdecznie za całą dotychczasową pomoc i pożegnaliśmy się z nimi jak dobrzy przyjaciele. Już po wojnie dowiedzieliśmy się, że oboje ocaleli z wojennej zawieruchy i osiedlili się we Francji, gdzie mieli krewnych.

W Sztokholmie zaszedłem do naszego poselstwa. Ponieważ na dalszą drogę brakowało mi pieniędzy, poprosiłem posła o pomoc. Oświadczył mi — oczywiście poufnie — z całą szczerością, że otrzymał już w sprawie mojego wyjazdu do Francji instrukcję z Paryża od gen. Sikorskiego, w której zalecono mu by nie ułatwiał mi wyjazdu. Zrozumiałem wszystko i wstałem, by się pożegnać, ale poseł zatrzymał mnie i oświadczył, że udzieli mi pomocy ze swoich funduszów reprezentacyjnych. Podziękowałem i pomoc przyjąłem. Był to dla mnie przedsmak klimatu politycznego jaki panował w środowisku nowych władz polskich w Paryżu.

Przed opuszczeniem Szwecji spotkaliśmy się z bardzo przyjaznymi ludźmi — z pułkownikiem armii szwedzkiej nazwiskiem Laval i z jego żoną. Laval, podobnie jak Winters, przebywał przez wiele lat w Warszawie jako attaché wojskowy i stąd znaliśmy się dobrze. Zaprosili nas do luksusowego hotelu w Sztokholmie na obiad i spędziliśmy z nimi kilka dobrych godzin. Byli bardzo przejęci naszym losem. Namawiali nas usilnie byśmy zatrzymali się na czas wojny w Szwecji i zapewniali, że należycie nas urządzą. Dziękowaliśmy im serdecznie tłumacząc, że musimy jechać tam, gdzie trwa jeszcze walka o Polskę.

Po trwającym kilka dni załatwianiu formalności związanych z podróżą wyjechaliśmy przez Norwegię, Danię, Holandię i Belgię do Francji.

ZNOWU W MUNDURZE

W Paryżu zaczynaliśmy właściwie bez środków do życia. Walut zagranicznych nie posiadaliśmy; zostało nam tylko trochę polskich złotych, które w polskim konsulacie wymieniono nam na franki po trzysta złotych na osobę. Na ówczesne warunki francuskie było to bardzo niewiele. Wynajęliśmy więc skromny pokoik w jakimś pensjonacie, w którym moja żona — w tajemnicy przed właścicielką — pitrasiła w menażce skromne posiłki. Ze względów finansowych stołowanie się na mieście było niemożliwe.

Mój starszy syn, były kadet, szybko został przyjęty do wojska i przydzielony do szkoły podchorążych w Bretanii, w obozie Coëtquidan. Żona zaczęła poszukiwać pracy; znalazła ją dość prędko w Polskim Czerwonym Krzyżu, którego prezesem był gen. Osiński.

Ja zgłosiłem się ochotniczo do wojska i w zasadzie zostałem przyjęty. Polecono mi zameldować się w Ministerstwie Obrony Narodowej. Funkcjonowała tam specjalna komisja kwalifikacyjna, która ,,przesiewała'' przybywających do Francji oficerów. Przewodniczył jej Izydor Modelski, nowomianowany przez Sikorskiego generał i wiceminister. Kazano mi złożyć raport z moich czynności na stanowisku wojewody i z okoliczności przyjazdu do Francji. Raport taki napisałem i złożyłem. Zorientowawszy się już w atmosferze panującej wśród nowych władz, gdzie rej wodzili przeciwnicy przedwojennego obozu rządowego sprawozdanie sporządziłem w sposób rzeczowy i rzetelny. Świadomie jednak powstrzymałem się od wszelkiej krytyki. Nie obrzuciłem błotem nikogo, choć wiele mogłem zarzucić ludziom sprawującym władzę przed wrześniem 1939 roku. Nie chciałem — znając już nieczyste intencje funkcjonariuszy nowych władz — dostarczać agumentów różnym Modelskim i im podobnym zausznikom gen. Sikorskiego, którzy zamiast zająć się planami dalszej wojny z Niemcami cały swój wysiłek koncentrowali na walce z piłsudczykami. Intrygowanie, mściwe rozgrywki personalne i obrzucanie błotem w prasie wszystkiego co miało miejsce przed wojną — to było ich główne zajęcie! Rozpętano nawet walkę propagandową z tzw. ,,kultem'' osoby Marszałka Józefa Piłsudskiego.

Chodziłem często na stację zborną w koszarach Bessière. Codziennie zjawiali się tam nowi przybysze. Tam też dowiadywaliśmy się o ewentualnych przydziałach do jednostek wojskowych, które właśnie organizowano. Wielki dziedziniec koszar pełen był oficerów stojących i spacerujących grupkami. Miny na ogół zatroskane, rozmowy smętne — wszystko to robiło przygnębiające wrażenie. Znajomi witali się z rezerwą, niedowierzając jedni drugim. Obawiano się, czy ktoś kierując się interesem osobistym nie stał się przypadkiem zaufanym Modelskiego i nie ,,uszyje butów'' dawnemu koledze.

Pewnego dnia spotkałem na koszarowym dziedzińcu niedawno przybyłego do Francji płk. dypl. Kazimierza Rydzińskiego, kolegę i przyjaciela, z którym kończyłem Wyższą Szkołę Wojenną. Widząc, że stoi z boku i sam nie zdradza ochoty na przywitanie się ze mną, podszedłem do niego pytając: ,,cóż to, nie witasz się ze starym kolegą?'' Odpowiedział z goryczą: ,,Ja się pierwszy z nikim tutaj nie witam, bo nie jestem pewien, kto mi w tej sytuacji rękę poda.''

Po dłuższym oczekiwaniu otrzymałem zawiadomienie, że jestem przydzielony do Centrum Oficerskiego w Cerizay w Wandei. W związku z nadmierną ilością oficerów utworzono w kilku regionach Francji takie zgrupowania oficerskie. Powszechnie było wiadomo, że pod taką niewinną z pozoru formą zrobiono w Cerizay coś w rodzaju obozu zesłańców politycznych, którym — jak głosiła plotka — gen. Sikorski po powrocie do kraju planuje wytoczyć procesy.

Na pozór był to jednak formalny przydział do jednostki wojskowej, któremu należało się podporządkować. Pomimo to długo wahałem się, czy rozkaz ten wykonać, widziałem w nim bowiem zwykłą szykanę i rodzaj represji. Sądząc jednak, że zaciągam się do wojska polskiego a nie do prywatnej armii Sikorskiego, wreszcie, że ,,dłużej klasztora niż przeora'', przemogłem się i zdecydowałem pojechać. Przed wyjazdem rozważyłem wszystkie za i przeciw. Praktycznie rzecz biorąc mogłem się wyłamać. Tak czy inaczej dałbym sobie radę w życiu cywilnym we Francji. Byłem przed wojną odznaczony cenionym tu bardzo Orderem Legii Honorowej i ułatwiłoby mi to znalezienie jakiegoś skromnego zajęcia. Pracy się nie bałem, a od wczesnej młodości byłem zaprawiony do różnych warunków bytowania, nie zawsze wygodnych i dostatnich. Miałem 43 lata i byłem w pełni sił. Uważałem więc za swój obowiązek znaleźć się w szeregach armii także w czasie tej, dla mnie kolejnej, wojny. Jeszcze na Łotwie w obozie internowania przekonywałem innych, że nie jest najważniejsze kto stoi na czele rządu i wojska na emigracji; jest rząd, jest naczelny wódz i naszym obowiązkiem jest stanąć do jego dyspozycji. Nie przewidywałem jednak wtedy, że na czele naszej walki staną ludzie mali, niedojrzali do zadań, które na nich czekały.

Komendantem obozu w Cerizay był płk Rumsza, stary rosyjski ,,stupajka''. W obozie zastałem już wielu oficerów różnych stopni, przeważnie byłych legionistów. Byli gen. Stanisław Rouppert, płk Ścieżyński, płk Otto Czuruk, mjr Kazimierz Jurglewicz, mjr Włodzimierz Zieliński; później dojechał gen. Dąb-Biernacki i wielu innych.

Cerizay było niewielką osadą; kilka sklepów i kafejek. Miejscowi ludzie byli sympatycznie i życzliwie do nas ustosunkowani, choć jakieś łajdackie języki rozpuściły pogłoskę o tym, że jesteśmy elementem niepewnym, sympatyzującym z Niemcami. Ten nikczemny chwyt przeciwników politycznych spalił jednak szybko na panewce i nasze stosunki z mieszkańcami Cerizay ułożyły się bardzo dobrze.

Większość z nas mieszkała w prywatnych kwaterach. Żywieni byliśmy w zorganizowanych specjalnie stołówkach. Za podłe jedzenie płaciliśmy z otrzymanych poborów, też zresztą bardzo niskich. Żyłem dosłownie z ołówkiem w ręku. Śniadania i kolacje robiłem sobie sam; musiałem — ze względów oszczędnościowych — wydzielać sobie nawet pieczywo. Ograniczałem się w każdym wydatku, gdyż część swoich poborów posyłałem żonie, która miała na utrzymaniu naszego młodszego syna. Starałem się też co miesiąc posyłać parę groszy starszemu synowi do podchorążówki.

W Cerizay nie było żadnych zajęć czy szkoleń, każdy więc wypełniał sobie czas jak mógł. Chodziłem często na długie, wielokilometrowe spacery po okolicy, oglądając liczne, malowniczo położone wandejskie zamki. Każdego ranka obowiązani byliśmy podpisywać listę obecności w kancelarii komendy. Nie wolno nam było wyjeżdżać poza Cerizay, ani razu nie odwiedziłem więc żony i syna w Paryżu, gdyż aby to uczynić musiałbym uzyskać zezwolenie gen. Modelskiego, a prosić o nie nie miałem zamiaru. Żona odwiedzała mnie kilkakrotnie.

Przyjechał też syn, już w mundurze podchorążego. Opowiadał dużo o warunkach socjalnych i atmosferze panującej w jego szkole. Podchorążowie spali w zawilgoconych pomieszczeniach na barłogach ze słomy. Na zajęciach starano się zohydzić im wszystko co wiązało się z przedwojenną Polską. Zakazano im nawet śpiewać ,,Pierwszą Brygadę''. Syn mówił: ,,...wobec tego nie śpiewamy, ale gwiżdżemy...''.

*

W czerwcu 1940 roku ruszyła niemiecka ofensywa. Wojska francuskie stawiały słaby opór. Morale żołnierzy było żadne; Francja wyraźnie walczyć nie chciała. Rozpoczął się odwrót a potem ucieczka przed atakującymi Niemcami. Ludność w panice uciekała z północy kraju na południe. Ciągnęły przez Cerizay kolumny wielkich wiejskich wozów wypełnionych dobytkiem i ludźmi uciekającymi z Normandii. Jechały długie sznury samochodów osobowych, których dachy dla osłony przed ostrzałem z samolotów przykryte były materacami. Widziało się całe masy wędrujących żołnierzy i oficerów francuskich zdążających do portów, by stąd, znalazłszy jakiś okręt, przedostać się do Anglii.

W całym tym bałaganie nikt oczywiście nie zatroszczył się o ewakuację naszego ośrodka. Wobec tego, nie licząc się już zupełnie z jakąkolwiek komendą obozu, zdecydowaliśmy się na własną rękę opuścić Cerizay kierując się do portów nad Atlantykiem. Wyjeżdżaliśmy małymi grupkami korzystając z przygodnych środków komunikacji. Ja z grupą kolegów oraz z żoną i młodszym synem, który wcześniej przyjechali z Paryża, dobrnąłem aż do Bordeaux. Mieliśmy nadzieję, że uda się nam dostać na któryś z okrętów płynących do Anglii. W Bordeaux odnalazłem jakąś polską komendę wojskową. Już wstępna rozmowa utwierdziła mnie w przekonaniu, że nie mam o czym marzyć. Uciekające władze zostawiły wyraźne instrukcje kogo trzeba kierować do portów; dla takich jak ja nie było miejsca. Po co zresztą ratować takich ludzi? Niech dostaną się w niemieckie łapy!

Zastanawiałem się co robić dalej, dokąd iść? Postanowiłem w końcu skierować się do południowej Francji, w pobliże włoskiej granicy, tak by nie wpaść w ręce niemieckie. Nie było to łatwe, gdyż znów goniliśmy resztkami pieniędzy. W takich okolicznościach gdzieś na skrzyżowaniu dróg pod Bordeaux spotkaliśmy grupkę Polaków z różnych formacji wojskowych i odpoczywając nawiązaliśmy z nimi rozmowę. Był wśród nich wędrujący od Loary szeregowiec z rozwiązanej 3 Dywizji Polskiej, formowanej między innymi z emigrantów polskich mieszkających stale we Francji. Nazywał się Franciszek Goy. Dzierżawił dziesięciohektarową farmę w departamencie Lot-et-Garronne. W serdeczny sposób zaprosił nas do siebie, powędrowaliśmy więc do niego. Farma była uboga. Gospodarowała na niej żona Franciszka, kiedyś włókniarka w Łodzi. Wkrótce wrócił, także z wojska, ich syn. Byli to bardzo prawi i szlachetni ludzie. Przyjęli nas serdecznie i dzielili się z nami tym co mieli. Chcąc się chociaż trochę im odwdzięczyć, pomagaliśmy im w różnych gospodarskich pracach, przy sianokosach i w winnicy. Gościliśmy u nich kilka tygodni, do czasu, kiedy dotarła do nas wiadomość, że w Tuluzie funkcjonuje jeszcze jakieś polskie biuro, które wypłaca wojskowym zaległe pobory. Byliśmy prawie bez grosza, wyprawiliśmy się więc do Tuluzy. Istotnie urzędowało tam biuro, którym kierował francuski kapitan, zaś personel podoficerski tworzyli Polacy. Zjeżdżały więc do Tuluzy tłumy polskiego żołnierstwa z najrozmaitszych, rozbitych, względnie rozwiązanych jednostek wojskowych. Wypłacano wszystkim; na pewien czas byliśmy zabezpieczeni.

Wkrótce rozeszła się pogłoska, że Tuluza zostanie zajęta przez Niemców. Zdecydowaliśmy się więc, tak jak wielu innych Polaków, przenieść się jeszcze bliżej granicy włoskiej w okolice Nicei. Po pewnym czasie Francuzi zaczęli załatwiać odprawy demobilizacyjne. Dotyczyło to nie tylko armii francuskiej, ale — jak się okazało — również i nas. Pojechaliśmy pod Marsylię, gdzie po załatwieniu formalności wypłacono nam większe kwoty demobilizacyjne.

Mając trochę pieniędzy wziąłem w dzierżawę domek z ogrodem w Roquefort-les-Pins, pomiędzy Niceą a Grasse. Kopaliśmy ziemię i sadziliśmy co się dało, by się z tego wyżywić. Praca była ciężka, a marna ziemia nie wiele chciała rodzić. Ratowały nas trochę winogrona i inne owoce, które sprzedawaliśmy. Tu, w okolicach Nicei, spotkałem się z dawnym moim przyjacielem mjr. Antonim Miszewskim, artystą rzeźbiarzem, który mieszkając w pobliskim Antibes był jednym z kierowników polskiej organizacji podziemnej. Wstąpiłem do niej i należałem do jego ,,siatki''. Kupiłem sobie stary rower i często w różnych sprawach organizacyjnych jeździłem do Antibes do Miszewskiego. Mieszkał w dużej wynajętej willi, gdzie pod szyldem pracowni rzeźbiarskiej prowadził ożywioną działalność konspiracyjną. U mnie znajdowała się melina dla ,,spalonych'' członków organizacji i rezerwowy punkt dla radiostacji używanej do kontaktów z Londynem. Miałem w ogrodzie

przy domu dwa dobrze ukryte schowki przeznaczone do chowania apa-
ratury, ale tak się złożyło, że stacja nigdy nie pracowała w moim domu. Miszewski miał w swoim ogrodzie zakopanych kilka takich radiostacji. Na początku 1943 roku transportowałem jedną z nich z domu
Miszewskiego do mieszkającego w moim sąsiedztwie por. Hussakow-
skiego, u którego przez kilka dni ,,grała''. Wymagało to ostrożności,
ponieważ w całym rejonie grasowały niemieckie samochody goniome-
tryczne. Były to duże samochody osobowe z zapuszczonymi firanka-
mi w oknach. By je łatwiej rozpoznać otrzymywaliśmy od organizacji
ich numery rejestracyjne, które jakimś sposobem zdobywano.

Z mego pobytu w Roquefort-les-Pins nie mogę pominąć opisu bar-
barzyńskiego polowania na zamieszkałych w tym rejonie Żydów. Wyła-
pywano ich nocami i oddawano w ręce Niemców, którzy wywozili ich
pociągami w nieznane. W Nicei, w dawnym konsulacie polskim, funk-
cjonowało biuro opiekujące się Polakami. Kierował nim jakiś Fran-
cuz bardzo życzliwy Polsce i Polakom. Biuro to, gdy zaczęły się ła-
panki, wydało nam specjalne zaświadczenia o aryjskim pochodzeniu.
Trudno uwierzyć, że w cywilizowanej Francji tego rodzaju dokumenty musiały być wydawane. Ponieważ dokument taki zachował się wśród
moich papierów przytaczam jego treść:

Ministère des Affaires Étrangères   *État Français*
Bureau   *Nice, le 10.09.1942*
d'Administration des Polonais
de Nice

Déclaration

*Le Consul de France, Directeur du Bureau d'Administration des
Polonais de Nice, déclare, que Monsieur Sokołowski Adam, né le 22
juillet 1896 à Zachorzewo (Pologne), fils de Wincenty et de Franciszk-
ka Maria Piaskowska est de nationalité polonaise et de religion
catholique-romaine, ainsi que ses parents.*
     *En foi de quoi, nous avons délivré la présente déclaration en vue
de permettre d'établir la non appartenance de l'interéssé à la race juive.*

(pieczęć)   *(podpis)*

Pod koniec 1943 roku życzliwi Francuzi z miejscowego merostwa
zawiadomili mnie, że grozi mi aresztowanie i powinienem jak najszyb-
ciej wyjechać z Roquefort-les-Pins. Pozbieraliśmy się więc szybko i wyjechaliśmy; ja do naszego punktu ewakuacyjnego w Bagnols-les-Bains
(departament Mende), a żona do pobliskiej miejscowości Vic-sur-Cère.
Postanowiliśmy przejść ,,na zielono'' Pireneje i przez Hiszpanię dostać się jakoś do naszego wojska. Ponieważ młodszy syn był już prawie
dorosły, pozwoliłem mu iść ze sobą. Pożegnaliśmy się więc z żoną o tyle spokojni, że zostawiamy ją wśród znajomych, w polskim schronisku PCK, pod troskliwą opieką płk. Ottona Czuruka.

*

Osada Bagnols-les-Bains położona w malowniczej okolicy w Masywie Centralnym liczyła zaledwie kilkuset mieszkańców. Leżała z dala od niemieckich garnizonów. Tu właśnie zakwaterowano jedną z polskich kompanii pracy złożoną z setki żołnierzy i zatrudniono ich przy wyrębie lasów. Formalnie kompania podlegała francuskim władzom, ale administracją i sprawami gospodarczymi zajmowali się Polacy.

Oddalenie od większych skupisk ludzkich, od Niemców, i pewnego rodzaju autonomia organizacyjna sprzyjały ukryciu właściwej funkcji polskiej kompanii pracy. Działała ona przede wszystkim jako punkt zborny i baza przerzutowa dla żołnierzy, którzy przez Hiszpanię chcieli dostać się do polskiego wojska. Co pewien czas formowano tu około 30 osobowe grupy, które wyprawiano w pobliże Pirenejów, skąd — pod opieką opłaconych przemytników — przechodziły one do Hiszpanii. Zjeżdżali więc tu z terenu całej Francji żołnierze i oficerowie wioząc na dnie kuferków starannie przechowywane mundury.

Mała osada kipiała życiem. Miejscowa ludność była życzliwie usposobiona do Polaków i ciągnęła z ich pobytu spore korzyści materialne. Młodzi, często niedożywieni ludzie jadali w miejscowych knajpach, pili wino. Prawie każdy miał jakieś mniejsze lub większe oszczędności, które w pierwszym rzędzie przeznaczał na żywność, by wzmocnić swe siły przed oczekującą go wędrówką. Zorganizowano nawet rodzaj handlowych spółek. Dysponując jakąś większą gotówką, kompanijni podoficerowie wędrowali po okolicznych wioskach skupując od farmerów żywność. Kupowano nawet całe sztuki bydła, które pod osłoną nocy fachowo oprawiano.

Pod koniec stycznia 1944 roku skompletowany został ostatecznie skład grupy, z którą miałem wyruszyć. Jako najstarszy stopniem objąłem jej kierownictwo. 2 lutego, przed świtem, wyruszyliśmy w trzech dziesięcioosobowych grupach różnymi drogami do trzech sąsiadujących ze sobą stacji kolejowych. Wszyscy mieliśmy wsiąść do tego samego pociągu. Zaczęło się od przygody. Do dworcowej poczekalni, w której czekaliśmy na nasz pociąg weszło kilkunastu żołnierzy w niemieckich mundurach. Byli nieźle podchmieleni i krzykliwi. Podchodzili do naszych stolików i próbowali wszczynać rozmowę. Zagadywali do nas po niemiecku, a w końcu nawet po polsku. Gdy przyjrzałem się dokładniej ich mundurom dostrzegłem naszywki z napisem ,,Armenien''. Nikt z naszych nie dał się sprowokować i w końcu wszystko skończyło się na strachu.

Bez kłopotów dojechaliśmy do dużej stacji węzłowej w Nîmes. Oczekiwał tu na nas łącznik, który przywiózł i dołączył mi do grupy dwóch młodych podchorążych, uciekinierów z polskiej dywizji internowanej w Szwajcarii. Z Nîmes mieliśmy wczesnym rankiem wyjechać do Tuluzy. Przyszło więc nam całą noc spędzić na dworcu. Rozparcelowałem naszą grupę do kilku poczekalni peronowych pełnych podróżnych. Po północy pojawili się niemieccy żandarmi i w towarzystwie francuskich policjantów zaczęli przeprowadzać kontrolę dokumentów. Nasze dowody tożsamości były w porządku, zostawiono nas więc w spokoju. Zatrzymano natomiast na jakiś czas dwóch przybyłych ze Szwajcarii podchorążych, którym organizacja nie zdążyła wyrobić „murowanych" papierów. Mieli tylko fikcyjne przepustki wystawione w jakimś merostwie i „lipne" skierowania do karnego obozu pracy. W końcu zwolniono ich, gdyż Niemcy uznali, że i tak w obozie dostaną porządnego łupnia.

Dalsza podróż minęła już bez przygód i wkrótce przez Tuluzę dotarliśmy do podnóża Pirenejów, w okolice Foix. Tu na małej stacyjce czekał łącznik, który przekazał nas w ręce trzech zawodowych przemytników.

W podmiejskiej restauracyjce zjedliśmy sutą kolację i ruszyliśmy w drogę. Szliśmy całą noc, a o świcie nasi przewodnicy umieścili nas w stodole na skraju jakiejś wioski. Zaszyci w słomie spaliśmy kilka godzin. Przemytnicy pojawili się dopiero po południu i przeprowadzili nas do pobliskiego małego lasku skąd o zmierzchu ruszyliśmy w dalszą drogę zorganizowanym dzięki ich zapobiegliwości samochodem. Kazano nam położyć się na platformie i przykryto plandeką. Przemytnicy uprzedzili nas, że ciężarówka będzie po drodze zatrzymana przez niemieckie posterunki; kazali jednak nie obawiać się i zachować jedynie ciszę. Zapewnili, że przejedziemy bezpiecznie.

W czasie jazdy samochód istotnie zatrzymywał się dwa razy. Słyszeliśmy prowadzone w języku niemieckim rozmowy, ale pod plandekę nikt nie zajrzał; jasne było, że Niemcy byli przekupieni.

Około północy dojechaliśmy do ostatniego już przygranicznego osiedla położonego w szerokiej zalesionej dolinie. Przemytnicy ulokowali nas w sporym szałasie stojącym na stromym zboczu. Mieliśmy stąd znakomity widok na całe osiedle. Widzieliśmy wyraźnie niemiecką wartownię i jeżdżące na rowerach patrole graniczne. Szałas był wygodny, pełen świeżej słomy; można było odpocząć.

O zmroku ruszyliśmy w drogę. Podziwiałem spryt, tupet i tężyznę fizyczną naszych przewodników. Ich szef — nazwiskiem Riviera — przechodząc obok zabudowań wypłaszał niewygodnych świadków naszego przemarszu udając niemiecki patrol. W ciemności, gdy nie zachodziła obawa, że ktoś zobaczy nasze cywilne ubrania, był to bardzo skuteczny sposób.

Zapuszczaliśmy się coraz wyżej w góry. Pojawił się śnieg, co utrudniało znacznie marsz i odbierało siły. Nie mieliśmy przecież żadnego treningu, a nasz ekwipunek — zwłaszcza obuwie — nie był przystosowany do takich wędrówek. Ostatkiem sił dotarliśmy do polany, na której stało kilka szałasów; tu wyznaczono odpoczynek. Po skromnym posiłku wszyscy posnęli; większość nie ściągnęła nawet butów w obawie, że nie włoży ich potem na spuchnięte i odparzone nogi.

Zaczynał się decydujący etap; tej nocy mieliśmy przekroczyć granicę. Nasi przewodnicy był uzbrojeni w karabiny maszynowe. Ich szef mówił mi, że w razie spotkania z niemieckim patrolem są zdecydowani na walkę, sądził jednak, że do tego nie dojdzie, bowiem patrole niemieckie na ogół boją się zapuszczać wysoko w góry.

Marsz był trudny; było nawet kilka wypadków zasłabnięć. Mimo to, na przemian brnąc w głębokim śniegu i ślizgając się po zlodowaciałej zmarzlinie, dotarliśmy jakoś do przełęczy na granicy Francji z Andorą. Było około 20 stopni mrozu; wiał przy tym silny wiatr, przed którym trudno było się zasłonić. Odpoczęliśmy jednak trochę i powoli zaczęliśmy schodzić po bardzo stromym zboczu. Nasi przewodnicy szli na przedzie wydeptując w śniegu krętą ścieżkę; posuwaliśmy się za nimi gęsiego, stawiając stopy dokładnie w ich ślady.

W miarę schodzenia poprawiały się humory. Co odważniejsi siadali na śniegu i zjeżdżali w dół. Przyśpieszało to wprawdzie tempo marszu ale fatalnie wpłynęło na stan spodni.

Francja została za nami.

*

Dotarliśmy w końcu do małej andorskiej osady. Mijani po drodze robotnicy leśni pozdrawiali nas serdecznie. Widać, że orientowali się dobrze co to za ,,turyści'' przychodzą od francuskiej granicy.

Nasi przewodnicy ulokowali nas w skromnym ale wygodnym hoteliku. W obszernej sali restauracyjnej zastawiono suto stół. Przed kolacją poprosiliśmy jeszcze, by pozwolono nam wymoczyć zmęczone nogi. Obawiałem się bardzo o to, czy przypadkiem nie odmroziłem sobie prawej stopy, której w ciągu ostatniej doby zupełnie nie czułem; rana z wojny 1920 roku sprawiała, że krążenie krwi było w niej niedostateczne. Obawy były jednak płonne; rozgrzana i rozmasowana stopa szybko wróciła do normalnego stanu.

Po żywnościowych brakach we Francji pierwszy obiad w Andorze wydał się nam wprost luksusowy, a wino, którego nam nie żałowano — doskonałe. Pod koniec obiadu ktoś zagrał na harmonii i młodsi chłopcy — mimo zmęczenia — puścili się w tany z miejscowymi pięknościami.

Jak szybko się zorientowałem, Andora była jedną wielką meliną przemytniczą. Miejscowi przemytnicy robili kokosowe interesy nie tylko na przemycie towarów, ale także na przeprowadzaniu przez granicę ludzi, za których rząd londyński słono płacił — jak się tu mówiło — ,,od główki''. Stąd też szczęśliwe przejście naszej grupki świętowano uroczyście czując dobrą zapłatę.

Jeszcze tej samej nocy nasz przewodnik — Riviera — pojechał do Barcelony, gdzie miał odebrać pieniądze. Zgodnie z otrzymaną instrukcją przesłałem przez niego meldunek. Czekała nas jeszcze dalsza droga.

Tak jak mi polecono, następnego dnia podzieliłem naszą grupę na dwie części, z których każda miała być osobno przerzucona do Hiszpanii. Przewodnicy zapewniali, że przejście granicy hiszpańskiej jest przygotowane i odbędzie się bez żadnych trudności.

Stało się jednak inaczej. Rzut, w którym się znajdowałem został przewieziony do przygranicznej miejscowości samochodami osobowymi. Ulokowano nas jak zwykle w jakimś hotelu. Rano ktoś z hotelowego personelu poinformował nas, że za parę minut — o godzinie 6 —

mamy odjechać zwykłym autobusem w kierunku granicy. Ubraliśmy się więc szybko i wsiedliśmy do wskazanego autobusu. Wkrótce okazało się, że obsługa nie jest o niczym uprzedzona a konduktor żąda od nas pieniędzy za przejazd. Byliśmy zaskoczeni; nikt nie uprzedził nas o takiej możliwości i pieniędzy po prostu nie mieliśmy. Sytuacja stawała się głupia. Konduktor ponawiał żądania zapłaty, a w końcu, gdy nie reagowaliśmy, dał spokój. Było to niewątpliwie jakieś nieporozumienie; okazało się później, że obsługa hotelu miała wyprawić nas o 6 wieczór, a nie o 6 rano.

Dojechaliśmy do samej granicy i tam od razu oddano nas w objęcia policji hiszpańskiej. Łudziłem się jeszcze, że może zjawi się w ostatniej chwili jakiś łącznik, ale na próżno. Urzędnicy hiszpańscy zatrzymali nas i spisali nasze personalia. Zrobił się ,,cyrk''. Zgodnie z instrukcją podawaliśmy się za Francuzów a przecież znaczna część kolegów po francusku nie mówiła ani słowa. Trzeba więc było gimnastykować się i brnąć dalej. Wybrałem lepiej mówiących po francusku kolegów i ci zwijali się udzielając odpowiedzi za wszystkich. Zostaliśmy następnie zatrzymani w budynku straży granicznej. Wszyscy byliśmy bardzo zdenerwowani, jednak mocno wierzyłem, że organizacja nasza zawiadomiona wysłanym poprzedniego dnia do Barcelony raportem zainteresuje się naszym dalszym losem i wydobędzie nas jakoś z opresji.

Seo de Urgel — niewielka nadgraniczna mieścina, w której nas zatrzymano nie miała aresztu. Wkrótce przyszedł jeden z przesłuchujących nas rano urzędników i po kurtuazyjnych zapewnieniach, iż zajmie się nami wkrótce konsul francuski (!) zaprowadził nas do jakiegoś hoteliku, gdzie znaleźliśmy się pod opieką patrona o podejrzanej fizjonomii. Poczęstowano nas smacznym obiadem i przydzielono pokoje. Pod wieczór hotelarz, który był — jak nam się wydawało — rezydentem miejscowej policji, zawiadomił mnie, że mam się stawić na posterunku granicznym. Koledzy, którzy bardzo zżyli się ze mną w czasie wspólnej wędrówki nie chcieli puścić mnie samego; podejrzewali podstęp i sądzili, że chcą nas rozdzielić.

Okazało się jednak, że policjanci są dobrze zorientowani w naszej sytuacji i jedynie wzgląd na obecność rywalizującej z policją miejscowej żandarmerii jest powodem dla którego nas zatrzymano. Przesłuchanie było tylko formalnością.

W ciągu następnych dwóch dni mieliśmy wizyty wspomnianych żandarmów. Trzeba było raz jeszcze powtórzyć wszystkie nasze kłamstwa i dbać o to, by nie było w nich rozbieżności. W końcu żandarmi zakomunikowali, że nie wolno nam opuszczać hotelu i że teraz już oni obejmują nad nami nadzór.

Od początku byłem pewien, że nasi opiekunowie nie zostawią nas na lodzie. Mniej więcej po tygodniu naszego ,,hotelowego'' aresztu pojawili się dwaj mężczyźni, którzy — jak się okazało — byli agentami naszej barcelońskiej komórki organizacyjnej. Początkowo rozmowa się nie kleiła, gdyż nie chcąc zrobić jakiegoś głupstwa zachowywałem rezerwę. W końcu jednak nabrałem do nich zaufania i dogadaliśmy się. Stanęła umowa, że w ciągu najbliższych dwóch dni zostanie zorganizowane nasze porwanie. Tak też się i stało. W sobotę — 20 lutego — na hotelowe podwórze zajechało kilka samochodów osobowych. Ich kierowcy mieli przygotowane dla nas odpowiednie przepustki. Po kilkunastu godzinach dojechaliśmy szczęśliwie do Barcelony. Umieszczono nas na początek gdzieś na przedmieściu w domu sympatycznej i gościnnej hiszpańskiej rodziny, skąd wkrótce przewieziono nas do biur Polskiego Czerwonego Krzyża.

*

Biura Polskiego Czerwonego Krzyża funkcjonowały w dawnym budynku polskiego konsulatu. Mieszkał tu jeszcze ostatni konsul honorowy, pan de Rodon. Jego żona — z domu Klemensiewicz — była znaną działaczką, córką znanego działacza niepodległościowego z Krakowa. Pani de Rodon była przewodniczącą Polskiego Czerwonego Krzyża w Barcelonie i w jego imieniu sprawowała nad nami opiekę.

Już następnego dnia zostaliśmy zarejestrowani w miejscowym urzędzie policyjnym. Wróciliśmy do swych prawdziwych nazwisk i wreszcie skończyła się komedia z naszym francuskim ,,obywatelstwem''. Zalegalizował nas oczywiście Polski Czerwony Krzyż. Władze hiszpańskie usiłowały przy spisywaniu danych personalnych rozszyfrować organizacyjną stronę naszego nielegalnego przekroczenia granicy. Policjanci interesowali się trasą, którą szliśmy, punktami granicznymi, otrzymywaną pomocą itp. Odpowiadaliśmy zgodnie, że każdy szedł w zasadzie na własną rękę, a przypadkowo spotkawszy się w górach razem kontynuowaliśmy marsz. Mówiliśmy, że nie mieliśmy map i dlatego nie możemy podać ani nazw miejscowości ani nawet rejonu, w którym przekroczyliśmy granicę; ze względu na bezpieczeństwo omijaliśmy wszystkie ludzkie siedziby. Policjanci skrupulatnie zapisywali nasze zeznania, ale pożytku z tego mieli niewiele. Po skończonych przesłuchaniach wszyscy otrzymaliśmy tymczasowe karty pobytu obwarowane cotygodniowym obowiązkiem meldowania się we właściwych komisariatach. Odpowiedzialny był za nas oczywiście Polski Czerwony Krzyż.

Barceloński oddział Polskiego Czerwonego Krzyża pracował niezwykle sprawnie i bezinteresownie opiekował się setkami uciekinierów. Ja — do tego właśnie momentu — miałem niezbyt dobrą opinię o tej organizacji. Opierałem ją na swych doświadczeniach z okresu pobytu we Francji. Weszło tam do lokalnych władz PCK wielu ludzi o bardzo wątpliwym morale. Podczas gdy ogromna większość uchodźców borykała się z trudnościami finansowymi i brakowało im pieniędzy na najpotrzebniejsze nawet wydatki, funkcjonariusze Czerwonego Krzyża prowadzili często wystawne, wręcz luksusowe życie. W schronisku w Juan-les-Pins, gdzie przebywałem, miały miejsce właśnie tego rodzaju historie. Kierownik schroniska Młodzianowski i jego zastępca Firla opływali w dostatki, urządzali gorszące hulanki i pijatyki. Mieliśmy nawet dowody, że społeczne pieniądze przegrywali w... Monte Carlo. Wraz z gen. Wacławem Wieczorkiewiczem, który również przebywał w Juan-les-Pins, zażądaliśmy przyjazdu rewidenta PCK z Barcelony i kontroli całej gospodarki oraz zrobienia porządku. Gdy jednak przyszło do sprawdzania kasy, rewident — znany mi sprzed wojny Tytus Komarnicki — wykręcił się brakiem kompetencji. Wolał zaklajstrować całą sprawę, by nie robić skandalu wobec władz francuskich i nie narazić się władzom naczelnym PCK, które popierały miejscowych malwersantów. W prywatnej rozmowie przyznał później, że o istnieniu nadużyć był przekonany. Podobne historie zdarzały się często. Wysoko postawiony we władzach PCK niejaki Moskal, dopuszczał się nadużyć na taką skalę, że w końcu wsadziły go do więzienia władze francuskie. Nasza wspólna z gen. Wieczorkiewiczem interwencja przyniosła jednak pewien skutek: pijaństwa ustały i zdaje się, że przestano czerpać z kasy na grę w ruletkę.

Mając takie doświadczenia przyglądałem się nieufnie barcelońskiemu oddziałowi Czerwonego Krzyża. Trwało to jednak bardzo krótko. Od samego początku uderzała mnie bowiem niesłychana sprawność, rozsądek i uczciwość pracujących tu ludzi. Już pierwszego dnia zostaliśmy z podręcznego magazynu zaopatrzeni w niezbędne rzeczy osobiste: bieliznę, przybory toaletowe, skarpetki; nie zapomniano nawet o spinkach do koszul. Po załatwieniu formalności policyjnych funkcjonariusze PCK urządzili nam spacer po sklepach, w których na poczekaniu dopasowano nam ubranie i obuwie. Byliśmy więc już pierwszego dnia należycie zaopatrzeni. Cała grupa został zakwaterowana w kilku pensjonatach, które miały stały kontakt z Czerwonym Krzyżem. Mnie wraz z synem przydzielono wygodną kwaterę w prywatnym domu.

Duszą całej działalności barcelońskiego PCK była pani de Rodon. Pomocy rodakom wędrującym do polskiego wojska oddała całe swoje serce. Mając rozległe stosunki w hiszpańskich władzach potrafiła nawet wyciągać ludzi z więzień. Wszyscy ,, pirenejczycy'', którzy w swej drodze do wojska przechodzili przez Barcelonę zachowali w pamięci tę wspaniałą kobietę.

Nasz pobyt w Barcelonie trwał około 6 tygodni. Niedługo po naszym przyjeździe nadeszła wiadomość, że przez Pireneje ruszyła następna grupa Polaków. Mieliśmy na nich czekać i wspólnie z nimi przejść do Portugalii. Wolny czas wypełnialiśmy zwiedzaniem miasta. Barcelona nosiła jeszcze wyraźne ślady wojny domowej; widać to było zwłaszcza w biednej dzielnicy portowej. Na ulicach miasta zwracała uwagę duża ilość uzbrojonych policjantów.

W czasie naszego pobytu aresztowano bliskiego współpracownika pani de Rodon, tego właśnie, który organizował nasze ,,porwanie'' z Soe de Urgel. Udało się jakoś porozumieć ze strażnikami więzienia, w którym go trzymano i przekupić ich. Obiecali zwolnić więźnia pod warunkiem, że dostaną kogoś ,,w zamian'', bo liczba więźniów musi się im zgadzać. W związku z tym pani de Rodon zwróciła się do mnie z prośbą bym wśród naszych żołnierzy znalazł takiego ,,ochotnika''. Obiecała w krótkim czasie wyjednać mu zwolnienie. Jeden z młodych podchorążych, lubiący ryzyko, którego nudziła bezczynność, zgodził się bez zmrużenia oka. Wszystko poszło według planu. Najpierw nastąpiła wymiana więźniów, a niedługo potem dzielna pani de Rodon wyjednała u gubernatora zwolnienie z więzienia młodego podchorążego. Polski Czerwony Krzyż poniósł jednak dodatkowe koszty: musiał zwolnionemu kupić kapelusz, bowiem w hiszpańskich więzieniach golono więźniom głowy.

Przybyła wreszcie oczekiwana przez nas nowa grupa uciekinierów. Przywieźli nowiny z Francji i wiadomości od pozostałych tam rodzin i znajomych. Było nas już teraz blisko siedemdziesięciu. Do czasu kiedy pani de Rodon i jej sympatyczni współpracownicy nie zakończyli załatwiania formalności wyjazdowych, odwiedzaliśmy się wzajemnie i popijaliśmy ciężką hiszpańską malagę. Bezpośrednio przed wyjazdem mieliśmy okazję przypatrywać się uroczystej defiladzie wojskowej zorganizowanej z okazji jakiegoś narodowego święta. Cała impreza zrobiła na mnie wrażenie niepoważnej; więcej było w tym teatru niż wojska. Żołnierze wyglądali kiepsko, uzbrojeni byli ubogo i nienowocześnie.

Formalności wreszcie załatwiono i otrzymaliśmy legalne dokumenty wyjazdowe. Najwięcej kłopotu było z naszym wiekiem, władze postawiły bowiem warunek, że wyjechać mogą jedynie ci, którzy mają bądź poniżej 21 lat, bądź powyżej 44. Trzeba się więc było — w zależności od wyglądu — postarzeć lub odmłodzić. Mimo, że wygląd wielu kolegów nie pasował zupełnie do wpisanej w papiery daty, Hiszpanie nie zatrzymali nikogo.

Wczesnym rankiem cała siedemdziesięcioosobowa grupa zebrała się na bocznym peronie dworca kolejowego. Gdy funkcjonariusze kolejowi i policjanci skończyli sprawdzać nasze dokumenty, przyszło do pożegnań. Na ręce pani de Rodon złożyliśmy ładny pamiątkowy album, który miał stać się kroniką ,,pirenejczyków''. Na dworzec przyszła też duża grupa miejscowych dziewcząt. Mieli powodzenie u Hiszpanek ci nasi ,,turyści''!

W Madrycie oczekiwali na nas przedstawiciele Czerwonego Krzyża. Z dworca przewieziono nas autobusami do centrum miasta i zakwaterowano w hotelu. W siedzibie Czerwonego Krzyża otrzymałem wiele ciekawych informacji oraz instrukcje dotyczące dalszej marszruty. Powiedziano mi też, że do naszej grupy dołączeni zostaną dwaj Polacy zwolnieni z hiszpańskiego więzienia.

Wkrótce po moim powrocie do hotelu funkcjonariusz policji przyprowadził dwóch wymizerowanych i nieco wystraszonych ludzi i przekazał ich pod moją opiekę. Przebywali oni blisko rok w ciężkim więzieniu madryckim. Byli początkowo tak oszołomieni i zaskoczeni, że odnosili się nieufnie do wszystkiego, wietrząc jakiś podstęp. Dopiero po dłuższym czasie uwierzyli, że są na wolności i że opuszczą wraz z nami Hiszpanię.

Następnego dnia około południa opuściliśmy Madryt. Zarezerwowano dla nas dwa wagony w pociągu jadącym do granicy portugalskiej. Podróż trwała całą noc. Rano gdy pociąg wtoczył się na małą, graniczną stację, portugalscy kolejarze i przypadkowi podróżni powitali nas serdecznie uśmiechając się i wznosząc dwa palce ułożone w znak zwycięstwa — V. Po dwugodzinnym postoju i załatwieniu granicznych formalności ruszyliśmy w dalszą drogę w kierunku południowo-wschodniego wybrzeża, do małego portu Santa Maria. Tam oczekiwali nas już oficerowie z polskiej placówki w Lizbonie i specjalnie przysłany po nas z Gibraltaru mały okręt brytyjskiej marynarki wojennej, na który zaokrętowaliśmy się.

Czas spędzony we Francji, widok niemieckich okupantów, ciągła niepewność jutra, wreszcie trudy wędrówki przez Pireneje — wszystko to zostało już za nami. Zbliżał się dawno oczekiwany dzień, w którym znów mieliśmy włożyć polskie mundury i walczyć o Polskę.

*

W dwie godziny po opuszczeniu portugalskiego brzegu, piękna dotąd pogoda raptownie się pogorszyła. Rozszalał się sztorm. Nasz mały okręcik, chociaż rzucało nim jak zabawką, radził sobie dobrze; znacznie gorzej było z jego pasażerami. Prawie wszyscy chorowali; morskiej chorobie nie oparła się także część załogi. Należałem do tych nielicznych, którzy czuli się dobrze. Mogłem dzięki temu krążyć od jednego do drugiego kolegi i służyć im pomocą. Sztorm uspokoił się dopiero przed świtem.

Rano, na śniadanie do messy nie zszedł prawie nikt; ja natomiast na brak apetytu narzekać nie mogłem. Ze względu na obecność niemieckich łodzi podwodnych nie płynęliśmy najkrótszą drogą. Okręt wychodził daleko w morze, kluczył i robił dziwne pętle. Dopiero około południa zacumowaliśmy w gibraltarskim porcie.

Gibraltar — wielka, stercząca z morza skała — był dobrze ufortyfikowaną warownią. Kontrola przybywających tu osób była bardzo dokładna; obawiano się szpiegów. Przyjęto nas grzecznie i życzliwie, niemniej bez żadnych skrupułów poddano surowej rewizji. Skonfiskowano przy tym większość notatek, różnego rodzaju zapisków, a nawet fotografie dziewcząt. Wielu obdarowanych zdjęciami przez piękne Hiszpanki poniosło bolesne straty, jednakże w słonecznej Italii znalazły się inne — równie piękne — pocieszycielki żołnierskich serc.

Po kontroli w porcie przydzielono całej grupie kwatery. Oficerowie zostali ulokowani w hotelach; otrzymałem apartament w luksusowym ,,Rock Hotel''. Kwaterowali tam tylko wyżsi oficerowie armii alianckich, jacyś admirałowie i panie z pomocniczej służby kobiet. Na posiłki schodziło się do pięknej sali restauracyjnej.

Wśród oficerów w eleganckich mundurach i pań w strojach wieczorowych czułem się zrazu jak ubogi krewny. Wydano nam tropikalne szorty mundurowe, paradowałem więc w szortach. Nikogo tu nie znałem, było mi więc przyjemnie, gdy podeszło do mnie kilku angielskich oficerów i zaprosiło na drinka. Gubernatorem Gibraltaru był jakiś angielski generał. Przy nim akredytowano oficerów łącznikowych wszystkich armii alianckich. Polskie wojsko reprezentował płk Bełdowski, który natychmiast otoczył nas troskliwą opieką.

Nasi chłopcy zostali zorganizowani w małą, trzyplutonową kompanię. Ponieważ wielu z nich brało udział w kampanii wrześniowej i walczyło we Francji, z wyszkoleniem nie było kłopotów i wkrótce nasza kompania maszerowała po uliczkach Gibraltaru z wesołą piosenką. Swym wyglądem i żołnierską postawą zwracała powszechną uwagę. Gubernator, który przypadkowo ją zaobserwował, prosił nawet płk. Bełdowskiego, by polski oddział codziennie przemaszerowywał główną ulicą dla podniesienia morale mieszkańców.

Oczekując na dyspozycje z Londynu spędziliśmy w Gibraltarze około dwóch tygodni. Rozkazy dotyczące mojej osoby nadeszły nawet wcześniej, opuściliśmy więc Gibraltar przed resztą grupy. Wraz z synem zostałem skierowany na Środkowy Wschód. Odlecieliśmy brytyjskim samolotem przez Algier do Kairu.

*

Gdy wczesnym rankiem przyjechałem na lotnisko, czekała mnie tu miła niespodzianka: na płycie , w dwuszeregu stała nasza kompania. Chłopcy chcieli pożegnać mnie przed odlotem. Zachowam na zawsze wspomnienie żołnierskiego koleżeństwa z tych dni i to serdeczne pożegnanie.

Ponieważ do odlotu było jeszcze trochę czasu, płk Bełdowski opisał nam ze szczegółami okoliczności tragicznej śmierci gen. Sikorskiego. Pokazał miejsce startu samolotu generała i miejsce, w którym wpadł do morza.

Wraz z kilkunastoma oficerami angielskimi i amerykańskimi odlecieliśmy czteromotorową *Dacotą* w kierunku Afryki. Po krótkim locie byliśmy w Algierze.

Tu byłem świadkiem powitania powracającego z inspekcji 2 Korpusu Polskiego na Bliskim Wschodzie gen. Kazimierza Sosnkowskiego. Naczelny Wódz przyleciał dużym, pomalowanym na ochronny kolor samolotem. Na jego kadłubie widniał biały napis *Spirit of Ostra Brama*. Sosnkowski witając się kolejno ze wszystkimi, poznał mnie i powiedział: ,,dobrze pan wygląda, tylko pan posiwiał''. Przed odjazdem zapewnił mnie, że jeszcze się zobaczymy.

Istotnie, jeszcze tego samego dnia wezwano mnie do generała. Rozmowa odbywała się w obecności oficerów sztabowych z gen. Kopańskim na czele. Naczelny Wódz oświadczył, że przewiduje skierowanie mnie na jakieś wyższe stanowisko dowódcze, przedtem jednak muszę pojechać do Egiptu na przeszkolenie na nowoczesnym sprzęcie. Mojego syna — Zygmunta — który jako ochotnik zgłosił się do Marynarki Wojennej, generał zdecydował się zabrać własnym samolotem do Anglii. (Do końca wojny będzie pływał na *Garlandzie*.)

Następnego dnia samolotem transportowym odleciałem do Kairu. Wylądowaliśmy późno, więc lecący ze mną oficerowie amerykańscy zaprosili mnie na nocleg, a rano własnym samochodem zawieźli do polskiej Komendy Placu. Komendantem Placu w Kairze był mój znajomy ppłk Perucki. Przywitaliśmy się serdecznie, lecz nie było to dla mnie radosne spotkanie. Perucki na samym wstępie oświadczył, że ma obowiązek zakomunikować smutną dla mnie wiadomość: mój starszy syn Józef nie żyje. Zginął śmiercią lotnika w akcji bojowej. Był to dla mnie szok; wiedziałem dobrze co to wojna, lecz najtrudniej pogodzić się przecież ze śmiercią najbliższych. Jeszcze niedawno łudziłem się, że niedługo się zobaczymy, że spotka się z nim Zygmunt, który właśnie poleciał do Londynu. Stało się jednak inaczej.

Perucki powiedział, że zostałem skierowany do obozu w okolicach Izmaiłły na przeszkolenie. Poinformował też, że wkrótce spotkam się z moim bratem Sewerynem, który właśnie tam pełnił służbę w sztabie gen. Tokarzewskiego. Jeszcze tego samego dnia brat przyjechał do mnie do Kairu i razem wróciliśmy do obozu w Izmaille.

Polski obóz wojskowy położony był na pustyni, niedaleko miasta. Mieszkało się pod namiotami, a więc bez specjalnych wygód. Zostałem przydzielony do sztabu jako stażysta i zapoznawałem się z organizacją, uzbrojeniem i wyszkoleniem formowanych tu oddziałów. Spotkałem w Izmaille wielu znajomych oficerów.

Po dwumiesięcznym pobycie w Egipcie odpłynąłem z Port Saidu do Italii. W 2 Korpusie pracowałem początkowo w Centrum Wyszkolenia Armii w Matino. Pod koniec 1945 roku zostałem przeniesiony do Sztabu Głównego w Londynie. Zastałem tu już moją żonę, która pracowała w Polskiej Pomocniczej Służbie Kobiet. Zygmunt pływał jeszcze na *Garlandzie*.

Wkrótce władze brytyjskie zaczęły ściągać na wyspy wszystkie polskie oddziały z kontynentu i z Afryki. Przyszła demobilizacja. Świetnie wyszkolona i uzbrojona armia przestała istnieć i zmieniła się w wielką falę emigracyjną, która powoli rozpłynęła się po całym świecie.

*

Po utracie żony, która zmarła w 1955 roku, zdecydowałem się na powrót do kraju. Razem ze mną przyjechał mój jedyny już syn Zygmunt wraz z założoną w Anglii rodziną. Oni — związani z morzem — zamieszkali w Szczecinie; ja wróciłem do miasta mi najbliższego: do Warszawy.

ANEKS

MARSZ I BRYGADY JÓZEFA PIŁSUDSKIEGO

Legiony to żebracza nuta,
Legiony to ofiarny stos
Legiony to żołnierska buta
Legiony to straceńców los.
    My, Pierwsza Brygada
    Strzelecka gromada
    Na stos rzuciliśmy
    Swój życia los
    Na stos, na stos.
O, ile mąk, ile cierpienia
O, ile krwi, przelanych łez
Pomimo to nie ma zwątpienia
Dodawał sił wędrówki kres.
    My, Pierwsza Brygada...
Krzyczeli żeśmy stumanieni
Nie wierząc nam, że chcieć to móc
Laliśmy krew osamotnieni
A z nami był nas drogi Wódz!
    My, Pierwsza Brygada...
Inaczej się dziś zapatrują
I trafić chcą do naszych dusz
I mówią, że już nas szanują
Lecz właśnie czas odwetu już!
    My, Pierwsza Brygada...
Nie chcemy już od was uznania
Ni waszych mów, ni waszych łez
Skończyły się dni kołatania
Do waszych serc, do waszych kies.
    My, Pierwsza Brygada...
Dzisiaj już my jednością silni
Tworzymy Polskę — przodków mit,
Że wy w tej pracy nie dość pilni
Zostanie wam potomnych wstyd!
    My, Pierwsza Brygada...

NAPRZÓD MARSZ SZWADRONIE PIERWSZY

Naprzód marsz szwadronie pierwszy!
Błyszczący pałasz ściśnij w pięść,
Idź przez grad kul, przez bój najszczerszy,
Kochanej Polsce wolność nieś.

    Idź przez pola, miasta, wieś,
    Powstańcze hasła z sobą nieś,
    Idź przez doliny, góry, bór,
    Niech ci narodu zabrzmi wtór.
Dalej na koń, chwytaj za broń!
Dalej na koń, na koń, na koń!

(Napisana przez porucznika Bolesława Wieniawę-Długoszowskiego w 1915 roku, śpiewana na melodię starej francuskiej piosenki żołnierskiej ,,En avant la cantinière, la cantinière du régiment''. Śpiewana z powagą była rodzajem hymnu szwadronowego 1 Pułku Ułanów Beliny im. Józefa Piłsudskiego.)

UŁANI BELINY

Nasz lot jest wichrowy, do sławy nasz lot
Krzyk tętni, wyrywa się z krtani
W czyn wola zakrzepła i spada jak grot
    Ułani Beliny, ułani!
Przez krew do wskrzeszonej Ojczyzny jest szlak.
My w boju giniemy dziś dla Niej
Krwi krople zakwitły na polu jak mak
    Ułani Beliny, ułani!
My w szarych mundurach bez odznak, bez kit,
Wśród wichrów jesiennych wiośniani
Zamierzchłý przeszłości wskrzesiliśmy mit
    Ułani Beliny, ułani!
Szubienic potwornych za nami legł cień,
Ojczyźnie składamy to w dani,
Krwią zorzę poimy aż zrodzi się dzień
    Ułani Beliny, ułani!
Nie sławy, lecz zemsty dziś woła nas zew,
O trupach serdecznych myśl rani,
Do broni ułani! Przez trud i przez krew
    Ułani Beliny, ułani!

(Napisana w listopadzie 1914 r. przez ułana Bolesława Lubicz-Zahorskiego.)

WSTĄP BRACIE MIĘDZY STRZELCE

Wstąp bracie między strzelce, gdy chcesz się sławą okryć
Kompania godna wielce, umierać z nią i żyć!
    Bo w strzeleckim gronie służba to nie żart, to nie (bis)
Człek mądry był jak rabin, na szczyt się wiedzy piął
Do ręki wziął karabin i mądrość diabeł wziął.
    Bo w strzeleckim gronie służba to nie żart, to nie (bis)
Dandysem był w Krakowie, podbijał serca w mig,
Poleżał w mokrym rowie i cały szyk wnet zniknł.
    Bo w strzeleckim gronie służba to nie żart, to nie (bis)
A gdy cię serce boli i duszę kryje mrok,
Zbędziesz się melancholii, żołnierski biorąc krok.
    Bo w strzeleckim gronie służba to nie żart, to nie (bis)

(Piosenka napisana w 1915 r. przez porucznika Bolesława Wieniawę-
Długoszowskiego.)

SIEDZIMY TU W ZAGAJACH

Siedzimy tu w Zagajach rzędem na błocie,
Odbieramy fasunki w chlebie i złocie.
Nie masz jak te konserwy, strasznej dodają werwy,
Każdy zły jak cholera, bo go rozpiera.
    Ułan jest obywatel i przygód szuka,
    Częściej niż do Moskali do dziewek puka.
    Czasem jak gdyby z łaski pucuje gwer i paski,
    A czasem jak wypadnie coś tam ukradnie.
A Belina we dworze siedzi jak sam król.
Gdy się chcesz z nim dogadać, lepiej gębę stul.
Jeden Serwich odgadnie co w rotmistrzu jest na dnie.
Serwich ordynans wierny, ten druh pancerny.
    Przypatrz że się Belino na te porządki,
    Zapuść oko przez kuper w końskie żołądki,
    Policz te puste żłoby pełne owsa jakoby,
    A może się w twej duszy coś tam poruszy.
Stosunki, stosuneczki i porządeczki
Palą sobie nawzajem łojowe świeczki.
Każdy jest kapitalny, o mało nie genialny.
Powiada, że to on, a nie Napoleon.

(Autor ppor. Stefan Felsztyński z 1 Pułku Ułanów Beliny, w cywilu
artysta-malarz. Piosenkę napisał w 1915 r.)

ŚMIERĆ I BÓL

Za drutami tęsknisz bracie
Do wolności, do tych pól.
Próżno tęsknić, nam została
Gorycz tylko, śmierć i ból.
Za drutami tęsknisz bracie
Aż tam w Polsce będzie Król,
Próżno czekać, nim on będzie,
Serce twoje stoczy ból.
Za drutami wyczekujesz
Dla Ojczyzny lepszych dni.
Próżno czekasz, umrzesz prędzej
Wielu z nas snem takim śpi.
Za drutami tęsknisz bracie
Do kochanych naszych pól.
Próżno tęsknić, nam została
Gorycz tylko, śmierć i ból.

Szczypiorno 5 XI 1917 r.

DO PRZYSIĘGI

Z bojaźnią na wsze strony
Oglądam się raz wraz
I puszczam w ruch ,,pontony''
Zmykając póki czas.
Nade mną grad kamieni
Przede mną zbawcze druty
A w tyle wy skrwawieni
Widziałem sam trzy trupy.
Spokój im wieczny,
Cichy, bezpieczny.
Czas nad ich grobem mowę miał
Płakał Berbecki i sztab niemiecki
A ,,Głos Narodu'' z żalu mdlał.
Po diabła człek tu siedzi
Sprawując ścisły post
Idź lepiej do spowiedzi
Idź z czarnej giełdy wprost
I mów, że zgraja wściekła
Co nie zna szczerej skruchy
Że na twój opór ostrzyli topór
Przed którym nawet Kukiel drżał,

Drżał pan Berbecki itd.
Pobożny, cichy, święty,
Cnotliwy, zacny ksiądz
Snadź wziął te wszystkie męty
Bo do nas zmierzch rozpali
Żarowych lamp płomienie
Z objętych mrokiem sali
Wychodzą brudne cienie.
Ten cień obuty
W drewniane buty
To polski żołnierz żegna was.
Krzyczy Berbecki i sztab niemiecki
I ,,Głos Narodu'' — Gdzieżeś wlazł?
Głosi się dalej, że całą ,,Kadrówkę''
Przemianowano na krwawą bojówkę,
Że są w obozie konni socjaliści i anarchiści.
Zrobił się wielki rumor w całej prasie,
Płacze ,,Reforma'', lamentują w ,,Czasie''
I w ,,Narodowej'' głoszą złe paszkwile, łzy krokodyle.
Tak zastraszono Radę Regencyjną,
że zarzuciła akcję amnestyjną.
Giną więc nadal Leguny o chłodzie i srogim głodzie.
Nawet ,,Komitet'' uwierzył w te bajki
Niewarte nawet ,,Kriegs-Tabaken'' fajki
I nie wysyła nam już więcej chleba, o słodkie Nieba.
Dzięki tej całej robocie szelmowskiej
Pozostawiono nas na ,,Opiece Boskiej''
Chyba nas kiedy przyszły Król wyzwoli
Z pruskiej niewoli.

O WYPRAWIE NA SZCZYPIORNO

PIEŚŃ DZIADOWSKA

Słuchajcie proszę chrześcijanie mili
Co z Legunami w Szczypiornie zrobili
Dzielni rycerze od ,,Wehrmacht Polnische''
Dziadziuś opisze:
Ponoć w szeregach naszych ,,Beselerów''
Mało żołnierzy, siła oficerów.
Więc do obozu do nas przyjechali,
Bo werbowali.
Był tu od dawna i na sposób świński
Bractwo namawiał, żeby przysięgali,
Polskę zbawiali

Aby zaś gładko szła cała robota
Kukiel z Berbeckim patrzyli zza płota
Jak Schliwitz w blokach ordynek sprawował
Wojsko formował.
Sam pan pułkownik do nas się nie zjawił
Chociaż się w polu walecznością wsławił.
Tu się obawiał, by mu wiara cała
Przodków wspomniała.
I zebrała się ochotnych gromada
Opuścić obóz szczypiorniański rada.
Uciec przed głodem, chłodem co doskwiera —
Do Beselera
Wyszły bez butów obdarte brudasy
Czarni giełdziarze, same ananasy
Bractwo tyłowe, same taboryty
I neofity.
Ponakrywali sobie łby kocami
Aby zasłonić twarze przed kolegami.
I chyłkiem biegli do bloku co gości
„Pińskie Piękności".
Gdy wiara procesję tę ujrzała
Śmiechem buchnęła kompania cała
A co gorętsi puścili w łazików
Kupy kamyków.
Nic w tym nie było okropnego przecie
Ale co wyszło z tego zaraz się dowiecie,
Co nam zgotował pułkownik Berbecki
W sposób zdradziecki.
Oto rozgłosił na lewo i prawo
Że piłsudczycy sprawili rzeź krwawą,
Przysięgowiczów tłukli, mordowali,
Krew bratnią lali.
A nawet teraz wieść po świecie płynie,
Że utopiono jednego w latrynie
I że pobito księdza kapelana,
Rzecz niesłychana.

Marszałek Piłsudski odmawia przyjęcia
Wielkiego Krzyża Orderu Virtuti Militari

Jeszcze przed jej rozwiązaniem Tymczasowa Kapituła Orderu Virtuti Militari zebrała się w październiku 1922 roku (bez Marszałka Piłsudskiego) pod przewodnictwem gen. Józefa Hallera i uchwaliła nadanie Marszałkowi Piłsudskiemu, Naczelnemu Wodzowi w zwycięskiej wojnie z Rosją Sowiecką, pierwszej klasy Orderu Virtuti Militari, tzw. Wielki Krzyż. Gdy członkowie Kapituły udali się do Marszałka, by zakomunikować uchwałę i wręczyć Wielki Krzyż, odmówił on przyjęcia odznaczenia, a w dniu 7 listopada 1922 roku przesłał na ręce sekretarza Tymczasowej Kapituły, pułkownika Adama Koca, pisemną motywację swojej odmowy. Zachowała mi się kopia tej motywacji, której dosłowne brzmienie podaję poniżej:

„Zgodnie z uchwałą Tymczasowej Kapituły Orderu Virtuti Militari z dnia 27 października 1922 roku, przesyłam na ręce sekretarza Tymczasowej Kapituły motywację szczegółową swojej odmowy przyjęcia uchwalonego przez Tymczasową Kapitułę odznaczenia mnie Wielkim Krzyżem Orderu Virtuti Militari.

Odmowa moja nastąpiła z powodu wielkich braków ustawy, które w ciągu paroletniej historii ciążyły niezmiernie boleśnie na wojsku, stwarzając zarazem dla mnie i dla Tymczasowej Kapituły raz po raz sytuację niezwykle trudną do rozwiązania. Historia ustawy jest następująca: W lipcu 1919 roku ś.p. generał Leśniewski, ówczesny minister Spraw Wojskowych, złożył mi do przejrzenia wypracowany w ówczesnym ministerstwie projekt Ustawy Orderu Virtuti Militari. Byłem w owym czasie niezmiernie zajęty sprawami wojny i nie podejrzewając jego braków, nie przejrzałem go wcale i oddałem gen. Leśniewskiemu do wniesienia na Sejm Ustawodawczy. Ponoszę więc również winę późniejszych następstw braków Ustawy. Braki zaś jej są następujące:
1. Jest ona pod względem określeń oraz ze swego ducha tak nieprzystosowaną do warunków nowoczesnej wojny, że zaledwie z wielkim naciąganiem oraz z wielkim trudem daje się dopasować do skomplikowanych stosunków, w których walczy obecnie oficer i żołnierz. Wieje od Ustawy duch wielkich co prawda, ale bardzo oddalonych od nas wojowników jak Fryderyk Wielki albo Napoleon.

2. Ustawa wraz z przepisami przechodnimi usunęła jakikolwiek sposób nadawania orderów wszystkich klas innym sposobem jak za pomocą Kapituły, rozpatrującej masy literatury przedstawieniowej, płynącej do niej ze wszystkich stron.
3. Za pomocą Przepisów Przechodnich postawiła mnie, jako Wodza Naczelnego, w sytuacji prawie bez wyjścia przy formowaniu Kapituły Tymczasowej.

Wszystkie te punkty wymagają szerszego wyjaśnienia.

Ad 1. Nowoczesna wojna, która odbiera prawie każdemu przełożonemu, specjalnie wyższemu, jeden z najlepszych sposobów orientowania się w boju i kontrolowania podwładnych, mianowicie korzystania ze wzroku, nie jest całkiem uwzględnioną dla klas niższych, dla których Ustawa jak gdyby wymuszała pokazowe bohaterstwo znane z legend lub opowiadań naszych przodków. W wyższych dwu odznaczeniach określenia brzmią również średniowiecznie i dlatego przy nowoczesnej wojnie mętnie, bez dania oparcia dla stosowania Ustawy w życiu. Specjalnie przy klasie pierwszej, która była dla mnie przez Kapitułę Tymczasową przyznana, określenia są tego rodzaju, że zastanowiwszy się nad nimi, nie znalazłem w ciągu całej wojny na wszystkich teatrach Europy od 1914 roku ani jednego wypadku, gdzie te określenia miałyby zastosowanie. Przy rozciągłości nowoczesnych frontów niezwykle trudnym jest ograniczyć pole każdej bitwy, które zresztą rozpada się zawsze na odcinki obrony i ataku tak że nigdzie ani o ,,zupełnej porażce'' mowy nie ma, ani też o ,,bohaterskiej obronie'', która rozstrzyga o losach operacji strategicznej. Wobec tego wszystkiego nie mogłem też i tych określeń zastosować do siebie.

Ad 2. Ustawa każe sądzić papier. Jest to dla samego odznaczenia rzeczą niezwykle niebezpieczną. Nie każdy człowiek w wojsku obdarzony jest literackim talentem, czyniącym z opisów rzecz żywą i uwypuklającą ten czy inny czyn bojowy. Prowadzić to z góry musi do znacznej przewagi dla tych jednostek, gdzie się taki talent wypadkowo odnajdzie. Dla sprawdzenia samemu sobie tego przypuszczenia przejrzałem osobiście do tysiąca takich przedstawień, sprawdzając na sobie wrażenia. Stwierdzić mogę, że przy znużeniu jednostajnymi i bardzo często nieudolnie wypisanymi przedstawieniami zostają natychmiast w pamięci te przedstawienia, które były napisane pięknie lub przez udatnie znalezione słowo lub określenie utrwalało w głowie czytającego wrażenie czegoś osobliwego w powodzi zwykłej codziennej szarzyzny. Następnie zostawiając przedstawienia indywidualne na głowie i sumieniu poszczególnych dowódców idzie się, zdaniem moim, w kierunku daleko sięgającej niesprawiedliwości, gdyż stosunek do odznaczeń jest u rozmaitych wojskowych bardzo różny i od siebie odległy. Gdy jedni z łatwością nadzwyczajną chcieliby sypać odznaczenia na prawo i lewo, drudzy stosują wielką surowość i żądają nadzwyczajnych wysiłków, aby je odznaczyć. Wreszcie system kancelaryjny prowadzący podczas wojny odznaczenia drogą przez jeden centralny punkt i to kolegialny, odbiera odznaczeniu najwyższą jego wartość moralną bezpośredniej zasługi i nagrody. Specjalnie przy naszych komunikacjach podczas ubiegłej wojny ta bezpośredniość przy takim systemie musiałaby zaniknąć zupełnie. Ad 3. Przepisy Przechodnie nakazywały mi utworzenie Kapituły Tymczasowej spośród starszych w boju zasłużonych oficerów w stosunku procentowym do liczby oficerów z poszczególnych formacji, z których utworzyła się Armia Polska. Wyznaję, że była to łamigłówka arytmetyczno-procentowa. Niezwykle trudna dla mnie, gdyż stała ona w rażącej sprzeczności z duchem samego odznaczenia, które z natury rzeczy jednocząc armię, nie chce szukać skąd to pochodzi, lecz dawać musi wyraz jedynie godłem orderu („Honor i Ojczyzna"). Łamigłówka zadana mi przez Ustawę zwiększała się jeszcze bardziej, zważywszy, że działo się to już po długim roku wojny, która się jeszcze nie zakończyła i wymagała z mojej strony jako Naczelnego Wodza używania najlepszych oficerów na froncie, nie w tej czy innej instytucji o charakterze określonym z góry jako kancelaryjnym. A że Ustawa nakazywała prowadzić wszystko przez Kapitułę, miałem do wyboru albo wybrać do Kapituły oficerów mających szacunek w wojsku, zajętych prawie wyłącznie sprawami wojny i zatem niezdatnych do stałego zbierania się dla sądzenia nadsyłanych papierów, albo zaskoczyć wojsko wyborem oficerów zdolnych do pracy wymaganej przez Ustawę, lecz nieznających warunków, w których wojsko nasze walczy i niezdolnych zatem do sądu. Dodam do tego, że Ustawa początkowo nie dawała nawet możności odznaczenia Kapituły Tymczasowej orderem, stawiając w ten sposób i Kapitułę i wojsko w nieuchronny brak szacunku dla samego odznaczenia. Po długim namyśle, wiedząc z góry, że Ustawa nie da się pogodzić ani — jak to wskazałem — z duchem nowoczesnej wojny, ani też z wymogami praktycznymi wojny, którą w owym czasie prowadziliśmy, zdecydowałem nie wchodząc w dalsze próby zmiany Ustawy uczynić jej zadość jedynie przez utworzenie Kapituły Tymczasowej w sposób taki, aby nie wzbudzić niezaufania do niej wśród oficerów i żołnierzy walczących na froncie. Brałem zarazem niestety na siebie zatrzymanie nadawania odznaczeń aż do zakończenia wojny, gdy można byłoby mieć przegląd całości zjawisk wojennych, z większą łatwością zatem przejść do istotnej stałej Kapituły i nadawania odznaczeń bez wzbudzania wątpliwości ani co do metody ani co do sprawiedliwości. Nie ma bowiem dla mnie żadnej wątpliwości, że każde odznaczenie na wojnie zepsuć można w swej istocie kilku rzeczami: masą, niesprawiedliwością i brakiem zaufania do pracy odznaczającej.

Wobec tego wszystkiego com wyjaśnił, muszę wziąć na siebie część winy, że rozstrzygając wyżej przytoczoną łamigłówkę skrzywdziłem w ten sposób zarówno wojsko, jak i Tymczasową Kapitułę wraz ze sobą.

I ten mój zamiar nie mógł być doprowadzony do końca, albowiem podczas nieszczęść, które wojsko nasze spotkało w roku 1920, wniosek ministra Spraw Wojskowych na Radzie Obrony Państwa w 1920 roku zmienił część Ustawy o Orderze Virtuti Militari, wprowadzając sam proces nadawania odznaczenia na normalniejsze i zgodniejsze z duchem wojny tory. Mianowicie uchwałą swoją z 1920 roku Rada Obrony Państwa upoważniła mnie jako Naczelnego Wodza do nadawania odznaczeń V-tej i IV-ej klasy bez wskazywania mi ustawowych dróg i sposobów, których bym się trzymał dla tego celu. Mogłem wreszcie rozpocząć pracę tak niechybnie potrzebną dla wojska będącego w stanie wojennym. I ta nowa Ustawa nie została związaną z dotychczasową. Mianowicie Krzyż Złoty, który mogłem nadawać zgodnie z uchwałą Rady Obrony Państwa, od razu mógł zmienić Kapitułę Tymczasową zgodnie z pkt. 3 Przepisów Przechodnich, co mogło przez prostą przypadkowość zdarzeń nadać też i Kapitule nowej charakter również przypadkowy. Wobec tego zdecydowałem i w tym wypadku ograniczyć siebie i nadawać jedynie klasę V-tą jako upoważniającą do zasiadania w Kapitule. Muszę się przyznać, że w systemie nadawania odznaczenia przestąpiłem również ducha Ustawy, albowiem usunąłem całkowicie jakiekolwiek sądzenie papieru. Mianowicie zdecydowałem, że sam osobiście nie mogę sądzić tego, czegom nie widział. Natomiast sądzić mogę tylko pracę albo jednostek taktycznych (pułki, brygady, dywizje) albo pracę dowódców takich jednostek. Dlatego też określiłem jedynie ilość odznaczeń za taką czy inną pracę takiej czy innej jednostki, żądając, aby sam wybór oficerów i żołnierzy odznaczonych został zrobiony nie przeze mnie, lecz tam, gdzie praca danego żołnierza była widzianą, a zatem stosownie mogła być sądzona.

Tym sposobem zostało przeprowadzone rozdanie krzyżów Orderu Virtuti Militari V-tej klasy w całej naszej armii.

Zestawiając tę smutną dla mnie historię mego udziału w pracy nad ustaleniem w naszym życiu wojskowym zasad odznaczania Orderem Virtuti Militari nie mogę nie zauważyć, że jak to przedstawiłem, borykać się ustawicznie musiałem z Ustawą, jej duchem, i ciągle stawałem w sprzeczności albo z obowiązkiem swoim w stosunku do Ustawy, albo z poczuciem wysokiego szacunku, jaki sam mam i chciałbym go mieć w wojsku dla orderu i jego wysokich godeł. Nie mogę nie powiedzieć, że walka ta wewnętrzna należała do najprzykrzejszych stron mego urzędowania jako Naczelnego Wodza Armii Polskiej. Nie mogę też nie uznać, że stawiałem w ten sposób kolegów moich z Kapituły Tymczasowej, których szanuję, nieraz w bardzo niezręcznej i fałszywej sytuacji. Nie chcę więc, gdy będąc Przewodniczącym Kapituły stawałem często to jako krytyk danej nam Ustawy, mieć sam odznaczenie na podstawie tej Ustawy, która mnie zmuszała do krzywdzenia nieraz moich towarzyszy broni. Wreszcie, nie mogę nie powtórzyć, że będąc Przewodniczącym Kapituły nie mogłem nie wskazać, że żadna z moich prac wojennych, zdaniem moim, nie podpada pod określenie dane w Ustawie dla tego właśnie odznaczenia.''

Marszałek nie przyjął tym razem odznaczenia nadanego uchwałą Tymczasowej Kapituły i złożył powyżej przytoczoną motywację swej odmowy. Przyjmie jednak to najwyższe odznaczenie w kilka miesięcy później, po ponownej uchwale już Stałej Kapituły.

Referat
w sprawie odznaczeń kl. II Orderu Virtuti Militari
ułożony przez b. Naczelnego Wodza dla Kapituły orderu
na skutek jej uchwały z dnia 16 listopada 1923 roku.

Polska od samego początku jej powstania musiała toczyć wojnę: najprzód z Ukraińcami w tzw. Wschodniej Galicji, potem z bolszewicką Rosją. Obie te wojny przeprowadzone zostały pod moim dowództwem.

WOJNA UKRAIŃSKA

Wojny Ukraińskiej dowódcami byli: generał Rozwadowski i generał Iwaszkiewicz. Obaj generałowie są już odznaczeni orderem II klasy na mój wniosek. Spomiędzy podwładnych obu generałów-dowódców nikogo za działanie w tej wojnie do odznaczenia II klasą przedstawić nie mogę. Za najwybitniejsze czyny dowodzenia uważam obronę Brzeżan w połowie lipca 1919 roku przez generała Zielińskiego dowodzącego 3 Dywizją (gen. Zieliński jest odznaczony klasą II za inne czyny bojowe.)

WOJNA Z BOLSZEWICKĄ ROSJĄ

Wojna z bolszewicką Rosją rozpoczęła się na początku 1919 roku. W pierwszych jej krokach dowodzonych przez generałów Szeptyckiego, Listowskiego i niektórych innych nie nosiła cech, któreby podpadały pod klasyfikację odznaczenia II klasą. Pomimo łatwego względnie posuwania się naszych wojsk naprzód, wojna nosiła charakter potyczek podjazdowych najczęściej dla nas pomyślnych i trudy dowodzenia polegały raczej na mniejszych czy większych wysiłkach organizacyjnych niż na kierowaniu operacjami wojennymi.

Pierwszą operacją w większym stylu na tym froncie było zdobycie Wilna i Wileńszczyzny w połowie kwietnia 1919 roku. Operacja ta, którą uważam za najśmielszą w zamyśle i wykonaniu, przeprowadzoną była pod osobistym moim dowództwem na podstawie zamierzeń osobiście przeze mnie przepracowanych. Z podwładnych mi dowódców w tej operacji żadnego nie przedstawiam do odznaczenia II klasą.

Drugą poważniejszą operacją w 1919 roku, która doprowadziła nasze wojska do zajęcia linii Berezyny, była sierpniowa nasza ofensywa na Mińsk, Bobrujsk i w kierunku Połocka. Operacje te odbywały się pod dowództwem generała Szeptyckiego, który już jest odznaczony orderem II klasy. Z podwładnych mu dowódców z tej części operacji nie przedstawiam nikogo do odznaczenia.

Na odcinku poleskim w ciągu roku 1919 wojska nasze działały pod dowództwem generała Sikorskiego i przesunęły się w zwycięskich walkach aż do rzeki Ptyczy. Boje na tym odcinku nosiły charakter walk podjazdowych o niewysokim napięciu, odznaczały się jedynie energią dowódcy w kierowanu nimi i w pracy organizacyjnej na zajęty przez nas terenie.

Na froncie wołyńskim dowodził w roku 1919 generał Listowski. Walki na tym froncie nosiły ten sam charakter co i na odcinku poleskim i miały jako skutek zajęcie wielkiego obszaru terytorium bez większych wysiłków operacyjnych.

W ciągu jesieni 1919 roku większe walki odbywały się na północnym odcinku naszego frontu, gdzie wyróżnić należy działanie 1 Dywizji pod dowództwem generała Rydza-Śmigłego przy kontrataku, który zlikwidował przerwanie naszych linii pod Połockiem i Leplem oraz zajęcie przez tegoż generała Śmigłego przedmościa pod Dyneburgiem. Generał Rydz-Śmigły jest już odznaczony klasą II na mój wniosek.

W ciągu zimy z 1919 roku na 1920 mieliśmy kilka operacji o większym znaczeniu. Pierwszą z nich jest atak nasz wspólny z wojskiem łotewskim poza Dźwinę, w którym brały udział dwie nasze dywizje, tj. 1 i 3 pod dowództwem generała Rydza-Śmigłego. Zwycięski atak prowadzony był w warunkach nadzwyczajnie ciężkich pod względem klimatycznym i wymagał zarówno od dowództwa jak i wojska wielkiej siły moralnej i nadzwyczajnych wysiłków. Generał Rydz-Śmigły, jak już zaznaczyłem, jest już odznaczony. Co się zaś tyczy możliwego przedstawienia do odznaczenia dowódcy 3 Dywizji generała Berbeckiego pozostawiam sądowi i opinii generała Śmigłego.

Drugą taką operacją była operacja poleska, która doprowadziła do zdobycia ważnego punktu strategicznego — Kalenkowicze oraz wzięcie w swoje posiadanie, przy przygotowywanej kontrakcji przeciw nam, rzecznej floty na Prypeci oraz dużego obszaru kraju na południe od tej rzeki. Walki te prowadzone w czasie rozpoczynających się roztopów wiosennych należały do tych, które wymagały zarówno ze strony dowództwa jak i żołnierzy wielkiej tężyzny moralnej oraz wyższych ponad normę wysiłków. Za tę pracę, jak również za dalsze prace generała Sikorskiego, przedstawiam go do odznaczenia klasą II Orderu Virtuti Militari.

Na południowym odcinku, frontach wołyńskim i podolskim, wojska nasze w ciągu zimy posunęły się naprzód, lecz ani charakter bojowy ani wysiłki wojenne nie odznaczały się takim napięciem, abym był skłonny do przedstawiania kogokolwiek do Orderu Virtuti Militari kl.II.

Wiosenne kampanie 1920 roku otwarte zostały ofensywą z naszej strony na froncie ukraińskim. Brały w tem udział trzy armie i pewne części Grupy Poleskiej. Ofensywa odbyła się pod moim bezpośrednim dowództwem, przy czem największe zadanie, przełamanie frontu, sięgnięcie prawie o 200 km naprzód jednym uderzeniem przerobiła 3 Armia, którą również wziąłem pod swoje bezpośrednie rozkazy. Armia 2 pod dowództwem generała Listowskiego miała bardzo zwężony front i zadanie natury pomocniczej. Armia 6 pod dowództwem generała Iwaszkiewicza napotkała słabszy opór wobec generalnego cofania się nieprzyjaciela po klęsce zadanej przez 3 Armię.

Z powładnych dowódców komendantów Armii, wykazali się wybitnie pod względem wysiłku dowodzenia następujący generałowie: generał Sikorski — dowódca 4 Dywizji, generał Rydz-Śmigły — dowódca 1 Dywizji, generał Romer — dowódca Dywizji Jazdy i generał Januszajtis — dowódca 12 Dywizji. Z pomiędzy wymienionych dowódców generał Rydz-Śmigły i generał Romer są już odznaczeni orderem II klasy na mój wniosek. Generał Sikorski przedstawiony będzie przeze mnie na to odznaczenie za dowodzenie 4 Armią w bitwie pod Warszawą. Co zaś tyczy się generała Januszajtisa to uważam, iż mógłby być przedstawiony za całość pracy jego podczas wojny zależnie od poglądu Kapituły na stopień zasług dowódców dywizji, który by podpadał pod tę właśnie klasę orderu.

Po zwycięstwie naszym na Ukrainie nieprzyjaciel przeważającymi siłami kontratakował na północy i złamał pod Leplem i Połockiem 1 Armię, zmuszając ją do odwrotu w kierunku na Mołodeczno. Dla wyrównania sytuacji zarządzony został przez mnie kontratak prowadzony z dwu kierunków: z Mińska, gdzie atakowała grupa generała Sikorskiego oraz od Święcian, gdzie z kilku dywizji i poszczególnych oddziałów została sformowana Armia Rezerwowa pod dowództwem generała Sosnkowskiego. W działaniach tych główny ciężar pracy spadał na Armię generała Sosnkowskiego, który pomimo nieraz bardzo ciężkiej sytuacji rozbił nieprzyjaciela, doprowadzając nasze wojska prawie do straconych poprzednio przez 1 Armię pozycji. Za te działania przedstawiam generała Sosnkowskiego do odznaczenia Orderem Virtuti Militari klasy II.

Przechodzę do okresu najcięższego naszej wojny, którego charakterem jest generalny atak skoncentrowanych sił nieprzyjacielskich na całym froncie z uzyskaniem na przeciąg z górą miesiąca stanowczej przewagi nieprzyjaciela nad nami. Atak ten doprowadził nieprzyjaciela zarówno pod mury Warszawy jak Lwowa.

Na południu siłą rozpędową nieprzyjacielskiej bolszewickiej armii była Konna Armia Budionnego, która po przerwaniu naszego frontu rzuciła się na nasze tyły, etapy i komunikacje, doprowadzając demoralizację naszej armii do najwyższej potęgi i odcinając jednocześnie 3 Armię generała Śmigłego stojącą w Kijowie i jego okolicach nad brzegiem Dniepru.

Z tego okresu walk podnieść muszę dwa zjawiska, a mianowicie wytrzymałość moralną zarówno 6 Armii generała Iwaszkiewicza, jak i 3 Armii generała Śmigłego. Pierwszy z nich zastąpiony potem przez generała Romera wytrzymał w przeciągu kilku dni nadzwyczajnie drażliwą sytację, przy której całą Armię Budionnego miał on na zupełnie otwartej lewej flance z nieprzykrytymi niczym tyłami swojej armii. Drugi zaś dopiero na rozkaz opuścił Kijów, wyprowadzając niewstrząśniętą swoją armię w sytuacji nadzwyczaj ciężkiej, niemal krytycznej, przeprowadzając zarazem ewakuację dobra wojskowego i wielkiej liczby osób cywilnych, które uciekały przed okrutną zemstą wroga. Obaj generałowie, zgodnie z tym co powyżej odznaczeni już są Orderem Virtuti Militari II klasy na mój wniosek.

W dalszych walkach na południu wszystkie wysiłki skoncentrowały się koło zatrzymania i prób rozbicia głównego nieprzyjaciela, jakim okazał się Budionny za swoją armią. Z prób tych zasługują na wyróżnienie:

1) Pierwsze poważniejsze zwycięstwo odniesione nad Budionnym przy nocnym ataku na zajęte przez niego Równe, a przeprowadzone przez 1 Dywizję Legionową.

2) Działanie 18 Dywizji pod dowództwem generała Krajowskiego, który z nieustającą energią powracał ustawicznie do ataku i działań zaczepnych pomimo dotkliwych nieraz strat, które dywizja ponosiła. Na zaszczytną wzmiankę zasługuje również 12 Dywizja pod dowództwem generała Januszajtisa, która się znakomicie przyczyniła do opóźnienia pochodu nieprzyjaciela w kierunku Lwowa i Dniestru. Na północy nastąpił dla naszych wojsk czas poważnych klęsk. Po ponownym przełamaniu Armii 1 nastąpił na razie powolny, potem coraz szybszy odwrót wszystkich wojsk tego frontu, odwrót , w którym bez boju lub prawie bez boju tracone były pozycje za pozycją, miasta za miastami, prowincje za prowincjami i w którym wojska topniały jak śnieg na wiosnę, tracąc często wewnętrzną spoistość i wartość bojową. W nadzwyczaj szybkim tempie wojska nasze w derucie zbliżały się najprzód do Bugu a potem do Warszawy. W tej powodzi klęsk na zaszczytną wzmiankę zasługuje grupa generała Żeligowskiego, która we względnej sile moralnej cofała się często ostatnia, gdy obok nieraz w bezładzie i tracąc materiał wojenny wycofywały się inne wojska. Generał Żeligowski jest zresztą przeze mnie przedstawiony za całość pracy wojennej do Orderu Virtuti Militari II klasy jeszcze w poprzedniej Tymczasowej Kapitule. Z okresu tej klęski poza wymienionymi wyżej generałami i dowódcami nikogo więcej przedstawić do odznaczenia nie mogłem.

Przechodzę do okresu naszego kontrataku i do ponownego szeregu zwycięstw, którymi się zaznaczył koniec wojny. Przy koncentracji wojsk dla największej w tej wojnie bitwie pod Warszawą niezwykle trudne i ryzykowne zadanie spadło na grupę generała Śmigłego, który musiał wyjść z silnego ognia atakującego nieprzyjaciela, by podążyć na północ i stanąć na prawej flance ogólnego rozkładu bitewnego. Generał Rydz-Śmigły rozwiązał to trudne zadanie, atakując stojącego przed nim nieprzyjaciela, by dopiero wtedy z powodzeniem oderwać się od niego spiesząc ku północy. Wymagało to dla obu dywizji, 1 i 3, niezwykle naprężonych wysiłków, aby podołać zadaniu. Odznaczenie obu dywizjonerów, pułkownika Dąb-Biernackiego i generała Berbeckiego, jak i w ogóle wszystkich dywizjonerów, pozostawiam zgodnie z wyżej zamieszczonymi uwagami uznaniu Kapituły.

Sama bitwa pod Warszawą wygraną została przede wszystkim przez niezwykle silne i z nadzwyczajnym temperamentem prowadzone natarcie flankowe pięciu dywizji zebranych pod moim bezpośrednim dowództwem na południowym brzegu Wieprza. W jeden tydzień w ustawicznym boju i pościgu armie 4 generała Sikorskiego i 2 generała Rydza-Śmigłego przebiegły blisko dwieście kilometrów, rozbijając prawie całkowicie dwie armie nieprzyjacielskie (15 i 16), zmuszając do szybkiego odwrotu Armię 3. Za tę pracą przedstawiam do Orderu Virtuti Militari II klasy dowódcę 4 Armii generała Sikorskiego. Generał Rydz-Śmigły jest już odznaczony tą klasą na mój wniosek.

Z pomiędzy niższych dowódców w tym kontrataku najcięższe zadanie i najdłuższy marsz spadł na 1 Dywizję Legionową pod dowództwem pułkownika Dąb-Biernackiego, który wreszcie całkiem izolowany wpadł na cofającą się armię bolszewicką pomiędzy Bielskiem a Białymstokiem, mając do czynienia z ogromnie liczebnie przeważającymi siłami nieprzyjacielskimi i walcząc z nimi z wielkim sukcesem. Odznaczenie pułkownika Dąb-Biernackiego klasą II i tym razem pozostawiam z tych samych motywów uznaniu Kapituły.

Przy obronie samej Warszawy podnieść muszę z uznaniem działanie kontratakowej grupy pod dowództwem generała Żeligowskiego, która po utracie przez nas Radzymina, siłami 10 i 1 Litewsko-Białoruskiej Dywizji (19) zlikwidowała niebezpieczny atak 3 armii nieprzyjacielskiej. Generał Żeligowski jest za całość swojej pracy wojennej przedstawiony przeze mnie do odznaczenia Orderem Virtuti Militari klasą II.

Dalej ku Zachodowi walczyła 5 Armia pod dowództwem generała Sikorskiego. Energiczne działanie tej armii w walkach z początku z dwiema armiami nieprzyjacielskimi 4 i 15, w końcu zaś tylko z 4 zatrzymały o tyle działania nieprzyjaciela, że olbrzymia większość 4 armii nieprzyjaciela w późniejszym spiesznym odwrocie, przy zamknięciu dróg odwrotu przez nasze armie 4 i 2 musiała się wycofać do Prus Wschodnich. Generała Sikorskiego również i za tę pracę przedstawiam do odznaczenia Orderem Virtuti Militari II klasy. Z pomiędzy jego podwładnych zaszczytnie się odznacza pułkownik Orlicz-Dreszer, który na czele dywizji jazdy złożonej z najzupełniej świeżego materiału niewprawionego do służby, energicznymi działaniami a specjalnie atakiem na Nasielsk i Ciechanów niewątpliwie się przyczynił do pomyślnego rozwiązania zadań ciążących na Armii 5. Zgodnie z wyżej podanymi powodami odznaczenie pułkownika Orlicz-Dreszera pozostawiam do uznania Kapituły.

Nie mogę pominąć wielkiej siły woli, decyzji i spokoju, specjalnie zasługujących na wyróżnienie wobec powszechnego zdenerwowania, którymi to zaletami oznaczył się w tej bitwie generał Zieliński, osłaniając niezwykle małymi siłami flankę i tyły grupy kontratakowej dowodzonej przeze mnie osobiście. Generał Zieliński jest odznaczony klasą II na mój wniosek.

Dalsze boje znowu się rozbiły na dwa zasadnicze fronty, północny i południowy, przedzielone rzeką Prypeć. Wtedy gdy do dalszych walk na północy koncentrowały się zmieniając front nasze armie 4 i 2, na południu rozpoczęła się żywa akcja dla ostatecznego wyparcia z Polski głównego wroga na tamtym teatrze wojennym — Armii Konnej

Budionnego, która tym razem spod Lwowa zdążała dla ratowania sytuacji ku północy. W pościgu za nią, pod ogólnym dowództwem generała Stanisława Hallera, poszła z pod Lwowa jego własna dywizja 13 i jazda pod dowództwem generała Rómmla. W okolicach Zamościa doszło do krwawych starć, w których wreszcie nie tylko siła fizyczna ale i moralna Armii Konnej Budionnego została przełamana. Za tą wielką pracę, wielkiego dla całej wojny znaczenia, generał Stanisław Haller został już odznaczony Orderem Virtuti Militari II klasy na mój wniosek. Natomiast co do generała Rómmla z wyżej już podanych motywów odznaczenie jego pozostawiam uznaniu Kapituły.

W dalszych operacjach na południu wojska walczyły pod dowództwem generała Sikorskiego i generała Stanisława Hallera oraz w krótkim przejściowym okresie pod dowództwem generała Latinika. Najbardziej cenną pracą podczas tych końcowych walk o charakterze pościgowym była praca jazdy, która pod ogólnym dowództwem generała Rómmla nabrała wreszcie siły i pewności siebie i skończyła wojnę bardzo ładnym rajdem na Korosteń. Odznaczenie generała Rómmla II klasą i tym razem ze znanych już motywów pozostawiam uznaniu Kapituły.

Na północy nieprzyjaciel, korzystając z miesięcznej przerwy w operacji, ustawił się na nowej linii do boju — na linii Szczary z poważnymi i daleko sięgającymi siłami w Grodnie, Wołkowysku i innych miejscach. Atak na przygotowanego nieprzyjaciela w nowej generalnej bitwie przeprowadziłem sam osobiście, mając pod swoim dowództwem dwie armie: na północy 2 generała Śmigłego, na południu 4 generała Sikorskiego. W tej tygodniowej prawie bitwie nieprzyjaciel został rozbity i wojna zakończona została energicznym pościgiem, który doprowadził wojska nasze poza granice obecnej Rzeczypospolitej. Obaj generałowie dowodzący armiami są już przedstawieni przeze mnie do odznaczenia Orderem Virtuti Militari II klasy. Z pomiędzy podwładnych niższych dowódców na specjalne i to wysokie wyróżnienie zasługują dowódcy 1 i 3 dywizji, pułkownik Dąb-Biernacki i generał Berbecki. Pierwszy z nich dokonał szybkiego i nadzwyczaj uciążliwego marszu na głębokie tyły rozkładu nieprzyjacielskiego, zająwszy po 5 dniach takiego marszu po bezdrożach miasto Lidę. Cofający się nieprzyjaciel oraz sprowadzone świeże siły daremnie w wielokrotnych atakach próbowały oczyścić dla porządnego odwrotu drogę, nie dając sobie rady z dywizją, która prawie natychmiast po tak wielkich trudach i wysiłkach została rzucona przeze mnie do końcowego pościgu i która w nowych wytężonych marszach zakończyła go dopiero w okolicach Mołodeczna. Nadzwyczajne rekordowe po prostu wysiłki bojowe i marszowe tej dywizji przypisać muszę w wielkim stopniu niepospolitej energii, sile woli i zdolnościom pułkownika Dąb-Biernackiego. Druga z nich 3 Dywizja, rzucona do ataku w stronę Mostów, spotkała się z nadzwyczajnie silnym kontratakiem nieprzyjaciela, wychodzącym zza Szczary i Niemna, który przewrócił idącą do ataku naszą 15 Dywizję i skoncentrował poważne siły przeciwko izolowanej w centrum rozkładu bitewnego 3 Dywizji generała Berbeckiego. Gdy zaś z powodu opóźnienia przeznaczonej dla rezerwy 2 Dywizji nie mogłem w niczym pomóc generałowi Berbeckiemu, w kilkudniowej bitwie pod Brzostowicą, rozciągając coraz bardziej swoją dywizję na prawo i lewo stał generał Berbecki w centrum boju ułatwiając w ten sposób zarówno atak prowadzony na Grodno jak i dalekie obejście rzucone w kierunku Lidy. Odznaczenie obu tych dowódców klasą II zgodnie z wyłuszczonymi wyżej motywami pozostawiam uznaniu Kapituły.

Reasumując referat przedstawiam do odznaczenia klasą II następujących generałów, opuszczając tych, którzy już tą klasą są udekorowani:

Generała Żeligowskiego
Generała Sosnkowskiego
Generała Sikorskiego
Generała Skierskiego

Warunkowo, zależnie od uznania Kapituły, następujących dowódców, którzy armiami nie dowodzili:

Generała Berbeckiego
Generała Krajowskiego
Generała Januszajtisa
Generała Rómmla
Pułkownika Dąb-Biernackiego
Pułkownika Orlicz-Dreszera

Obrady Kapituły w dniu 10 października 1924

Niestety, większość moich notatek z posiedzeń Kapituły przepadła. Ocalał jednak brulion protokółu notowanego przeze mnie na posiedzeniu Kapituły w dniu 10 października 1924 roku o godzinie 17 w lokalu Biura Kapituły (Plac Saski 7). Na podstawie tego brulionu podaję poniżej przebieg obrad i dyskusji, w tym ścisłe i prawie dosłowne wypowiedzi zarówno przewodniczącego Kapituły, jak i innych jej członków.

,,Obecni na tym posiedzeniu: Przewodniczący: Marszałek Polski Józef Piłsudski, członkowie: generał broni Stanisław Szeptycki, generał broni Tadeusz Rozwadowski, generał dywizji Stanisław Haller, generał dywizji Jan Romer, generał dywizji Edward Rydz-Śmigły, pułkownik Stefan Dąb-Biernacki, pułkownik Paszkiewicz, pułkownik Zygmunt Piasecki, podpułkownik Kazimierz Rybicki, starszy sierżant Jakubowicz, starszy sierżant Kazimierz Sipika oraz sekretarz Kapituły rotmistrz Adam Ludwik Sokołowski. Nieobecny, jako chory, członek Kapituły generał Zygmunt Zieliński. Marszałek Piłsudski podaje proponowany porządek dzienny, który zostaje zaakceptowany:
1. Odczytanie protokółu z ostatniego posiedzenia.
2. Sprawa odznaczeń IV klasą.
3. Dalsze rozpatrywanie odznaczeń klasą II klasą.
4. Wolne wnioski.

Po odczytaniu przez sekretarza Kapituły protokołu z ostatniego posiedzenia prosi o głos w ,,kwestii formalnej'' generał Rozwadowski, który oświadcza, że ,,na poprzednim posiedzeniu przy głosowaniu była równość głosów, a Marszałek Piłsudski jako przewodniczący nie powinien był głosować''. Obecnie Kapituła jest w pełnym komplecie tym bardziej, że chory generał Zieliński oddał jemu swój głos, więc głosowanie powinno być powtórzone. Przewodniczący Marszałek Piłsudski zarządza wciągnięcie tego oświadczenia gen. Rozwadowskiego do protokołu dzisiejszego zebrania, a na razie odczytanego protokołu z poprzedniego zebrania nie podpisuje.

Po dłuższych obradach i dyskusji w sprawie odznaczeń klasą IV Marszałek przechodzi do trzeciego punktu porządku dziennego — odznaczeń klasą II. Marszałek Piłsudski mówi: ,,Jeden z członków Kapituły zarzucił mi nieformalność, że jako przewodniczący brałem udział w głosowaniu. Nie wiem, na jakiej podstawie to opiera. O ile sądzę, tyczyło to wniosku na odznaczenie klasą II generała Józefa Hallera, gdyż przy wszystkich innych była wyraźna większość. W tym wypadku głosy były równo podzielone. Nie może tu być mowy o żadnej nieformalności. Ja występuję tu przed Panami jako b. Naczelny Wódz, jedyny, który między Wami ten ciężar nosił. Jako Naczelny Wódz jestem powołany do sądzenia. Muszę to robić jako człowiek i jako wódz. Cóż to byłby za Naczelny Wódz, który nie umie sobie wyrobić poglądu w tych sprawach. Nie znam wojny tak obrzydliwej dla Naczelnego Wodza jak ta. Była to anarchia generałów. Posuwała się ona prawie do zdrady stanu. I dlatego jestem w stosunku do generałów surowym sędzią. Nie ma intryg i świństw, których by przeciwko Naczelnemu Wodzowi generałowie nie robili. Dlatego w stosunku do generałów, powtarzam, jestem surowy. W głosowaniu tym wypowiedziałem się przeciwko. Motywy moje są następujące: znałem go podczas Legionów; zachował się źle. Gdy duża część Legionów poszła w rozsypkę, generał Józef Haller został w służbie zaborcy. Nie było gorszego świństwa jak to, jakie nam zrobiły te formacje zachodnie, pomimo mych protestów co do ich odrębności od wojska w kraju. Żądałem, by przyszły one do kraju, by nie robiono innego wojska, że jest to łamanie solidarności wojskowej, że to jest podział na takich, którzy mają wszystko, lepsze warunki, pieniądze itd. Żądałem, by nie wciągano do nich rezerw, które są z bardzo różnych roczników, co łatwo spowoduje rozsypkę i demoralizację. Moje żądania nie zdały się na nic. Z tych powodów dywizje te musiały być później zreorganizowane i weszły do walki dopiero po zreorganizowaniu. Generał Józef Haller po swym przyjeździe do kraju był poza pracą. Wolał intrygować ze wszystkimi, którzy przeciwko mnie szli. Kiedym mu zaproponował dowództwo armii, żeby zakończyć ten stan rzeczy, odpowiedział mi listem ordynarnym, że nie chce ponosić odpowiedzialności za wojnę razem ze mną. Jestem upoważniony do sądów w tej sprawie jako Naczelny Wódz. Proszę Panów zająć się tą sprawą ale beze mnie, gdyż uważałbym sobie to za dyshonor''.

Zabiera głos generał Rydz-Śmigły oświadczając, że uważa tę sprawę za definitywnie załatwioną.

Marszałek przechodzi do omawiania dalszych kandydatów na odznaczenie klasą II. Z przedstawionych przez siebie już uprzednio kandydatów ponawia do decyzji Kapituły kandydatury generałów Berbeckiego, Krajowskiego, Januszajtisa, Rómmla, pułkowników Dąb-Biernackiego i Orlicz-Dreszera. O generale Berbeckim mówi, że ,,pracował dużo z 3 Dywizją, odznaczył się wielokrotnie bardzo wysoko w czasie walk lwowskich''.

O generale Krajowskim Marszałek mówi że ,,stojąc na czele 18 Dywizji potrafił nadzwyczajnie szybko opanować sytuację i wysunąć się w naszych działaniach przeciw Budionnemu, mimo dawnych raportów o demoralizacji wewnątrz jego dywizji. Niezrażony niepowodzeniami wykazał w tych działaniach nadzwyczajną energię, wysuwając się na czoło w walkach z Budionnym. To są może najpiękniejsze prace 18 Dywizji. Pod Warszawą jej pracę nie bardzo cenię. Być może, że to nie jest jej wina. W dalszych pracach wykazała znów nadzwyczajną energię, szybkość i ruchliwość działań. I to przypisuję generałowi Krajowskiemu.

O generale Januszajtisie Marszałek mówił: ,,Umiał z dywizji zrobić bardzo wiele i ja bardzo wysoko cenię jego pracę na południu, kiedy on ze swą dywizją wstrzymywał nacisk nieprzyjaciela znacznie liczniejszego. Cenię wielką energię, wolę i zdolności gen. Januszajtisa''.

Co do generała Rómmla i pułkownika Orlicz-Dreszera Marszałek mówi, że ,,oni dwaj najwięcej w działanich jazdy się wysunęli i wyróżnili, uważam za obowiązek ich tu podać''.

,,Co do pułkownika Dąb-Biernackiego — mówi Marszałek — to inaczej bym to postawił. Był on w sytuacji, w której wykazał w wysokim stopniu duże zdolności wyższego dowódcy. Zajęcie Białegostoku z jedną dywizją przeciwko siedmiu. Druga rzecz to sławna Lida. Daleko na tyły rzucony na Lidę zajął ją w pięć dni, będąc daleko od innych i trzymał Lidę mimo że waliły się na niego przeważające siły nieprzyjaciela. I natychmiast potem poszedł w dalszy marsz pościgowy. Jest to zdaniem moim jeden z wyjątkowych czynów dowódcy dywizji''.

Po tym przedstawieniu kandydatów Marszałek otwiera dyskusję, w której zabierają głos liczni członkowie Kapituły. Po dyskusji Marszałek zarządza kolejne głosowanie nad poszczególnymi kandydatami.
1. Za wnioskiem na gen. Berbeckiego padło głosów siedem.
Przeciw padło głosów cztery.
Uchwalono więc odznaczyć gen. Berbeckiego klasą II Orderu Virtuti Militari.
2. Za wnioskiem na gen. Krajowskiego padło głosów siedem.
Przeciw padło głosów cztery.
Uchwalono odznaczyć gen. Krajowskiego klasą II Orderu Virtuti Militari
3. Za wnioskiem na gen. Januszajtisa padło głosów pięć.
Przeciw padło głosów sześć.
Wniosek na odznaczenie kl.II Virtuti Militari upadł.
4. Wnioski na odznaczenie klasą II Virtuti Militari gen. Rómmla i pułkownika Orlicz-Dreszera nie uzyskały większości głosów i upadły.

Konflikt powstały na skutek postawienia przez gen. Rozwadowskiego zarzutu Marszałkowi w sprawie głosowania miał dalsze konsekwencje na następnym posiedzeniu Kapituły. Generał Stanisław Haller nawiązując do wypowiedzi Marszałka surowo oceniających niektórych generałów w czasie wojny, a przede wszystkim generała Józefa Hallera, oświadczył, że takie wypowiedzi kwalifikują się pod sąd honorowy. Wywołało to ostrą replikę ze strony Marszałka. Po dalszej wymianie zdań było dla mnie widoczne, że jest to z góry ukartowany atak na Marszałka prowadzony solidarnie przez generałów Rozwadowskiego i Stanisława Hallera. W końcu Marszałek bardzo wzburzony zarzucił gen. Stanisławowi Hallerowi szantaż. Dalsze obrady stały się niemożliwe, a Marszałek opuścił posiedzenie Kapituły. Pozostali członkowie Kapituły pod nieoficjalnym przewodnictwem generała Szeptyckiego debatowali nad wytworzoną sytuacją konfliktową. Po dyskusji zdecydowano wysłać do Marszałka delegację z misją porozumienia i znalezienia drogi wyjścia z zaistniałego konfliktu i spowodowania, by Marszałek zechciał powrócić na przewodniczącego Kapituły. Na delegatów zostali wybrani generał Romer i pułkownik Paszkiewicz. Udali się oni do Sulejówka i przeprowadzili z Marszałkiem Piłsudskim dłuższą konferencję. Po ich powrocie odbyło się zebranie członków Kapituły. Wysłuchano sprawozdania delegatów i przeprowadzono żywą dyskusję. Z ocalałych moich zapisków przytaczam poniżej dokładny przebieg tego zebrania: ,,Przebieg rozmowy z Marszałkiem przedstawił generał Romer. Po zreferowaniu Marszałkowi celu misji, jaką zostali obarczeni przez członków Kapituły Marszałek oświadczył: ,, że on, jako Naczelny Wódz, miał prawo i obowiązek wypowiedzenia się w sprawie omawianych kandydatów, że jako Naczelny Wódz miał daleko sięgające prawa aż do rozstrzelania włącznie, a że tego prawa nie zastosował to jest jego prywatną rzeczą, która nikogo nie może obchodzić. Jeżeli generał Stanisław Haller uznaje, że popełnił formalny błąd, w którego konsekwencji Marszałek dopatrywał się intencji generała Stanisława Hallera pociągnięcia Marszałka pod sąd honorowy, a nie pociągnięcia pod sąd honorowy generała Stanisława Hallera, to za ten błąd powinien Marszałka przeprosić. Wtedy co do osoby Stanisława Hallera będzie uważał sprawę za załatwioną i wówczas może cofnąć słowo ,,szantaż'', które skierował pod adresem generała Stanisława Hallera. Co zaś dotyczy generała Rozwadowskiego, to Marszałek uważa, że ponieważ przy głosowaniu wniosku na odznaczenie generała Józefa Hallera była równość głosów 5 i 5, to eo ipso wniosek ten upadł, a generał Rozwadowski mimo to pozwolił sobie na zarzucenie Marszałkowi stronniczego przewodniczenia. Wobec więc generała Rozwadowskiego Marszałek podtrzymuje nadal swe pierwotne stanowisko, modyfikując jedynie swe stanowisko co do osoby generała Stanisława Hallera. Na tym generał Romer zakończył swe sprawozdanie. Pułkownik Paszkiewicz oświadczył, że nie ma nic do dodania. Na zapytanie pułkownika Piaseckiego, czy ze strony Marszałka widoczna była chęć powrócenia do przewodnictwa, generał Romer odpowiedział, że do pewnego stopnia pod koniec konferencji z Marszałkiem nastrój był dużo łagodniejszy, co się wyraziło w zmianie stanowiska wobec generała Stanisława Hallera. Generał Szeptycki zapytuje delegatów, czy nie sądzą oni, że powtórny krok Kapituły polegający na wysłaniu jeszcze jednej delegacji nie spowodowałby łagodniejszego postawienia sprawy przez Marszałka. Obaj delegaci, generał Romer i pułkownik Paszkiewicz wyrażają pogląd, że Marszałek swego stanowiska nie zmieni i że mógłby nawet delegacji nie przyjąć. Następnie zabiera głos generał Stanisław Haller i odczytuje swoje nowe oświadczenie po czem składa je na piśmie na ręce generała Szeptyckiego. Generał Szeptycki stwierdza, iż generał Stanisław Haller, jak widać z przeczytanego oświadczenia, nie zgadza się na przeproszenie Marszałka. Z kolei generał Rozwadowski odczytuje swoje oświadczenie i składa je na piśmie generałowi Szeptyckiemu. Generał Szeptycki konstatuje, iż Kapituła zrobiła wszystko dla załagodzenia zaistniałego konfliktu. W obecnym stadium, wobec odpowiedzi Marszałka i oświadczeń złożonych dzisiaj przez Rozwadowskiego i Stanisława

Hallera uważa, że rozstrzygnięcie przez Kapitułę jest za trudne. Generał Szeptycki prosi o wypowiedzenie się i postawienie wniosków jak należy dalej tę sprawę pokierować. Generał Romer wypowiada pogląd, iż w obecnej sytuacji jedyne wyjście widzi w przedłożeniu Marszałkowi dzisiejszych oświadczeń wraz z protokołem, a już dalsze kroki będą należały do Pana Marszałka. Generał Rozwadowski uważa, że Kapituła będąc prawomocną i formalnie w porządku, bo przewodniczy jej generał Szeptycki na mocy starszeństwa i wyboru, powinna więc w całości wypowiedzieć się w tej sprawie, a nie tylko poprzestać na oświadczeniach złożonych przez dwóch generałów-członków Kapituły. Generał Stanisław Haller wypowiada się za wnioskiem generała Romera, to jest by odesłać akta do Marszałka, ale dołączając wniosek Kapituły po linii oświadczenia, w którym to oświadczeniu proponuje, by akta całej sprawy zostały skierowane dalej do najwyższych władz państwowych. Generał Romer uważa, że oprócz przesłania Marszałkowi dzisiejszych oświadczeń wraz z protokołem nie widzi potrzeby przesyłać coś więcej. My nie mamy żadnej egzekutywy, mówi generał Romer, po przedstawieniu dzisiejszych aktów Panu Marszałkowi rola nasza skończona, a dalsze urzędowanie w tym przedmiocie należy do Marszałka. Zabiera głos pułkownik Paszkiewicz mówiąc, że ,,powodując się z jednej strony koniecznością załatwienia istotnych prac ciążących na Kapitule, prac na które cała armia czeka, z drugiej strony biorąc pod uwagę zupełnie zdecydowane stanowisko Pana Marszałka jak i panów generałów Rozwadowskiego i Stanisława Hallera w tym konflikcie, proponuję w celu jak najszybszego załatwienia powstałego konfliktu oddać sprawę Prezydentowi Rzeczypospolitej''. Generał Rydz-Śmigły charakteryzuje obecną sytuację, w jakiej znalazła się Kapituła i uważa, że ,,Kapituły obecnie obradującej nie można uważać za w pełni formalną. Według Ustawy nie zaszedł żaden fakt, któryby mógł zmienić coś odnośnie przewodnictwa. Uważam jakąkolwiek interwencję za niemożliwą. Nie widzę żadnej możliwości przystąpienia do jakiejś rekonstrukcji. Przy obecnym konflikcie możliwe są tylko pewne ustępstwa, pewna forma jakiegoś porozumienia.'' Pułkownik Piasecki nawiązuje do dzisiejszych oświadczeń generałów Rozwadowskiego i Stanisława Hallera i uważa ,,za niesłuszne uogólnianie w nich zarzutów Marszałka na całą generalicję, gdyż Marszałek mówił tylko o pewnych generałach, a nie wszystkich przecież''. Generał Romer ocenia w następujący sposób obecną sytuację prawną Kapituły: ,,Dążenie, by Kapituła mogła nadal urzędować jest zrozumiałe, bo ciąży na niej obowiązek załatwiania spraw, dla których została powołana. Obecna stała Kapituła opiera się na Ustawie Sejmowej. W drodze więc ustawowej tylko możliwa jest zmiana Kapituły. To byłoby jedno rozwiązanie. Drugie rozwiązanie to, biorąc pod uwagę, że meldunek generała Stanisława Hallera skierowany został przez niego do ministra Spraw Wojskowych, obowiązany więc on jest do takiego czy innego załatwienia tego meldunku. Sprawa więc całego konfliktu jest już sprawą ministra Spraw Wojskowych, a obok i sprawą należącą do przewodniczącego Kapituły. Poza więc przedstawieniem Panu Marszałkowi ostatnich protokołów z załącznikami Kapituła nie ma nic więcej do zrobienia''.

Generał Stanisław Haller prostuje, że jego meldunek do Pana Ministra nie wyczerpuje sprawy konfliktu w Kapitule, bo szczegółów całego zajścia nie podał.

Na zapytanie generała Szeptyckiego, jaką odpowiedź otrzymał od Marszałka generał Majewski, generał Stanisław Haller podaje, że jest mu tylko wiadomo, iż generał Majewski otrzymał polecenie od ministra Spraw Wojskowych zwrócenia się do Marszałka o odnośne protokoły i jak słyszał od generała Majewskiego, Marszałek odpowiedział w jakiś czas później ministrowi odmownie.

Pułkownik Piasecki mówi, że obserwując toczącą się dyskusję widzi tendencję do załatwienia konfliktu wewnątrz Kapituły i umożliwienie Marszałkowi dalszego urzędowania w Kapitule. Uważa, że ,,w stosunku do Marszałka Piłsudskiego istotnie musimy znaleźć inne metody jako do człowieka stojącego tak wysoko pod względem zasług i urzędów, jakie piastował, aniżeli do całego szeregu ludzi będących nawet na wysokich stanowiskach. I dlatego wznawiam wniosek z poprzedniego posiedzenia, by przeprosić Pana Marszałka.''

Generał Rozwadowski oświadcza, że powstrzymywał Marszałka od wypowiadania wiadomych zarzutów, robił to w interesie samego Marszałka i armii właśnie dlatego, że widzi w Marszałku człowieka zasłużonego dla Polski.

Generał Rydz-Śmigły uważa ,,postawienie sprawy przez generała Rozwadowskiego za zbyt formalne. Całą dyskusję należy skierować na właściwe tory. Kwestia konfliktu istnieje nie od dziś. Nie o to więc chodzi, czy kwestię oddać ministrowi Spraw Wojskowych czy jeszcze wyżej. Źródło konfliktu jest w wystąpieniu dwóch generałów, członków Kapituły, na tle sprawy generała Józefa Hallera. Formalne postawienie sprawy przez generała Romera nie jest załatwieniem, jeżeli chodzi o istotne rzeczy związane z pracą Kapituły, i jest niewystarczające. Należy więc zastanowić się nad innym wyjściem. Wszelkie myśli o zmianie ustawy i w ten sposób umożliwienie pracy Kapitule, pomijając stronę niepraktyczną wobec zbyt długiego czasu na takie załatwianie, uważam, iż byłoby to hasłem mobilizacji stronnictw, a to nie przyczyniłoby się do załatwienia sprawy takiego o jakie nam chodzi. Zważywszy, że Marszałek od odpowiedzi swojej danej delegatom Kapituły nie odstąpi, a również jak widać z dzisiejszych oświadczeń generała Rozwadowskiego i generała Stanisława Hallera oni też nie odstąpią od swego stanowiska, nasuwa się więc wniosek jasny z tego, że któraś z tych dwóch stron w Kapitule nie pozostanie. Zastrzegam się, iż sprawę ujmuję tylko rzeczowo, abstrahując od wszelkich personalii, a jedynie celem znalezienia niezbędnego wyjścia z tej sytuacji. Stoimy bowiem wobec sytuacji, iż Marszałek zmuszony jest usunąć się od pracy w Kapitule. Czyż nie jest słuszniejsze, aby dla dobra Kapituły i wojska raczej generał Rozwadowski usunął się z Kapituły, a nie Marszałek.''

W odpowiedzi generałowi Śmigłemu generał Rozwadowski oświadczył, że ,,decyzji takiej sam powziąć nie mogę. Ale ponieważ jest to apel koleżeński, więc do porządku dziennego nad nim nie przejdę. Jednak decydować tu może jedynie Prezydent Rzeczypospolitej. Jeżeli on zadecyduje bym wyszedł z Kapituły, wtedy poddam się temu rozstrzygnięciu.''

Generał Stanisław Haller, powołując się na ustawę, mówił, że ,,nie ma w niej wskazówek jak ustępują członkowie z Kapituły. Merytorycznie rzecz biorąc nie widzę, by było możliwe dobrowolnie ustąpić i z tego powodu jedynie w wypadku, gdy dostanę rozkaz Prezydenta Rzeczypospolitej mogę z Kapituły ustąpić. Inaczej bowiem byłoby to przyznanie się do winy, do której się nie poczuwam i porzucenie punktu widzenia na sprawę, w obronie której stawałem.''

Generał Szeptycki oświadcza: ,,Sprawę zarzutów wobec generalicji i generała Józefa Hallera muszę uznać za rozstrzygniętą przez uchwałę, z którą się Kapituła zwróciła do Marszałka. Pozostaje więc druga sprawa, a to generała Rozwadowskiego i generała Stanisława Hallera. I tu proponuję, by za zgodą obu stron wyszukać superarbitra odpowiednio wysoko postawionego, który by tę sprawę załatwił.''

Generał Romer na tę propozycję generała Szeptyckiego oświadcza: ,,Moim zdaniem jest to formalnie biorąc sprawa osobista generała Rozwadowskiego i generała Stanisława Hallera i do Kapituły sprawa tego incydentu między przewodniczącym i tymi dwoma generałami nie należy. Być może, że droga załatwienia tego incydentu wskazana przez generała Szeptyckiego jest drogą bardzo dobrą, ale nie wchodzi to w zakres kompetencji Kapituły. Kapituła własnymi środkami nie ma możności całej sprawy tego konfliktu posunąć naprzód.''

Generał Rydz-Śmigły dodaje od siebie, że istotnie w tym stadium sprawy po oświadczeniach złożonych przez generała Rozwadowskiego i generała Stanisława Hallera nie widzi innego wyjścia jak to, które podaje generał Romer, to jest, by posłać akta do Przewodniczącego Kapituły i zakończyć na tym nasze obrady.

Generał Stanisław Haller oświadcza: ,,Będąc zaangażowany bezpośrednio w tej sprawie nie chcę stawiać wniosku, uważam jednak, że cała sprawa winna być oddana Prezydentowi Rzeczypospolitej i z tym należałoby się zwrócić do przewodniczącego Kapituły Marszałka Piłsudskiego''.

Generał Rozwadowski apeluje do członków Kapituły, by dali możność jemu oraz generałowi Stanisławowi Hallerowi zwrócenia się w drodze służbowej do Prezydenta Rzeczypospolitej celem rozstrzygnięcia przez niego ich sprawy. Generał Romer jest natomiast zdania, że Kapituła nie ma prawa dawać takich pozwoleń jak zwrócenie się do Prezydenta Rzeczypospolitej. Generał Romer sądzi, że bez Kapituły mają oni prawo zwrócić się w swej sprawie osobistej do ministra i wyżej. Generał Rydz-Śmigły zwraca uwagę na to, czy dając jakiekolwiek w tej sprawie pozwolenie jako Kapituła nie przekroczymy naszej obiektywnej roli, bo z jednej strony mamy zdanie Marszałka, że nie możemy z takimi sprawami wychodzić poza Kapitułę, a z drugiej strony mamy pogląd generała Stanisława Hallera, który inaczej rzecz tę biorąc, inaczej już nawet postąpił.

Generał Szeptycki oświadcza, że uważa dyskusję za wyczerpaną i wobec tego poddaje pod głosowanie wniosek generała Romera w następującym brzmieniu: ,,Przedłożyć Panu Przewodniczącemu Kapituły protokół z dzisiejszego posiedzenia wraz z dwoma załącznikami, oświadczeniami generała Rozwadowskiego i generała Stanisława Hallera''.

Wniosek został uchwalony i na tym posiedzenie zakończono.

Rozkaz dzienny nr 5 Ministerstwa Spraw Wojskowych

Warszawa, dn. 16 czerwca 1934 roku.

Żołnierze,

Ś.P. pułkownik dyplomowany Pieracki Bronisław został odkomenderowany ze stanowiska zastępcy Szefa Sztabu Głównego do różnych prac Rządu, w szczególności zaś użyty do kierowania sprawami wewnętrznymi Państwa.

Ś.P. płk dyplomowany Pieracki Bronisław spełnił dobrze i z honorem nałożony na Niego obowiązek żołnierski.

Poległ jako wojskowy na wyznaczonym Mu posterunku dnia 15 czerwca 1934 roku.

W uznaniu położonych zasług Pan Prezydent Rzeczypospolitej mianował w dniu dzisiejszym ś.p. płk. dypl. Pierackiego Bronisława generałem brygady.

Oddając cześć Jego żołnierskiej pamięci polecam odczytać niniejszy rozkaz przed frontem wszystkich kompanji, szwadronów, baterji itp.

MINISTER SPRAW WOJSKOWYCH

/-/ J. PIŁSUDSKI
MARSZAŁEK POLSKI

Za zgodność odpisu
Adam Sokołowski ppłk dypl.
Szef Gabinetu Ministra Spraw Wojskowych

INDEKS NAZWISK

Komisja upełnomocniona
przez oficerów i żołnierzy

1PU

Legionów Polskich

przyznaje kap. Adamowi Sokołowskiemu
na pamiątkę wspólnej pracy w polu

od d 15/III 915 do d 5/XI 916

Odznakę polową 1PU

za № 269

Legitymacja

Rotmistrz Sokołowski Adam

ma prawo noszenia odznaki
1 Pułku Szwoleżerów Józefa Piłsudzkiego
nadanej w dn.10.Marca 1922 № 10.

Komisja Nadawcza:

Przewodniczący

Zastępca Przewodniczącego

Sekretarz

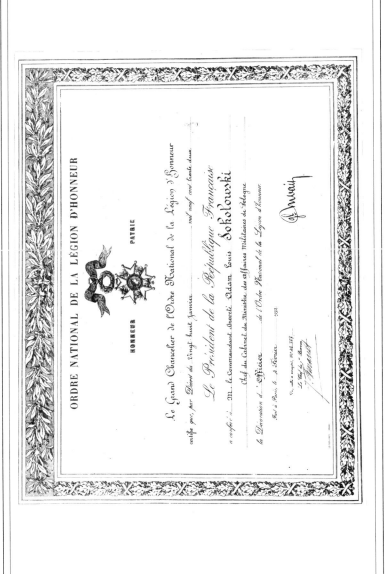

ORDRE NATIONAL DE LA LÉGION D'HONNEUR

HONNEUR   PATRIE

Le Grand Chancelier de l'Ordre National de la Légion d'Honneur

certifie que, par Décret du vingt huit janvier — mil neuf cent trente deux

Le Président de la République Française

a conféré à M. le Commandant Breveté Adam Louis Sokolowski

Chef du Cabinet du Ministre des Affaires Militaires de Pologne

la Décoration d'Officier — de l'Ordre National de la Légion d'honneur.

Fait à Paris, le 2 Février 1932

EDITIONS SPOTKANIA

Od 1978 roku Ed. Spotkania wydaje niezależne Pismo Młodych Katolików — SPOTKANIA ukazujące się bez cenzury od 1977 (Kraków, Lublin, Warszawa). Publikuje książki o tematyce historycznej, religijnej, kulturalnej i społeczno-politycznej.
Dotychczas nakładem Ed. SPOTKANIA ukazały się:

1. Ks. Władysław Bukowiński — **Wspomnienia z Kazachstanu**, 1979-1981 — wstrząsający opis wieloletniej pracy kapłana na terenach ZSRR, za którą zapłacił 13-letnim więzieniem w łagrach.

2. Ks. Adam Boniecki — **Budowa kościołów w diecezji przemyskiej**, 1980 —dokumentacja obejmująca reportaże z lat 1976 — 1978 opisująca walkę mieszkańców południowo-wschodniego regionu Polski o prawo do wiary, o wolność wyznania.

3. Aleksander Kamiński, Antoni Wasilewski — **Józef Grzesiak ,,Czarny''**, 1981 — historia życia jednej z najwybitniejszych postaci polskiego harcerstwa, założyciela drużyn w Krakowie, Wilnie i Gdańsku, więźnia łagrów, wychowawcy pokoleń polskich harcerzy.

4. Ks. prof. Józef Tischner — **Polski kształt dialogu**, 1981 — jeden z najwybitniejszych polskich filozofów współczesnych omawia historię polskiej konfrontacji chrześcijaństwa i marksizmu, dialogu, w którym wyboru dokonywał naród — nie filozofowie.

5. O. Gleb Jakunin — **Rosyjski Kościół Prawosławny**, 1981 — perspektywy religijnego odrodzenia Rosji.

6. Piotr Woźniak — **Zapluty karzeł reakcji**, 1982 — wspomnienia AKowca z więzień PRL. Wstrząsająca relacja o terrorze stalinowskim wobec żołnierzy AK.

7. Ks. prof. Józef Tischner — **Etyka Solidarności**, 1982 — zbiór krótkich rozważań na temat etyki społecznej napisany w latach 1980-81.

8. Marian Kukiel — **Dzieje Polski porozbiorowe 1795-1921**, 1983 — dzieło wybitnego historyka współczesnego i znanego pisarza poświęcone okresowi niewoli i walki o niepodległość Polski.

9. Władimir Bukowski — **Pacyfiści kontra pokój**, 1983 — książka rosyjskiego dysydenta ukazująca polityczną intrygę ZSRR ukrytą za zachodnio-europejskim ruchem na rzecz rozbrojenia.

10. Tadeusz Żenczykowski —**Dwa komitety 1920, 1944. Polska w planach Lenina i Stalina**, 1983 — studium historyczno-porównawcze dwóch prób podporządkowania Polski przez Rosję komunistyczną, kładące nacisk na stałość celów i metod jej polityki.

11. Czesław Leopold, Krzysztof Lechicki — **Więźniowie polityczni w Polsce 1945 — 1956**, 1983 — opis najbardziej znanych miejsc kaźni i więzień z okresu stalinowskiego terroru: więzienie mokotowskie, Wronki, Rawicz. Autorzy przedstawiają metody stosowane w śledztwie, kreślą sylwetki ofiar i zbrodniarzy.

12. Stefan Kisielewski — **Walka o świat**, 1983. Autor stara się odpowiedzieć na pytanie czy zachodnia cywilizacja potrafi jeszcze oprzeć się totalitarnym siłom, pragnącym ją unicestwić.

13. Bohdan Cywiński — **...Potęgą jest — i basta. Z minionych doświadczeń ruchów społecznych na wsi**, 1983. Proces budzenia świadomości społeczno-politycznej na wsi na przestrzeni ostatnich lat.

14. Antoni Pawlak, Marian Terlecki — **Każdy z was jest Wałęsą**, 1984 — na kanwie dziennikarskiego opisu kilku dni życia Wałęsy w chwili, gdy przyznano mu nagrodę Nobla, autorzy kreślą sylwetkę przywódcy Solidarności, jego rodziny, przyjaciół, otoczenia.

15. Andrzej Drzycimski, Marek Lehnert —**Osiem dni w Polsce**, 1984 — dwa reportaże z pielgrzymki Jana Pawła II do Polski. Bogaty wybór zdjęć.

16. Józef Czapski — **Na nieludzkiej ziemi**, 1984 — na książkę składają się trzy prace autora: **Wspomnienia starobielskie, Na nieludzkiej ziemi** i **Prawda o Katyniu.** Dramatyczny obraz polskiej martyrologii w Związku Sowieckim w latach 1939 — 1942. W książce — unikalne zdjęcia ze zbiorów autora.

17. Bohdan Cywiński — **Doświadczenie polskie**, 1984 — syntetyczny opis historycznych, społecznych, kulturowych i gospodarczych uwarunkowań mających wpływ na powstanie i funkcjonowanie Solidarności. Autor, znany publicysta i historyk był aktywnym uczestnikiem opisywanych wydarzeń. W aneksie szeroki wybór dokumentów.

18. Maciej Łopiński, Marcin Moskit, Mariusz Wilk — **Konspira — rzecz o podziemnej Solidarności**, 1984 — Na książkę składają się autentyczne wypowiedzi przywódców podziemnej ,,Solidarności'': Bogdana Borusewicza, Zbigniewa Bujaka, Władysława Frasyniuka, Bogdana Lisa, Eugeniusza Szumiejki. Całość tworzy historię trzech pierwszych lat funkcjonowania podziemnego związku.

19. Ks. Józef Kuczyński — **Między parafią a łagrem**, 1985 — Wspomnienia nieżyjącego już dziś duszpasterza Polaków w ZSRR, który kilkunastoletnim zesłaniem zapłacił za wierność Kościołowi i działalność apostolską. Wspomnienia obejmują okres od roku 1939 do lat siedemdziesiątych.

20. Tadeusz Żenczykowski — **Samotny bój Warszawy,** 1985 — Cyniczna gra Stalina, anglo-amerykańskie próby udzielania pomocy Powstaniu Warszawskiemu i postawa polskich komunistów wobec Powstania, to główne tematy książki.

21. Ks. Rudolf Adamczyk — **Czyściec,** 1985 — Wspomnienia proboszcza bazyliki katedralnej w Katowicach, który trzy lata (1952-1954) spędził w więzieniu śledczym na Mokotowie oskarżony o szpiegostwo.

22. Bohdan Cywiński — **Rodowody niepokornych,** 1985 — Przywołując sylwetki wybitnych przedstawicieli radykalnej inteligencji polskiej z przełomu XIX i XX w., autor kreśli historię trudnego spotkania społecznikowskiej tradycji lewicowej z odradzającą się etyką i myślą chrześcijańską. Książka ta, w trzecim, uzupełnionym wydaniu, nabiera wobec obecnej sytuacji w Polsce nowego, nieoczekiwanego znaczenia.

23. O. Ryszard Czesław Grabski OFMC — **Gdyby nie Opatrzność Boża,** 1985 — Wspomnienia zakonnika z Łomży, który aresztowany przez Sowiety w 1940 roku przez 15 lat dzielił losy polskich więźniów i zesłańców: na Syberii, Uralu, w Kazachstanie...

Reedycje Niezależnego Pisma Młodych Katolików „SPOTKANIA":

Nr 1 — 2, 1977-1978, (wyczerpany), w numerze m.in.:
— Bogdan Borusewicz — **Metody walki z opozycją w Polsce.**
— X.Y.Z. — **Ukraińcy wobec państwowości polskiej.**
— Jacek Zaborowski — **Sprawy Żydów czy antysemityzm.**
— O. Ludwik M. Wiśniewski OP — **Chrześcijanie wobec walki o sprawiedliwość.**
— Lew Szestow — **Dziennik myśli.**

Nr 3 — 4, 1978, w numerze m.in.:
— Dyskusja panelowa — **Chrześcijanie wobec praw człowieka:**
J. Turowicz, A. Grzegorczyk, A. Stanowski, B. Cywiński, T. Mazowiecki.
— Ks. Stanisław Małkowski — **Kościół a totalitaryzm.**
— **Kościół w Polsce — Świadectwa — Wektory — Nadzieje.**
— Ks. Józef Tischner — **Horyzonty apostolstwa w Polsce.**
— Bogdan R. Bociurkiw — **Religijna opozycja w ZSRR: Katolicy litewscy.**

Nr 5 — 6, 1978-1979, w numerze m.in.:
— Ks. bp. Ignacy Tokarczuk —**Perspektywy rozwoju Kościoła w Polsce.**
— Jerzy Turowicz — **Dialog, pluralizm, jedność.**
— Gen. Mieczysław Boruta-Spiechowicz — **Z perspektywy lat.**
— Stefan Kisielewski — **Kiedy spotkają się piśmiennicze nurty?**

Nr 7 — 8, 1979, w numerze m.in.:
— Ks. Józef Tischner — **Wam nie wolno nie rozumieć.**
— Rusycysta — **Czy rusycystyka może służyć ewangelizacji?**
— Jiri Karel — **Polski stereotyp w myśli czeskiej.**
— Tadeusz Chrzanowski — **Obraz brata Czecha w sercu brata Lecha.**
— Marite Sapiets — **Kościół katolicki i ruch narodowy o prawa człowieka na Litwie.**

Nr 9 — 10, 1979, w numerze m. in.:
— Ks. Jerzy Mirewicz — **Jan Paweł II w dramacie katolicyzmu polskiego.**
— Jacek Woźniakowski — **Chrześcijaństwo — kultura — godność.**
— Wiarus — **Wojskowe jednostki kleryckie.**
— **Wywiad z Alain Besançonem.**

Nr 17 — 18, 1982, w numerze m.in.:
— Ks. Franciszek Blachnicki — **Rola kościoła w permanentnym kryzysie Polski pojałtańskiej.**
— **Chrześcijańska postawa wobec sytuacji powstałej w Polsce po 13 grudnia 1981.**
— **Wacław Grzybowski — Byłem świadkiem...** Raport polskiego ambasadora w Moskwie 1939 r.

Nr 19 — 20, 1984, w numerze m.in.:
— **Diabeł w historii** — wywiad z Leszkiem Kołakowskim.
— Ks. Józef Tischner — **Znaki czasu dziejowej próby.**
— **Non violence active** — wybór materiałów dotyczących walki bez użycia przemocy.
— Pierre Emmanuel — **Poezja i dobro.**

Nr 20 — 21 1984, w numerze m. in.:
— Hannah Arendt — **Tak zwane państwo totalitarne.**
— Ryszard Łużny — **Włodzimierz Maksymow i inni. (Nurt religijny we współczesnej literaturze rosyjskiej)**
— **Zachodnioniemiecki ruch pokojowy w ocenach polskiego ruchu dysydenckiego.**

Nakładem EDITIONS SPOTKANIA ukazuje się kwartalnik społeczno-polityczny **LIBERTAS**.

Nr 1, 1984, —w numerze m.in.:
— Zbigniew Brzeziński, **Od utraty ducha do utraty kontroli.**
— **O pacyfizmie**— rozmowa z André Glucksmannem.
— Wiktor Suwarow, **Wyzwoliciele.**
— Ignacy Nekanda. **Naród niezbędny.**

Nr 2/3 1985, — w numerze m.in.:
— ks. bp Ignacy Tokarczuk, **Perspektywy wspólnej akcji na rzecz jedności Europy w pluralizmie.**
— Wywiad ze Zbigniewem Brzezińskim
— Zdzisław Najder, **Conrad i Rousseau: koncepcje człowieka i społeczeństwa.**
— Eugène Mannoni, **Francja jest za daleko.**

Na papierze *offset à grain ivoire* wydrukowano
100 pierwszych, numerowanych egzemplarzy.

Imprimé sur les presses
de l'Imprimerie Grafik Plus
38, rue de la Fédération
93100 Montreuil — France
Dépôt légal 4e trimestre 1985